高职高专人力资源管理专业系列规划教材

人员招聘与配置

贾洪芳　冷婧超◉主编

（第3版）

電子工業出版社
Publishing House of Electronics Industry
北京·BEIJING

内容简介

全书以人员招聘与配置的内容和职能为主线，介绍了招聘的基本流程、招聘的渠道与方法、职务分析与评价、人力资源配置等内容。本书在保持第2版主体结构和基本内容不变的基础上，删繁就简、突出重点、弃旧更新、丰富完善。对每章后的习题题型进行了统一的调整设置，一律改为“名词解释”“选择题”“判断题”“简答题”和“案例题”，使其更加符合学生课后复习和巩固的需要。本书既可作为高职高专人力资源管理专业的教材，又可作为人力资源培训机构的培训用书，还可以供社会各界从事人力资源管理工作的人员参考阅读。

图书在版编目（CIP）数据

人员招聘与配置 / 贾洪芳，冷婧超主编. —3版. —北京：电子工业出版社，2018.1

高职高专人力资源管理专业系列规划教材

ISBN 978-7-121-33407-8

Ⅰ. ①人… Ⅱ. ①贾… ②冷… Ⅲ. ①人力资源管理－高等职业教育－教材 Ⅳ. ①F243

中国版本图书馆CIP数据核字(2017)第328854号

策划编辑：姜淑晶
责任编辑：刘露明
印　　刷：北京盛通数码印刷有限公司
装　　订：北京盛通数码印刷有限公司
出版发行：电子工业出版社
　　　　　北京市海淀区万寿路173信箱　邮编100036
开　　本：787×1092　1/16　印张：16.75　字数：410千字
版　　次：2006年6月第1版
　　　　　2018年1月第3版
印　　次：2025年7月第9次印刷
定　　价：38.00元

凡所购买电子工业出版社图书有缺损问题，请向购买书店调换。若书店售缺，请与本社发行部联系，联系及邮购电话：（010）88254888，88258888。

质量投诉请发邮件至zlts@phei.com.cn，盗版侵权举报请发邮件至dbqq@phei.com.cn。

本书咨询联系方式：（010）88254199，sjb@phei.com.cn。

高职高专人力资源管理专业系列规划教材（第3版）编委会

第 3 版总序

高职高专人力资源管理专业系列规划教材，经过多年教学实践的检验，得到了使用该教材的高职高专院校的普遍认可，也受到了广大师生的好评。但是随着社会的发展、改革的深化、科技的进步和国内外人力资源管理专业学科建设的日益完善与创新，尤其是近年来国家颁布实施了一系列相关的新的法律法规，这些客观形势的变化，迫切要求对本套教材进行全方位的修订、更新升级、丰富完善，以满足和适应当前及今后教学的需要。

此次修订，在保持第 2 版主体结构和基本内容不变的前提下，紧密围绕高职高专人力资源管理专业教学实际需要和零距离上岗这两大主题，有更新、有增加、有精简、有创新，更加重视实践教学环节，加强学生的岗位技能训练，使学生能够更快地适应人力资源管理职业岗位的要求。

修订后的第 3 版教材仍然保持原来的显著特点：

（1）目标定位准确。本套教材以强化高职高专院校学生实践能力和职业技能为目标，力求实现学生从学校到工作岗位的“零距离”。

（2）内容与时俱进。本套教材的内容融入了人力资源管理理论研究与实践应用的新成果和国家新颁布的方针、政策、法律法规。

（3）体例新颖活泼。本套教材在保持第 2 版的主体结构和基本内容不变的基础上，删繁就简、突出重点、弃旧更新、丰富完善。对每章后的习题题型进行了统一的调整设置，一律改为“名词解释”“选择题”“判断题”“简答题”和“案例题”，使其更加符合学生课后复习和巩固的需要。

本套教材以培养具备人力资源管理及管理学、经济学方面的基本理论和基本知识，熟悉人力资源管理相关法规和政策，具有良好人际沟通能力和组织协调能力，能够在企事业单位和政府机关及其他各种组织中从事人力资源管理和相关研究的专门人才为目标，突出抓好把国内外人力资源管理的新理论、方法同我国人力资源管理实践的结合，侧重于将理论运用于实践这一过程的培养，强化学生对操作技能与方法的掌握，真正做到学以致用，运用自如。

本套教材包括：《人力资源管理基础》（第 3 版）、《人力资源规划》（第 3 版）、《员工薪酬福利管理》（第 3 版）、《劳动关系管理》（第 3 版）、《人员素质与能力测评》（第 3 版）、《绩效考评》(第3版)、《人员招聘与配置》(第3版)、《人力资源培训与开发(第3版)》、《人力资源管理实用文案》(第3版)。

本套教材是高职高专学生走向社会、实现零距离上岗不可多得的教科书，同时适合作为社会力量办学机构与人才培训机构的培训用书，还可供社会各界从事人力资源管理工作的人员参考阅读。

在修订过程中，编者借鉴和吸收了国内外专家学者的新科研成果，同时参阅了大量相关书籍和资料，在此谨向原作者表示深深的谢意！

由于编者水平有限，加之时间仓促，书中疏漏之处在所难免，恳请专家、同行和广大读者批评指正，以便下一次再版时修订完善。

唐　静

高职高专人力资源管理专业

系列规划教材（第3版）编委会主任

第 3 版前言

本书是高职高专人力资源管理专业系列规划教材之一，是在第 2 版的基础上修订而成的。原教材经过三年多教学实践的检验，得到了使用该教材的高职高专院校的普遍认可，也受到了广大师生的好评。近年来，随着改革的进一步深化，一些法律法规废止的同时，许多新的法律法规实施，人力资源管理机构和部门的调整，这些客观形势的变化迫切要求对本书内容进行修订与更新，以适应当前及今后教学的需要。

此次修订，在保持第 2 版主体结构不变的前提下，对人员招聘、招聘的基本流程、招聘的渠道与方法、职务分析与职务评价、面试、人力资源配置、人事匹配与劳务外派和引进、人员使用与人才管理等内容，删繁就简、突出重点、弃旧更新、丰富完善。尤其是对已经过时的案例，进行了全部的更新。对每章后的习题题型进行了统一的调整设置，一律改为“名词解释”“选择题”“判断题”“简答题”和“案例题”，使其更加适合学生课后复习和巩固的需要。

本书由贾洪芳（辽宁科技学院）、冷婧超（辽宁科技学院）担任主编。写作分工是：贾洪芳编写第 1、3、4、7 章；冷婧超编写第 2、5、6、8 章。贾洪芳、冷婧超负责统稿，同时对全书进行仔细认真的审定，并对全书的体系架构和内容调整提出重要的建议。唐静、张良箫、刘键、万颖、邓诗懿、梁宝学等老师不辞辛劳对本书内容的修改、案例的选用、相关链接的增换、习题的设计与解答等，做了大量的卓有成效的工作。

本书是集体智慧的结晶，是大家共同的劳动成果。在此谨对上述人员及其付出的辛苦努力给予充分的肯定和高度的赞誉！

在本书的修订过程中，我们拜读了国内外许多专家、学者的著作，并借鉴了其中部分内容，在此谨向他们表示深深的感谢和敬意！

受时间和水平所限，书中难免会有错误和纰漏，敬请专家和读者不吝指正。

编　者

目　　录

第 1 章

人员招聘

本章重点掌握

人员招聘的概念、意义和目的及基本程序与过程管理；人员招聘的理念、原则和基本要求；人员招聘的内、外部因素分析。

学习导航

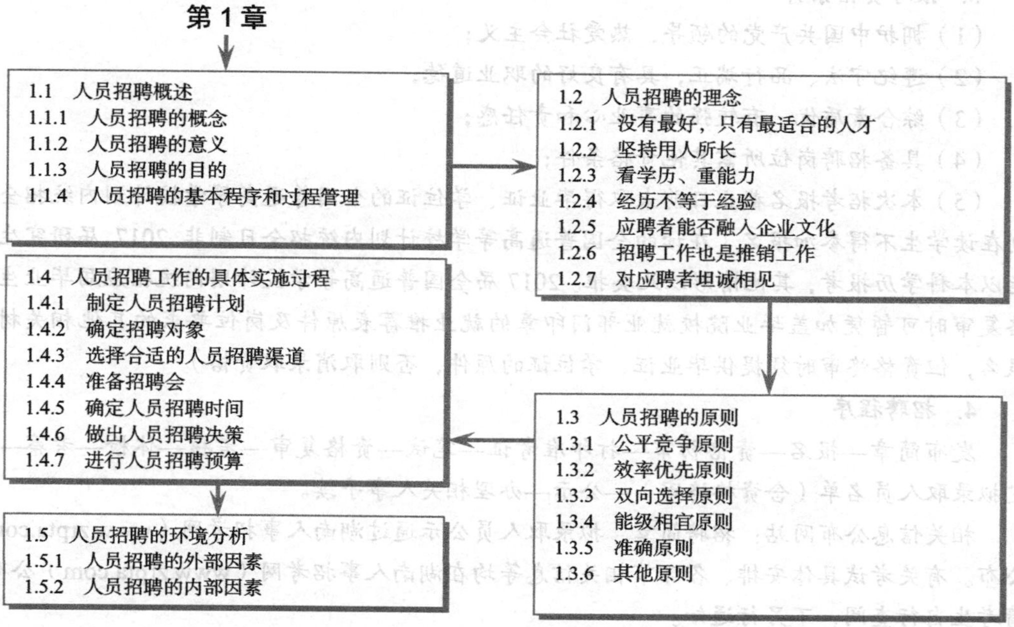

第 1 章
1.1 人员招聘概述
1.1.1 人员招聘的概念
1.1.2 人员招聘的意义
1.1.3 人员招聘的目的
1.1.4 人员招聘的基本程序和过程管理
1.2 人员招聘的理念
1.2.1 没有最好，只有最适合的人才
1.2.2 坚持用人所长
1.2.3 看学历、重能力
1.2.4 经历不等于经验
1.2.5 应聘者能否融入企业文化
1.2.6 招聘工作也是推销工作
1.2.7 对应聘者坦诚相见
1.3 人员招聘的原则
1.3.1 公平竞争原则
1.3.2 效率优先原则
1.3.3 双向选择原则
1.3.4 能级相宜原则
1.3.5 准确原则
1.3.6 其他原则
1.4 人员招聘工作的具体实施过程
1.4.1 制定人员招聘计划
1.4.2 确定招聘对象
1.4.3 选择合适的人员招聘渠道
1.4.4 准备招聘会
1.4.5 确定人员招聘时间
1.4.6 做出人员招聘决策
1.4.7 进行人员招聘预算
1.5 人员招聘的环境分析
1.5.1 人员招聘的外部因素
1.5.2 人员招聘的内部因素

1.1 人员招聘概述

引导案例 1-1

2017年中共长沙市委办公厅所属事业单位公开招聘工作人员简章

根据《湖南省人民政府办公厅转发省人事厅关于事业单位全面试行人员聘用制有关问题和意见的通知》《中共长沙市委办公厅长沙市人民政府办公厅关于印发〈长沙市事业单位人事制度改革实施意见〉的通知》《长沙市事业单位公开招聘人员办法》的精神，按照事业单位人事制度改革的要求，经研究，决定对中共长沙市委办公厅所属的正科级自收自支事业单位中共长沙市委机关文印中心需增补的2名工作人员面向社会公开招聘。现将有关事项公布如下：

1. 招聘原则

公开、平等、竞争、择优。

2. 人员管理

列入相应事业单位编制，实行合同聘用制管理。其岗位等级待参加单位竞聘后确定。

3. 报考资格条件

（1）拥护中国共产党的领导，热爱社会主义；

（2）遵纪守法、品行端正，具有良好的职业道德；

（3）综合素质优，有较强的事业心和责任感；

（4）具备招聘岗位所需其他资格条件；

（5）本次招考报名截止日前未取得毕业证、学位证的全国普通高等学校计划内统招全日制在读学生不得参加报名（在读的全国普通高等学校计划内统招全日制非2017届研究生不能以本科学历报考，其他情形以此类推。2017届全国普通高等学校计划内统招应届毕业生资格复审时可暂凭加盖毕业院校就业部门印章的就业推荐表原件及岗位要求的其他相关材料报名，但资格终审时须提供毕业证、学位证的原件，否则取消录取资格）。

4. 招聘程序

发布简章—报名—资格初审—打印准考证—笔试—资格复审—考核—体检—考察—确定拟录取人员名单（含资格终审）—公示—办理相关人事手续。

相关信息公布网站：招聘简章、拟录取人员公示通过湖南人事招考网（www.zrpta.com）公布。有关考试具体安排、各环节相关信息等均在湖南人事招考网（www.zrpta.com）公布，请考生自行查阅，不另行通知。

5. 招聘单位、招聘岗位、招聘人数及具体条件（见附件:《2017年中共长沙市委办公厅所属事业单位公开招聘工作人员岗位表》)

说明：

（1）35周岁以下是指1982年8月28日（含）以后出生。

（2）岗位所要求的工作经历，时间截止计算至2017年8月28日。全日制在读期间（含国外留学学习期间）不能视同为工作经历时间。有年限要求的工作经历应为全职工作经历。

（3）国外留学所取得的学历学位须经教育部认证后才可报名。国外留学所取得的学历学位经教育部认证后可视同为相同等级国内计划内统招全日制学历。

6. 报名和资格初审

（1）本次考试采取网络报名方式进行。报考人员每人限报一个岗位。

（2）报名网站：湖南人事招考网（www.zrpta.com）。考生登录报名网站填写相关个人信息并按要求上传近期一寸正面免冠电子相片。

（3）网络报名时间：2017年8月28日（周一）9:00—9月2日（周六）16:30。

网上资格初审时间：2017年8月28日（周一）9:00—9月3日（周日）12:00。

网上准考证打印时间：2017年9月7日（周四）9:00—9月10日（周日）16:30。

（4）资格初审合格后，考生需在报名网站打印本人的《长沙市事业单位公开招聘考试报名表》，并妥善保存，资格复审时交招考单位审查。

（5）报名时，报考人员要仔细阅读诚信承诺书，必须符合所报岗位的条件要求，填写的信息必须完整、合法、真实、准确，在公开招聘任何一个环节中发现报考者不符合报考条件或弄虚作假的，一经查实，取消考试及录取资格，由此造成的一切损失由报考者本人自行承担。

（6）开考比例：各岗位报名人数与招聘计划数的比例须达到5∶1（含5∶1）方可开考，达不到此比例则取消该岗位招聘计划数。

7. 笔试

（1）笔试时间暂定为2017年9月10日（周日）上午，具体以准考证上的时间、地点为准。参加考试时，必须同时携带笔试准考证和本人有效居民身份证。缺少证件的考生不得参加考试。

（2）笔试内容为综合知识和专业知识，满分为100分，综合知识和专业知识各占50%（四舍五入后保留小数点后两位）。

（3）各岗位具体笔试科目详见附件。

（4）2017年9月18日（周一）开始，考生可在报名网站查询本人的笔试成绩，对笔试成绩有异议者可于9月21日（周四）（9:0—12:00，13:30—17:30）到中共长沙市委办公厅人事处（长沙市岳麓区岳麓大道218号市委办公楼404室）递交书面查分申请（须附本人有效居民身份证和笔试准考证的复印件），并于9月22日（周五）（9：00—12:00，13:30—17:30）到申请查分的地点领取查分结果。

本次考试不指定考试复习用书，不举办也不委托任何机构举办辅导培训班。

8. 资格复审

（1）进入资格复审的人选，在报考同一岗位的人员中根据笔试成绩由高分到低分，按招聘计划数 1∶3 的比例确定。若笔试成绩相同的，专业知识成绩高者入围。

（2）进入资格复审的人员名单暂定于 2017 年 9 月 25 日（周一）在湖南人事招考网（www.zrpta.com）上公布，资格复审具体时间和地点另行通知。

（3）资格复审时须提供本人的《长沙市事业单位公开招聘考试报名表》和本人有效居民身份证、学历与学位证书以及报考岗位所需的其他相关材料的原件和复印件。

（4）不按时参加资格复审或资格复审不合格的人员取消考核资格，在报考同一岗位的人员中按笔试成绩从高到低依次递补，若笔试成绩相同的，专业知识成绩高者入围。同一岗位递补不超过两次。

9. 考核

（1）资格复审合格人员进入考核。

（2）考核方式为结构化面试。

（3）资格复审合格人员名单和考核时间、地点、具体考核方式及考核方案将在湖南人事招考网（www.zrpta.com）上公布。

（4）考核合格分数线为 70 分，低于合格分数线的考生不进入体检程序。

10. 总成绩合成

按照笔试和面试成绩各占 50%的比例计算总成绩。总成绩在湖南人事招考网（www.zrpta.com）上进行公示。

11. 体检

（1）体检对象以岗位招聘数为基数，按 1∶1 的比例，在达到合格分数线以上人员中依总成绩从高分到低分确定，若总成绩相同的，笔试成绩高者入围。入围体检人员名单及体检具体时间和地点将在湖南人事招考网（www.zrpta.com）上予以公布。

（2）未参加体检或体检不合格者不能列为考察对象。出现体检不合格或者弃权时，从报考同一岗位达到合格分数线以上的考生中按总成绩从高分到低分依次递补，若总成绩相同的，笔试成绩高者入围（同一岗位递补不超过两次）。

（3）体检参照国家人事部、卫生部的《公务员录用体检通用标准（试行）》执行。

12. 考察

（1）体检结束后，由用人单位和主管部门对体检合格者采取走访调查、座谈、查阅档案资料等形式进行认真、扎实、全面的考察。

（2）当考察出现不合格或弃权，导致该招聘岗位考察人选空缺时，则从报考同一岗位达到合格分数线以上人员中依总成绩从高分到低分依次递补，若总成绩相同的，笔试成绩高者入围（同一岗位递补不超过两次），经体检合格后进行考察。

13. 录取、聘用

（1）考察结束后，考察合格人员即拟录取人员。

（2）拟录取人员名单经用人单位主管部门审查，报长沙市人力资源和社会保障局审核后在湖南人事招考网（www.zrpta.com）上进行公示，公示期为 7 个工作日。拟录取人员名单经公示无异议后市人力资源和社会保障局下达录取批复，并由用人单位和主管部门办理相关人事手续。

（3）所有录取人员需与用人单位签订聘用合同。

14. 其他

（1）咨询电话：

中共长沙市委办公厅人事处：0731-88666676

（2）网上报名及技术咨询电话：

湖南人事招考网（www.zrpta.com）

0731-89606197

（3）监督电话：

长沙市人力资源和社会保障局事业单位人事管理处：0731-88666078、88666037

附件：

（1）《2017 年中共长沙市委办公厅所属事业单位公开招聘工作人员岗位表》

（2）《长沙市事业单位公开招聘考试报名表》

2017 年 8 月 23 日

（资料来源：http://www.zrpta.com/News.aspx?ID=1211）

思考题：结合这份真实招聘简章的内容，谈谈你对人员招聘的概念、意义和目的及基本程序与过程管理的认识。

1.1.1　人员招聘的概念

人员招聘是在合适的时间为合适的岗位寻找到合适的人选，或者是企业与内部或外部人力资源的一种有计划的交接方式。

我们通常所说的人员招聘，是招募与聘用的总称，是指为企事业组织中空缺的职位寻找合适人选。招募和聘用之间夹着甄选。

1.1.2　人员招聘的意义

（1）人员招聘是企业补充人力资源的基本途径。企业的人力资源状况处于不断变化之中，企业内人力资源向社会的流动、企业内部的人事变动（如升迁、降职、退休、解雇、死亡、辞职）等多种因素，导致了企业人员的变动。同时，企业有自己的发展目标与规划，企业成长过程也是人力资源拥有量的扩张过程。

通过市场获取所需人力资源成为企业的一项经常性任务，人员招聘也就成了企业补充人员的基本途径。

（2）人员招聘有助于创造企业的竞争优势。现代的市场竞争归根结底是人才的竞争。一个企业拥有什么样的员工，就在一定意义上决定了它在激烈的市场竞争中处于何种地位：是立于不败之地，还是面临被淘汰的命运。对人才的获取是通过人员招聘这一环节来实现的。因此，招聘工作能否有效地完成，对提高企业的竞争力、绩效及实现发展目标均有至关重要的影响。从这个角度说，人员招聘是企业创造竞争优势的基础环节。对于获取某些实现企业发展目标急需的紧缺人才来说，人员招聘更有着特殊的意义。

（3）人员招聘有助于企业形象的传播。德斯勒在其著作中介绍，"研究结果显示，招募过程质量的高低会明显地影响应聘者对企业的看法"。许多经验表明，人员招聘既是吸引、招募人才的过程，又是向外界宣传企业形象、扩大企业影响力和知名度的一个窗口。应聘者可以通过招聘过程来了解该企业的组织结构、经营理念、管理特色、企业文化等。尽管人员招聘不是以企业形象传播为目的的，但招聘过程客观上具有这样的功能，这是企业不可忽视的一个方面。

一次成功的招聘活动，就是企业的一次成功的公关活动，就是对企业形象的绝好宣传。

（4）人员招聘有助于企业文化的建设。有效的人员招聘既使企业得到了人员，同时也为人员的保持打下了基础，有助于减少因人员流动过于频繁而带来的损失，并增进企业内的良好气氛，如增强企业的凝聚力，提高士气，增强员工对企业的忠诚度等。同时，有效的招聘工作对人力资源管理的其他职能也有帮助。

（5）人员招聘为企业注入新的活力，增强企业创新力。企业根据人力资源规划和工作分析要求，通过招聘，为岗位配置新的人员。新的人员可以注入新的管理思想，新的工作模式，可以为企业带来制度创新、管理创新和技术创新，带来更多的新思维、新观念和新技术。

（6）有利于人力资源合理流动，提高人力资源潜能发挥的水平。一个有效的招聘系统，能促进员工通过合理的流动，找到合适的岗位，充分调动人的积极性、主动性和创造性。一项调查表明，员工在同一岗位工作达八年以上容易出现疲顿现象，而合理的流动会使员工感到新岗位的压力与挑战，刺激员工内在潜能的发挥。

相关链接

> 疲顿现象，又称疲顿效应，指长期固定从事某一工作的人，不论他原来多么富有创造性，都将逐渐丧失对工作内容的敏感而流于循规蹈矩。

人员招聘会给现职员工带来一种压力，给新招聘来的员工一种挑战，适当增加新鲜血液，保持一定的人员流动比例，吸引更多的优秀人才来充实新增的岗位，最终促进企业持续稳步发展。

1.1.3 人员招聘的目的

人员招聘的目的并不是寻找具备合适经验的人，而是寻找具备合适思维方式的人，其目的在于：

（1）树立企业形象，扩大企业知名度。人员招聘过程是企业代表与应聘者直接接触的过程，这一过程也是企业树立形象的良好时机。良好的企业文化与形象，必然有利于企业招聘到更多更好的人才。

我们应该将公关工作和企业招聘活动结合起来，设计引人入胜的招聘宣传材料（低成本的广告），注意对招聘工作的时间、地点进行安排，不要使整个招聘过程看起来杂乱无章。还应注意对面试、接待应聘者的一线人员进行培训。

招聘过程中对企业的介绍、散发的资料、面试小组的组成、面试的程序、拒绝什么样的人等都会成为应聘者评价企业的依据。招聘过程既可能帮助企业树立良好形象、吸引更多的应聘者，也可能损害企业形象、使应聘者失望。

（2）降低应聘者在短期内离开公司的可能性，增强企业的内部凝聚力。企业不仅要能把人招来，更要能把人留住。能否留住受应聘者，既要靠招聘后对人员的有效培训和管理，也要靠招聘过程中的有效选拔。那些认可公司的价值观，在企业中能找到适合自己兴趣、能力的人，在短期内离开公司的可能性就小一些。而这就有赖于企业在招聘过程中对应聘者的准确评价。

（3）履行企业的社会义务。企业的社会义务之一就是提供就业岗位，招聘正是企业履行这一社会义务的过程。多安排一个人就业，整个社会就多一份和谐。

1.1.4 人员招聘的基本程序和过程管理

1. 人员招聘的基本程序

人员招聘是一个复杂、完整、连续的程序化操作过程。从广义上讲，人员招聘程序包括招聘准备、招聘实施和招聘评估三个阶段；狭义的人员招聘是指招聘的实施阶段，其中主要包括招募、筛选、录用三个步骤。

（1）准备阶段。内容包括：① 招聘需求分析。② 明确招聘工作特征和要求。③ 制定招聘计划和招聘策略。

（2）实施阶段。内容包括：① 招募是企业为了吸引更多更好的应聘者而进行的若干活动，根据招聘计划确定的策略和用人条件与标准进行决策，采用适宜的招聘渠道和相应的招聘方法，吸引合格的应聘者，以达到适当的效果。② 筛选是企业从职位需要出发挑选出最适合此岗位的人，包括申请资格审查、初选、考试、面试、体检等。③ 录用是企业对甄选出来人员初始安置、培训、试用、正式录用等。

（3）评估阶段。进行招聘评估，可以及时发现问题、分析原因、寻找解决的对策，有利于及时调整有关计划并为下次招聘提供经验教训。

2. 人员招聘的过程管理

人员招聘是多个环节相互连接的过程，对于这个过程的管理重点要抓住以下几个方面：

（1）人员招聘的目标。人员招聘是与企业管理相联系的过程。人员招聘方案应注意以下目标的设计：① 成本效率目标。人员招聘作为企业人力资源管理部门的管理项目，意味着一项比较大的花费。成本效率目标的设计旨在完成有效招聘任务的同时努力降低招聘成本，从而提高招聘效率。这就要求人力资源部门要经常研究招聘的方法、开发招聘创意、设计创新性的招聘战略，选择更快速、更经济、更有效的方法完成招聘项目。② 保持和提高招聘成功率。在这里，招聘成功率是指应聘人员能够留在企业中的比率。

（2）人员招聘的前提。人员招聘的前提有两个：一是人力资源规划。从人力资源规划中得到的人力资源需求预测，决定了预计要招聘的职位与部门、数量、时限、类型等因素。二是工作描述与工作说明书。它们为录用提供了主要的参考依据，同时也为应聘者提供关于该工作的详细信息。这两个前提是招聘计划的主要依据。根据人力资源规划和工作描述与工作说明书，就可制订具体的招聘计划，从而指导招聘工作。

（3）人员招聘的过程。人员招聘是一个非常复杂的过程，主要有招募、筛选、录用、评估等一系列环节。招募是企业为了吸引足够多的合格应聘者而进行的一系列活动，主要包括了解合格应聘者的来源、吸引合格应聘者的方法、招聘信息的发布、接受申请等内容；筛选是组织从“人— 事”两个方面出发，挑选出最适合职位的人的过程，主要包括资格审查、初选、笔试、面试、情境模拟和心理测评等内容；录用是依据选择的结果做出录用决策并进行安置的活动，主要包括做录用决策、发录用通知、办理录用手续、员工的初始安置、试用、正式录用等内容；评估则是对整个招聘活动的效益与录用人员质量进行评定的活动，包括招聘成本评估、招聘质量评估等内容。

1.2 人员招聘的理念

引导案例 1-2

企业人员招聘的新理念

企业招聘中的诸多旧观念，直接影响了企业招聘活动的有效性。因此，必须树立企业招聘的新理念，才能提高招聘活动的质量。

企业招聘的新理念，主要表现为：一是，实事求是地介绍“职位信息”。企业在招聘中，应该以真实的面目出现，给求职者一个真实、准确、完整的“职位信息”。要实事求是地宣传、客观地描述企业的现状，甚至还可以把工作中可能遇到的困难告知应聘者，让他们有心理准备。应避免“过分推销”。二是，将招聘工作与企业文化相融合。企业文化是企业发展的凝聚剂和催化剂，那些与企业文化不相融的人，即使有能力，对企业的发展也不会产生积极作用。三是，消除招聘歧视。目前，在国内企业招聘歧视现象中表现最为突出的是性别歧视和年龄歧视。很多企业在用人问题上都存在着对女性和年龄大的人的偏见，对此必须破除。四是，坚持职能匹配原则。把最适宜的人安排在最需要的岗位上，不要片面追求高学历。五是，注重树立企业形象。招聘活动本身也是企业形象的展示，是应聘者了解企业的窗口。实际上，企业员工形象就是企业最好的广告。因此，招聘活动中每个招聘者都要意识到自己的言谈举止代表了企业的形象，绝不能忽视。

（资料来源：http://www.doc88.com/p-14260569017.html）

思考题：结合该案例谈谈你对人员招聘的理念的认识。

人员招聘的理念是指导整个招聘过程和活动的思想、智慧和纲领，是站在比招聘本身更高的角度来看待招聘的原则。

1.2.1　没有最好，只有最适合的人才

没有最好的人才，最好的未必适合自己，只有适合自己企业的才是最好的。

社会上不乏优秀人才，把他们都招进企业不可能也不现实，即使有一部分人进入企业，但由于没有形成合理的人才结构，在专业、学历、资历、年龄等方面不能形成一个梯度，于是大家干同样的活，做同样的事，根本不能发挥各自的优势。

有些企业的某些岗位用大专生就可以胜任，但非要用本科生或研究生，造成人才高消费，不但企业付出高昂的工资，还造成社会资源的极大浪费。由于优秀人才的能力不能得到充分发挥，最后还是一走了之。

个性与工作的适配性，对能否胜任工作大有关系。比如，不随和的人不应从事公关工作；易轻信他人的人不应从事采购工作；不能承受压力的人不应做销售工作；优柔寡断的人不应做管理工作。

对于某些职业，有个性特点的人做起来会更顺手，如外向型的人更适合活动能力强的工作，而内向型的人更适合相对稳定的工作。

只有合适的人才用到合适的岗位，给予合适的环境，这才是人力资源的根本。否则，这三个条件缺其一，都不能最有效地发挥最大人才能效。

1.2.2　坚持用人所长

“人之才行，自昔罕全，苟有所长，必有所短。若录长补短，则天下无不用之人；责短舍长，则天下无不弃之士。”——陆贽。每个员工都有天赋、潜力、优势，关键是企业领导如何用心真诚地和他沟通，寻找他的优势，坚持用人所长的原则。

盖洛普公司研究发现：一个人的优势、天赋，可以超过一万个人的平均能力。如果找到了员工的优势和天赋，让他充分发挥，就会创造更多的价值。

盖洛普公司提出的原则是：① 每个人的天赋都是持久而独特的；② 每个人的最大成长空间在于他最擅长的领域。天才不是智商高，而是能发挥个人特质。某些强烈的特质，在某些领域可能是缺点，但只要摆对了位置，在正确工作领域上，就可以成为天才。

美国投资奇才巴菲特曾经说过：“我只是有机会做我想做的事。”有的人反应不快，但很有耐心；有的人拙于言辞，但善于策略性思考；有的人天生就有迷人的特质，这都是天赋。日本经济学者大前研一提到：“想做的事就去做，那件事往往是自己最擅长的事情。”

发掘他人的长处，不能仅凭他说了什么，更要看他做了什么，要看他真实的业绩和实际的行为，这是辨识人才长处的真正依据和证明。

1.2.3 看学历、重能力

企业选择高学历人士的一个理由是：某一个高学历者的素质不一定高于某一个低学历者，但一群高学历者的素质一定高于一群低学历者。为提高整个企业的素质，选择高学历人士也是合理的。

学历是能力的充分条件，而能力则是学历的充分且必要条件。企业要在能力、经历与学历之间找到一个恰当的结合点，切不可为了高学历而不顾人员职业经历和能力。

伯乐相马，主要是看马能否跑千里而不是看马的出身。企业招聘人才的取向要以务实为主，选才标准也应该由“学历型”向“能力型”转变。毕竟，千里马是跑出来的，人才是干出来的。创造业绩主要不是靠职前的学历，而是靠任职后的实践经历和创造性努力。

1.2.4 经历不等于经验

经历是一个人生活、工作和学习的历史轨迹，而经验是一个人从自己的经历中所学到的知识和技能。一个人能在自己的经历中获取多少经验，主要取决于他的学习能力，取决于他是否善于学习、善于思考和善于总结，而不在于他经历的长短。在现实中，一个有较高潜在学习能力的人，可以在较短的时间内熟练掌握应有的知识和技能；而有些人做一项工作许多年，甚至一辈子，也仍然不能算一个合格的员工。当然，没有经历也就谈不上什么经验。不过，一个人的工作经验与他的工作经历并不成正比，或者说，工作经历并不等于工作经验。经验是需要学习、借鉴、总结、沉淀与提升的，而经历并不需要思考，于是乎，奇特而正常的现象出现了：有些人工作了 10 年，顶多有 1 年的经验；而有些人工作了 1 年，就有 1 年甚至更多年的经验。

将学历同能力画等号有失公平，把经历与经验画等号更不合理。学历毕竟还是通过从大学到研究生到博士一次次严格地选拔测试取得的，它至少还说明了一个人的智力水平和某种学习能力或潜能。一个人可能有过在某行业长时间的工作经历，或者有过在许多家企业的工作经历，甚至一些知名的企业，但这并不有助于说明其有怎样的能力和水平，或者积累了多少有用的经验。所以，用工作经历评判一个人的工作能力比用学历评判更不可靠。因此，在学历已不能和能力画等号的今天，把工作经历同工作经验画等号是严重错误和有害的。

1.2.5 应聘者能否融入企业文化

1. 文化适应性

每个企业都有自己独特的企业文化，招聘时要对应聘者能否适应本企业的文化进行考量。如果应聘者的个性、态度、思维方式与企业文化相近或相容度较高，该应聘者就较适合；如果应聘者与企业文化相容度较低，则该应聘者就不太适合。

那些与企业文化不能融合的人，即使很有能力和技能，对企业的发展也有不利之处。在进行筛选工作的时候，就要让应聘者充分了解企业的工作环境、企业文化。这样就等于把到职培训提前到招聘筛选过程中。所以现在招聘发展的新动向就是面谈时间越来越长。在西方发达国家的一般企业，即使招聘一个初级层次的员工，花费在面谈上的时间也可能达 5～6 小时，招聘高层次员工时可能达到 8～10 小时。丰田公司花费在面谈和评估中心的时间前后加起来有 20 小时以上。企业雇用的人要在企业中工作很长时间，花 20 小时来充分认识未来的雇员是很值得的。

丰田公司在面试的时候还努力寻找经历和价值观与公司文化相吻合的应聘者。他们明确告诉应聘者可以期待什么。实际上，日本的大公司早在 20 世纪 80 年代就开始在筛选录用中注意应聘者具备什么样的价值观，有什么样的人生追求，并使用许多测量手段和方法来实现这一目标。丰田（美国）公司的总裁说："我们寻找的是能够自己进行思考的人，这些人有自己解决问题的能力；其次，我们寻找那些能够在团队气氛中工作的人。简单地说，我们寻找的是有强壮心智的人，而不是有强壮脊梁的人。"

2. 文化认同感

应聘者与本企业文化"对味"也是一个认同的过程，认同是指应聘者和企业在选拔过程中对相互价值趋同的认识。在选拔过程中，无论做出怎样的决定，如果应聘者和企业能达成一致的认识，双方都将从面试过程获益。

每个应聘者都会对自己在新单位的薪资有一定的期望，雇主对在这个岗位上雇用的人员工资也有一个标准。双方应在招聘环节对未来的工资收入达成共识，以取得认同，这样才是一个成功的招聘。企业经理在招聘过程中经常会和候选人就工资讨价还价，这种做法未必妥当，往往起到得不偿失的效果。由于应聘者在工资上和企业没有达成认同，即便他接受了工作，也很可能在开始工作之后继续找其他更理想的工作。

认同企业文化与被聘后人才的稳定程度有关。人才不稳定，不但不利于团队工作的开展，而且会增加人才招聘成本，从而给企业带来不必要的负担。要识别应聘者对企业文化是否有认同感，可以通过向其介绍企业的规章制度、用人政策、薪酬政策等，看他们表现出来的认同程度。

1.2.6 招聘工作也是推销工作

人员招聘历来都是双向的，企业在筛选求职者，求职者也在挑选雇主。招聘工作并不仅仅解决职位空缺或企业扩张的人员需求问题。在先进的人力资源管理实践中，招聘还起到以下作用：① 储备人才；② 引进新的理念和技术；③ 进行内部人员置换；④ 提升企业的知名度；⑤ 人才竞争战略需要。好的招聘应该是50%在评估求职者，50%在向求职者推销企业，招聘竞争不仅是一场人才竞争，更是一场经营竞争，只有成功打造出企业“卖点”，才能吸引一流人才。

不仅要把工作机会告诉别人，而且要把招聘的观念、目标、标准、未来发展机会也推销给应聘者，把推销技巧运用到招聘工作上。

尊重每位应聘者，把应聘者看作你的内部客户。企业首先要做到让内部客户满意，满意的内部客户才能让外部客户满意。

招聘人员是企业的对外窗口，应聘者首先认可招聘人员，其次才能认可企业，正像顾客首先认可销售人员，其次才能认可企业及其产品一样。

招聘是双方互选的过程，形象设计的目的是增强对应聘者的吸引力。从登广告、摊位布置到接待面试、场地布置和参观企业等，处处都要渲染和突出企业的亮点以吸引应聘者。广告及摊位要有与众不同的新意，接待人员要精神饱满、仪容整洁，面试场景要避免干扰，参观企业要亮出特色。每个环节都要给应聘者留下好感。

招聘人员要以现身说法的方式来吸引别人加入工作行列，积极、热心、充满活力地认同并从事企业的工作。以这种态度、精神感染应聘者，吸引应聘者，从而达到推销企业的目的。

1.2.7 对应聘者坦诚相见

招聘人员需要给应聘者以真实、准确、完整的有关职位的信息，这样才可能产生雇员与企业匹配的良好结果，从而带来比较低的雇员流失率。其作用就相当于给应聘者打“预防针”，在应聘者进入企业后发现企业负面情况，也不至于有太大的不良反应。还有一个好处是让应聘者进行自我筛选，如果他了解了企业的真实情况后，认为不满意，可以自行退出招聘过程。与这种理念对立的做法是：人力资源部门好不容易找到合适的人，部门领导也很满意，招聘人员为了留住人，拼命给应聘者灌“迷魂汤”，把企业说得如同“人间天堂”，似乎一切要求都可以满足。等人才进入公司一段时间后，发现不是这样一回事，就有受骗上当的感觉，造成期望越高，失望越大，无论是对于企业还是对于个人都没有好处。

英特尔公司招聘时的初步面试就注意对应聘者坦诚相见。通常，初步面试由公司的人力资源部主管主持进行，通过双向沟通，使公司方面获得有关应聘者学业成绩、相关培训、相应工作经历、兴趣偏好、对有关职业的期望等直观信息，同时，也使应聘者对公司的目前情况及公司对应聘者的未来期望有个大致了解。

1.3　人员招聘的原则

引导案例 1-3

在人员招聘过程中应遵循什么原则？

新民电子有限公司人力资源部张经理，在招聘工作培训班上的讲话中强调：在公司人员招聘工作中应遵循什么原则呢？主要有以下几项原则。

（1）因事择人原则。所谓因事择人，就是员工的选聘应以实际工作的需要和岗位的空缺情况为出发点，根据岗位对任职者的资格要求选用人员。

（2）公开、公平、公正原则。公开就是要公示招聘信息、招聘方法，这样既可以将招聘工作置于公开监督之下，防止以权谋私、假公济私的现象，又能吸引大量应聘者。公平、公正就是确保招聘制度给予合格应征者平等的获选机会。

（3）竞争择优原则。竞争择优原则是指在员工招聘中引入竞争机制，在对应聘者的思想素质、道德品质、业务能力等方面进行全面考察的基础上，按照考察的成绩择优选拔录用员工。

（4）效率优先原则。效率优先原则就是用尽可能低的招聘成本录用到合适的最佳人选。

（5）德才兼备原则。人才招聘中必须注重应聘人员的品德修养，在此基础上考察应聘者的才能，做到以德为先、德才兼备。

（6）先内后外原则。人事部门及用人部门在人才招聘中，应先从公司内部选聘合适人才，在此基础上进行对外招聘，从而充分运用和整合公司现有人力资源。

（7）回避原则。德才兼备、唯才是举是公司用人的基本方针，因此对公司现有员工介绍的亲朋，公司将在充分考察的基础上予以选用，但与之有关联的相关人员在招聘过程中应主动予以回避，同时不能对招聘过程或人员施加压力影响招聘的客观性、公正性。

（资料来源：http://hrzhaopin.baike.com/article-422099.html）

思考题：结合该案例谈谈你对人员招聘的原则的认识。

从这个案例中，我们可以得到深刻的启示：招聘不是随随便便、草率从事的，它必须严格遵守和执行人员招聘的原则。

1.3.1　公平竞争原则

公平竞争原则是指通过考试竞争和考核鉴别，确定人员的优劣和取舍。为达到公平竞争的目的，第一要设法吸引较多的申请人；第二要有严格的选拔程序，用科学的手段确定最终人选。

企业在招聘时，应将企业空缺职位的种类、数量、应聘者资格与条件、应聘的方法与时间等信息公开发布。目的有两个：一是可以给予企业内外的申请者以公平竞争的机会，达到广揽贤才的目的；二是使企业的招聘工作置于公开监督之下，以防暗箱操作等不正之风的产生。

公平就是确保选拔制度给予合格应聘者平等的获选机会。要做到公平，就应注意以下两点：

（1）一项公平的制度应该包括统一和有效的标准。无论是对内部应聘者还是对外部应聘者，无论是对公司总经理推荐的应聘者还是对一些没有后台背景的应聘者，都应用统一的标准进行招聘。

有效的标准应该准确地反映岗位的需求，同时能够帮助企业正确筛选出合格的应聘者。现在有些企业尝试公开竞聘上岗制度，而竞聘上岗的基础条件就是通过人力资源部组织的考试，这些考试题大多和岗位要求无关。这些标准就不是有效的用人标准。

（2）同一职位对所有应聘者都应该使用同样的、与工作有关的各项能力作为录用考核的标准，而与工作无关的能力，不予考虑。

很多招聘主管对内招聘的尺度比对外招聘要宽，对自己熟悉的人的尺度要比不熟悉的人松，对在著名公司工作过的应聘者面试时盘问得比较松，而对在小公司工作过的应聘者面试时就非常严格。

1.3.2 效率优先原则

效率优先原则是指企业在招聘时，根据不同的招聘要求，灵活地选用适当的招聘形式，用尽可能低的成本录用高质量的、适合企业需要的员工。

招聘时企业首先考虑的是效率，可招可不招时尽量不招，可少招可多招时尽量少招。一个岗位宁可暂时空缺，也不要让不合适的人占据，招聘来的人一定要充分发挥其作用，能给企业带来效益。

1.3.3 双向选择原则

双向选择原则是人才市场上资源配置的基本原则，是指企业根据自身发展需要自主选择人员；同时应聘者又可根据自身的能力和意愿，结合劳动力供求状况自主选择职业，即企业自主择人，应聘者自主择业。

双向选择原则，一方面能使企业不断提高效益，改善自身形象，增强自身吸引力；另一方面能使应聘者获得理想的职业。

1.3.4 能级相宜原则

“能级”是物理学中的概念。其原意是指处于束缚状态的微观粒子分别具有一定的能量，把这些能量按大小排列就称为能级。把这一概念引到人力资源开发系统中，就可以将每个人具有的能力高低看作能级。能级原则就是把具有不同能级的人按能力高低有机地组合在一起。

人的能力有大小，本领有高低，工作有难易，所以要区别对待每个应聘者。让每个人找到适合自己的岗位，使他的能力与他所处的位置相匹配。

企业在招聘时，应根据具体情况进行选择，量才录用，做到人尽其才，人事相宜，避免大材小用，造成浪费。

在对应聘者进行考察时，应从品德、知识、能力、智力、心理、过去的经历及业绩等方面进行全面的考察。不能以偏概全，只考察其中的某一方面就简单地做出录用或拒绝的判断。

1.3.5 准确原则

所谓准确，是指在招聘过程中能准确地预测应聘者的工作表现，因为招聘实际上是一个预测活动，通过面试和各种测试来预测候选人在未来工作中的工作绩效和工作表现。

很多人把准确招聘理解为判断应聘者是否在夸大自己的长处，使面试官造成错觉。因此，他们把面试中大部分精力都用在观察应聘者是否在说假话，讲话内容是否前后矛盾上，忽略了对应聘者真正能力的观察。

根据美国的统计，50%的应聘者在面试时都有意无意地夸大自己的能力。因此，当你发现一个应聘者无意中夸大自己的长处时，应该从正面引导对方，使他回到现实话题中，但不用对应聘者夸张的描述纠缠不休。

准确判断应聘者的能力不是一件容易事。面试中有一种通行的能力考察方法叫作行为面试法，即通过考察应聘者过往的行为经历，判断他究竟具备哪些能力。在面谈中询问应聘者的过去行为事例时，应了解事情的来龙去脉，即事情发生的背景；应聘者的行为表现及其行为所导致的后果。事情发生的背景解释了为什么应聘者会采取这样的行动，而应聘者的行动本身让你了解应聘者怎样面对这种环境的挑战，其行为所导致的结果则勾勒出这种行动所产生的效果。只有这样一个完整的行为事例才具有说服性和代表性。

1.3.6 其他原则

（1）人员招聘以提高企业效率、提高企业竞争力、促进企业发展为根本目标，为企业人力资源管理确立第一基础。

（2）人员招聘必须坚持计划性原则，必须制订人员招聘计划来指导员工的招聘工作。

（3）人员招聘必须坚持贯彻任人唯贤、择优录用的原则，充分配合企业各机构、部门的工作需要，为企业提供可靠、及时的人力保障。

（4）人员招聘的程序要坚持科学化原则，制定一套科学而实用的操作程序，使招聘工作有条不紊地进行，保证为企业挑选出高质量的合格人选。

总之，人力资源部要有计划、有目标、有步骤地开展日常的人员招聘工作，严格掌握对应聘者的基本要求，把任人唯贤、择优录用的基本原则贯穿在整个招聘工作的全过程中，甄选出德才兼备的优良人选，不断满足企业生产经营发展的需要，使企业在激烈的竞争中始终保持优势地位。

1.4 人员招聘工作的具体实施过程

1.4.1 制订人员招聘计划

人员招聘计划的制订包括招聘前的计划准备与招聘预算。招聘前的计划准备包括企业的人力资源需求分析，即在招聘前，首先分析并确认企业人力资源需求行为的合理性与可行性。在这类分析中，可以用“6W1H”方法。

（1）Who　招聘谁？即分析招聘的对象是谁。

（2）Why　为什么要招聘？即分析是否确有必要向外招聘员工，内部是否存在供给。

（3）What　招聘来干什么？即分析招聘来的员工将从事哪种工作，配置在哪个岗位上。

（4）When　什么时候招聘？即分析什么时候需要补充新的员工。

（5）Where　到哪里去招聘？即分析企业通过什么渠道可以最有效地招聘到所需要的员工。

（6）Whom　为谁招聘？即分析为哪一个部门招聘，进而要求该部门予以配合。

（7）How　怎样去招聘？即分析招聘时使用怎样的招聘策略、招聘方法和招聘预算。

1.4.2 确定招聘对象

这项工作要与用人部门的主管一起讨论，细化到学历、性别、年龄、专业经验、业绩、性格气质、健康、工作环境背景、家庭情况、薪酬水平等。如果企业需要马上可以上岗的人员，而且待聘职位对工作经验要求较高，那么就要招聘那些有工作经验的人；如果企业考虑人员发展的规划，则可以招聘那些有培养潜力的人员。

1.4.3 选择合适的人员招聘渠道

现在招聘渠道越来越广，内部招聘、熟人推荐、登报、人才市场、校园招聘、中介机构、个别寻访、网上招聘等，各有利弊，应根据各类人才选择合适的、经济的渠道，并注意建立人才储备库。值得一提的是，招聘中、高级管理人才及高级专才通过猎头公司或网上招聘效果比较好。

1.4.4 准备招聘会

很多企业在招聘会上收获不大的原因主要是没有做好充分的准备，因此，如果决定参加某一场招聘会，就必须为参加招聘会做好以下准备。

1．准备一个有吸引力的展位

参加人才招聘会的关键之一是在会场设立一个与众不同的展位，吸引更多应聘者。如果有条件的话，可以争取选择一个尽量好的位置，并且有一个比较大的空间。在制作展台方面最好请专业公司帮助设计，并且要留出富余的时间，以便对设计不满的地方进行修改。在展台上可以利用多媒体设备放映企业的宣传片。在展位的一角可以设计一个相对安静的区域，招聘人员可以和一些有必要进行详细交谈的人员交流。

2．准备好会上所用的资料

在招聘会上，通常可以发放一些宣传资料和登记表格。这些宣传资料和登记表格需要事先印制好，而且在会上还要注意带足数量，以免不能满足应聘者的需求。如果能够准备一些小纪念品，则会对应聘者更有吸引力。

在很多的现场招聘中，存在这样一个问题：几乎所有招聘单位都没有为应聘者准备可供参考的企业相关资料，只是通过招聘者口头传达相关信息，这是一个非常值得关注的现象。中小企业由于其知名度不能与大型企业相提并论，如果能为应聘者提供一份展示企业基本情况的资料集，一方面能让应聘者对企业有一个感观上的认识，另一方面又能提升企业的形象，增加招聘的胜算。如果条件允许，还可将企业的相关资料制作成光盘，在现场招聘时用笔记本电脑将其进行反复报告、播放，既能宣传企业又能吸引更多应聘者的目光。

3．与有关的协作方沟通、联系

在招聘会开始之前，一定要与有关的协作方进行沟通。这些协作方包括招聘会的组织者、后勤事务单位、学校的负责部门等。在沟通中一方面了解协作方对招聘会的要求，另一方面提出需要协作方提供帮助的事项，以便提早做准备。在与协作方沟通时，要注意方式，建立良好的合作关系，这样在招聘中会减少许多困难。

4. 做好招聘会的宣传工作

如果是专场招聘会，会前要做好宣传工作，可以考虑利用报纸、杂志等方式，或者在自己的网站上发布招聘会信息。如果是在校园里举行招聘会，一定要在校园里张贴海报，并获取学校的支持，这样才能保证有足够的人员参加招聘会。

5. 准备好相关的设施

有时在招聘会现场需要用到电脑、投影仪、电视机、放像机等设备，这些都应该事先准备好。还要注意现场是否有合适的电源设备，其他特定的设施也要在会前一一准备好，以避免使用时手忙脚乱，耽误时间。

1.4.5 确定人员招聘时间

确定人员招聘时间是人员甄选的重要工作，合理地选择和安排招聘时间能够减少由于职位空缺带来的损失，具体做法如下。

1. 找准最佳招聘机会

一般来说，企业最好在人才供应高峰期进行人才引进。从实践来看，人才供应时间本身是有一定规律的，通常每年的11～12月是社会人才供应的高峰期，每年3～4月和6～7月是学校人才供应的高峰期。按照成本最小化的原则，企业应避开人才供应的低谷，在人才供应的高峰期进行招聘，这样做可使招聘的效率最高。

2. 计划好招聘时间

从招聘到新员工上岗，这个过程是需要时间的，而且因职业不同其所需时间的长短也不同。一般来说，企业计划招聘时间时要根据本企业的招聘流程来决定（见本书第2章）。

用一个例子来说明招聘时间的选择。某企业欲招聘30名推销员。据预测，招聘中每个阶段的时间占用分别为：征集个人简历需要10天，邮寄面谈邀请信需要4天，做面谈准备安排需7天，企业聘用与否的决定需4天，接到聘用通知的候选人做出接受与否的决定需10天，受聘者21天后到企业参加工作，前后需耗费56天的时间。那么招聘广告必须在活动前2个月登出，即如果招聘30名推销员的活动是某年的6月1日，则招聘广告必须在4月1日前后登出。

相关链接

常用的招聘日期的计算公式为：招聘日期=用人日期−准备周期=用人日期−培训周期−招聘周期。公式中培训周期是指对新员工进行上岗培训的时间；招聘周期指从应聘者开始报名、确定候选人名单、面试，直到最后录用的时间。

1.4.6 做出人员招聘决策

人员招聘决策是企业领导层对于关键岗位的招聘和大量进入岗位的招聘做出决定的过程。非关键岗位或非大量进入岗位的招聘不需经过企业领导层，也不必专门做出招聘的决策。招聘决策通常主要包括以下内容：

（1）确定招聘的人数和岗位。

（2）确定招聘的方式和渠道。

（3）确定招聘时间。

（4）确定招聘信息的发布。

（5）确定招聘预算。

1.4.7 进行人员招聘预算

人员招聘预算是对人员招聘过程中需要的一系列费用做出估计匡算，并且得到企业有关项目资金保证的运作过程。招聘预算的内容大致有以下几个部分：

（1）招聘广告预算。

（2）招聘测试预算。

（3）有关差旅预算。

（4）中介服务预算。

（5）文件与办公用品预算。

（6）人工成本预算。

各项开支占总预算比例以及总预算的控制，由企业根据实际情况决定。

1.5 人员招聘的环境分析

引导案例 1-4

为什么招聘这么难

近段时间来，几乎全国各地都出现“一工难求”的现象，尤其是经济发达地区，招工难一时成为企业最头痛的大事。目前导致企业招工难的原因主要有以下几方面：一是随着全国各地经济的发展，人才分流的现象将会越来越严重，过去“千军万马南下广东”的现象已经很难再出现了；二是“农民工”的务工观念发生了很大的变化。政府出手支持回乡务工人员就地创业，加之我国的惠农政策，使广大回乡务工人员看到了农村的发展机会，不愿意再外出务工；

三是现在外出务工的高峰人群为 90 后的一代，而这一代大都是独生子女，吃苦的精神和外出创业的热情都不是很高，而且父母也大都不很支持他们外出打工；四是由于过去一段时间企业对员工的不重视，甚至苛刻员工，导致各地的务工人员对企业结怨较深，不但自己不来，而且还影响了一大批人不来；五是务工人员的衣、食、住、行、娱、学等问题一直没有得到较好的解决，使外地的务工人员来了也留不住；六是一些企业严重违背劳动法的现象层出不穷。

（资料来源：http://blog.sina.com.cn/s/blog_a1a542660100x4xo.html）

思考题：结合该案例谈谈你对影响人员招聘的内、外部因素的认识。

1.5.1 人员招聘的外部因素

一般来说，外部因素可以分为两类：一类是经济条件，另一类是政府管理与法律的监控。

（1）有许多经济因素影响招聘决策，如劳动力市场条件、产品和服务市场条件。

① 劳动力市场条件。劳动力市场供求变化直接影响就业并影响招聘的质量；劳动力市场的不完善将影响招聘成本。

② 产品和服务的市场条件。企业所涉及的产品和服务市场条件不仅影响企业自身的支付能力，也影响员工质量与数量。产品和服务市场增长，市场的压力就会迫使企业将其生产和雇佣能力最大化。反之，在产品和服务市场萎缩时，市场又会迫使企业减少人力资源的使用数量。

（2）政府对招聘的影响主要体现在国家和地方出台的有关法律、法规、政策，这已经成为约束企业招聘行为的重要因素。

例如，《女职工禁忌劳动范围的规定》《未成年工特殊保护规定》《劳动合同法》等都在一定程度上制约着企业的招聘行为。

具体来说，需要掌握的有以下主要内容：

1. 国家的政策、法规

国家的政策、法规从客观上界定了企业对招聘对象选择和限制的条件。例如，西方国家中的人权法规定，在招聘信息中不能有优先招聘哪类性别、种族、年龄、宗教信仰的人员表示，除非这些人员是因为工作岗位的真实需要。

政府对招聘的影响不仅体现在对就业的控制和各种就业的法律、法规上，还体现在对经济的宏观干预和控制上，以及与人员流动有关的户籍制度上。

2. 劳动力市场状况

（1）市场的地理位置。劳动力市场状况对招聘具有重要影响，其中一个因素是劳动力市场的地理位置。根据某一特定类型的劳动力供给和需求，劳动力市场的地理区域可以是局部性的、区域性的、国家性的和国际性的。通常，那些不需要很高技能的人员可以在局部性劳动力市场招聘。而区域性劳动力市场可以用来招聘那些具有更高技能的人员，如水污染处理专家和计算机程序员等。专业管理人员应在国家性的劳动力市场上招聘，因为他们必须熟悉企业的环境和文化。最后，对某类特殊人员如宇航员、物理学家和化学专家等，除了在国内招聘外，还可在国际市场招聘。

某些西方国家根据工人愿意工作的路程长短来确定局部性劳动力市场的边界。例如，如果人们不愿意到 48 千米以外的地方工作，那么 48 千米以外的地区就不属于这一局部性市场。另外，在局部性和区域性市场与国家性或国际性市场招聘之间的差异在于后者要引起人员的迁移。因此，企业的地理位置往往是很多人考虑是否变更工作的重要因素。

（2）市场的供求关系。我们把供给小于需求的市场称为短缺市场，而把劳动力供给充足的市场称为过剩市场。一般来说，当失业率比较高时，在外部招聘人员比较容易。相反，某类人员的短缺可能引起其价格的上升并迫使企业扩大招聘范围，从而使招聘工作变得错综复杂。

总之，劳动力市场状况影响招聘计划、范围、来源、方法和所必需的费用，所以，招聘人员必须密切关注劳动力市场条件的变化。

3. 行业的发展

如果企业所属的行业具有巨大的发展潜力，就能吸引大量的人才涌入这个行业，从而使企业人才招聘的余地较大，如近几年比较热的财务会计、电子商务专业。相反，当企业所属行业远景欠佳时，企业就难以有充裕的人才可供选择，如现在的纺织业。

1.5.2　人员招聘的内部因素

一般来说，内部因素可以分为三类：一类是空缺职位的性质；二类是企业的性质；三类是企业的形象。

（1）空缺职位的性质。一旦企业决定进行招聘，对人力资源的要求就会成为整个招聘过程的核心。企业需要什么样的人，就决定了招聘谁以及到什么地方招聘。具体职位的具体资格要求是通过工作描述和工作说明书来体现的，一个高效的招聘过程的设计者必须明确职务要求，在工作描述与工作说明书中提到的资格要求应该是完成该职位的工作所必需的。职位性质信息的准确、全面、及时，是招聘工作最重要、最为基础的要求。

（2）企业的性质。如企业的战略和经营目标、战略决策的层次、战略类型及企业文化，都对招聘工作有着重要的影响。

（3）企业的形象。如果社会上对某一企业对待员工的方式有看法，或者企业的产品或服务的声誉有问题等，该企业在这个地区进行的招聘活动就可能遇到困难。相反，如果该企业在当地有很好的口碑，则其招聘活动就会比其他企业顺利。

具体来说，需要掌握的有以下主要内容：

1. 企业的声望

企业是否在应聘者心中树立了良好的形象以及是否具有强大的号召力，将从精神方面影响招聘活动。例如，一些老牌的大公司，以它们在公众中的声望，很容易吸引大批的应聘者。

2. 企业的发展阶段

人力资源管理职能的相对重要性是随着企业所处的发展阶段而变化的。由于产品或服务范围的扩大需要增设新的岗位，所以，处于增长和发展阶段的企业比成熟或衰退阶段的企业需要招聘更多的员工。除了改变招聘规模和重点以外，处于发展阶段且还在迅速扩大的企业，可能在招聘信息中强调员工有发展和晋升的机会，而一个成熟的企业可能强调其工作岗位的安全性和所提供的高工资和福利。

3. 企业的招聘政策

企业的招聘政策影响着企业的招聘方法。例如，对于要求较高业务水平和技能的工作，企业可以利用不同的来源和招聘方法，这取决于企业高层管理者是喜欢从内部还是从外部招聘。目前，大多数企业倾向于从内部招聘上述人员，这种内部招聘政策可以向员工提供发展和晋升机会，有利于调动现有员工的积极性。其缺点是可能将不具备资格的员工提拔到领导或重要岗位。

4. 企业的福利待遇

企业的薪酬制度是员工劳动报酬是否公正的主要体现，企业的福利措施是企业是否关心员工的反映，它们将从物质方面影响招聘活动。

5. 招聘成本和时间

由于招聘目标包括成本和效益两个方面，同时各种招聘方法奏效的时间也不一致，所以，成本和时间上的限制明显影响招聘效果。

（1）招聘资金充足的企业在招聘方法上可以有更多的选择，它们可以花大量费用做广告，所选择的传播媒体可以是在全国范围内发行的报纸、杂志和电视等，此外，也可以去大学或其他地区招聘。在各种招聘方法中，最昂贵的方法是利用高级招聘机构。在中国，并没有专门的招聘机构，各级政府的人才交流中心只起信息沟通的作用。

（2）时间上的制约也影响着招聘方法的选择。如果某一企业正面临着扩大产品或服务所带来的突发性需求，那么它几乎没有时间去大学等单位招聘，因为学生毕业时间有一定的季节性，而且完成招聘需要较长的过程。因此，企业必须尽快想办法满足对员工的新需求。一般来说，许多招聘方法所涉及的时间随着劳动力市场条件的变化而变化。当劳动力市场短缺时，一方面应聘者的数目减少，另一方面他们愿意花更多的时间去比较和选择，所以一般要花较长的时间才能完成。

一般来说，通过人员需求的预测可以使招聘费用降低和效率提高，尤其是在劳动力市场短缺时，对某类劳动力需求的事先了解可以使企业减少招聘费用和有效地获取所需的合格员工。

本章习题

一、名词解释

1. 人员招聘
2. 公平竞争原则
3. 效率优先原则
4. 双向选择原则
5. 人员招聘预算

二、选择题

1. 从广义上讲，人员招聘程序包括招聘准备、招聘实施和（　　）三个阶段。

A. 招聘评估　　B. 招聘招募　　C. 招聘筛选　　D. 招聘录用

2. 招聘决策通常主要包括以下内容：确定招聘的人数和岗位，确定招聘的方式和渠道，确定招聘时间，确定招聘信息的发布，和（　　）。

A. 确定具体领导　　B. 确定招聘预算

C. 确定招聘经费　　D. 确定招聘会场

3. 人员招聘的目的在于：（　　）。

A. 树立企业形象，扩大企业知名度

B. 降低应聘者在短期内离开公司的可能性，增强企业的内部凝聚力

C. 履行企业的社会义务

D. 提高企业的经济效益

4. 人员招聘的意义主要表现为：人员招聘是企业补充人力资源的基本途径；人员招聘有助于创造企业的竞争优势；（　　）。

A. 人员招聘有助于企业形象的传播

B. 人员招聘有助于企业文化的建设

C. 人员招聘为企业注入新的活力，增强企业创新力

D. 有利于人力资源合理流动，提高人力资源潜能发挥的水平

5. 人员招聘的理念，主要有：没有最好，只有最适合的人才；坚持用人所长；看学历、重能力；（　　）。

A. 经历不等于经验　　B. 应聘者能否融入企业文化

C. 招聘工作也是推销工作　　D. 对应聘者坦诚相见

三、判断题

1. 人员招聘是一个复杂、完整、连续的程序化操作过程。(　　)

2. 筛选是企业从职位需要出发挑选出最适合此岗位的人，包括申请资格审查、初选、考试、面试、体检等。(　　)

3. 准确判断应聘者的能力是一件很容易的事。(　　)

4. 企业在招聘时，应根据具体情况进行选择，量才录用，做到人尽其才，人事相宜，避免大材小用，造成浪费。(　　)

5. 招聘决策不受经济因素影响。(　　)

四、简答题

1. 简述人员招聘的过程管理。
2. 如何制订人员招聘计划？
3. 简述人员招聘的外部因素。
4. 一般来说人员招聘的内部因素有哪些？
5. 具体来说人员招聘的内部因素有哪些？

五、案例题

【案情】

联达印刷公司在国内印刷行业业绩名列前茅，总部位于北京，经营印刷初级教育直至大学教育的教材用书，系列、完整的商贸性出版物以及其他非教育类的出版物。公司目前打算拓展大学教材市场，因此需要招聘一位熟悉大学教材市场的销售经理。公司销售总监林森刚刚收到应聘者张瑞的档案材料。张瑞是由汪建介绍的。汪建是公司目前地区销售经理中工作最出色的一位。他与张瑞从少年时代就是好朋友，而且就读于同一所大学。

从档案上看，张瑞似乎是一个不安分的人。从其大学毕业后8年内，他没有一份固定的工作。他在天津、广州、深圳、上海各待了两年，今年刚回到北京。依据他以往的这种情况，在多数情况下公司会考虑自动取消他的资格。但林森还是决定对张瑞的申请给予进一步考虑，主要是因为公司有一位优秀的销售经理力荐他。

林森花了两天时间，以汪建及其朋友作为顾问，一起对张瑞进行面试。三人一致认为问题关键在于：张瑞能否安顿下来认真工作。张瑞条件优越，他的父母是大学教授，从小在学术氛围中长大，因而充分了解与教授相处的各种情况。他是一个有能力、知进取的人。

会面后，林森和顾问都认为，如果张瑞能安顿下来投入工作，会成为一名杰出的销售人员。但同时也意识到存在的危机，那就是张瑞可能会再次变得不耐烦，离开这个工作去更好的地方。不过，林森决定暂时雇用张瑞。

公司招聘甄选程序要求：在最终雇用人员之前，要对每位应聘者进行一系列心理测试。测试表明，张瑞充满智慧且具有相当熟练的社会技能。然而，其余几项关于个性和兴趣的测试则显示出了令公司难以接受的状况。测试报告说张瑞有高度的个人创造力，这将使他不可能接受权威，不可能安顿下来投入一个大的部门所要求的工作中去。关于他的个性评估都表明一个事实：他不具备对企业的忠诚度，不是公司想雇用的那类人。依据这个测试结果，林森拿不定主意是否向总经理建议雇用张瑞。

【问题】

1. 联达印刷公司是否可录用张瑞？请说明原因。

2. 如果你手下有一个像张瑞这样的员工：工作能力强但不接受权威，而且随时准备离开。你会怎样用好他？

扫二维码阅读更多案例

第 2 章

招聘的基本流程

本章重点掌握

招聘规划的概念、制定原则、制定步骤和主要内容；招聘准备与实施；人员甄选的概念、原则、程序和方法；人员录用的原则、决策及决策的标准；招聘评估的主要内容。

学习导航

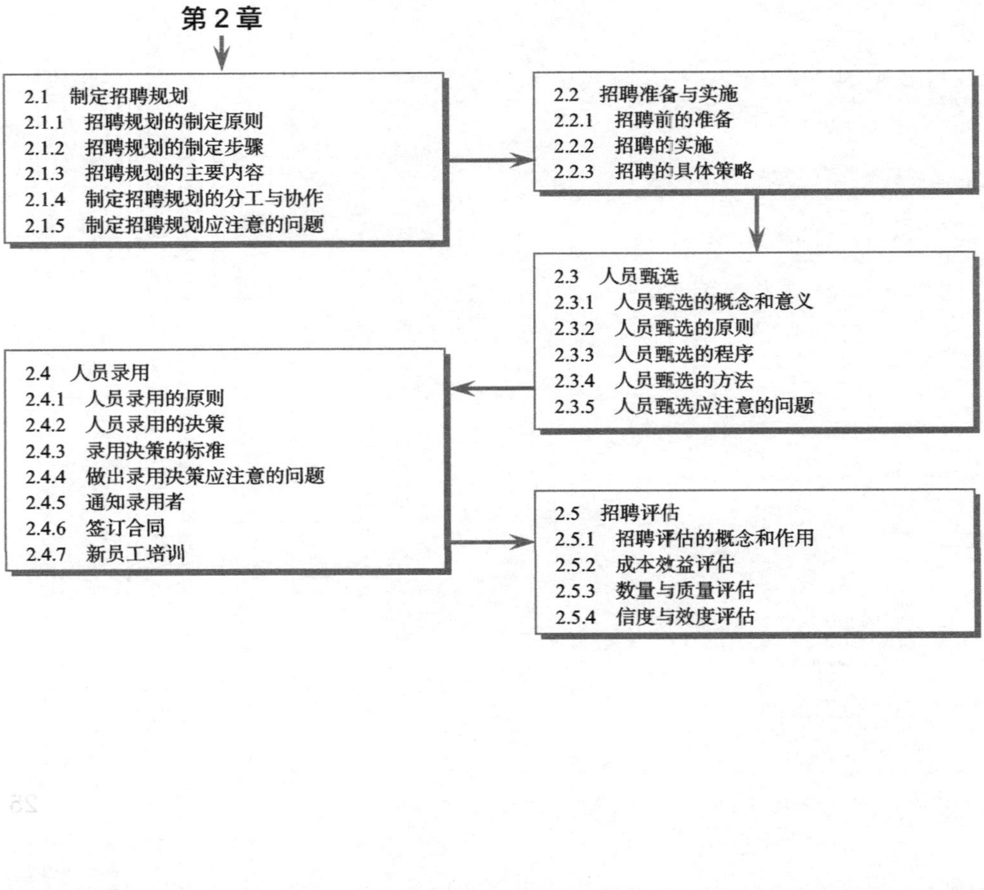

2.1 制定招聘规划

引导案例 2-1

招聘规划书

新民电子有限公司

招聘规划书简介：公司将于 2018 年开展一系列的招聘计划，其中包括各部门现有人员空缺、离职补缺、新增部门的人员配备，主要有副总经理、财务部经理、高级会计、办公室主任、高级秘书、薪酬专员、招聘专员、高级技术人员、车间主任、生产人员、销售主管、销售人员等的招聘。为了能更有效地完成企业的招聘任务，人力资源部现制定此招聘规划，以预期指导工作，并通过更多不同的渠道将企业的招聘信息传达到更多的求职者当中去，为企业吸引更多的优秀意向求职者。在众多的选择当中，挑选出更适合企业发展前景的人才。

1. 招聘目的及意义

随着企业规模的不断扩大，对人才的需求也日益增长。本着发扬企业文化，提高企业员工整体素质，获取企业发展所需人才的宗旨，结合公司 2018 年发展战略及相关计划安排，特制订 2018 年度招聘计划。

2. 招聘原则

公司招聘员工应以用人所长、容人之短、追求业绩、鼓励进步为宗旨；以面向社会、公开招聘、全面考核、择优录用、相关专业优先为原则；从学识、品德、能力、经验、体格、符合岗位要求等方面进行全面审核，确保为企业吸引到合适的人才。

3. 上年度招聘回顾及总结

2017 年是公司快速发展和成长的 1 年，公司员工也从 80 人增加到近 200 人。

部室	原有人数	2017 年新增					试用人数	实习人数
		总人数	大专及以下	大专	本科	硕士及以上		

公司工作人员在过去 1 年的招聘工作中做出了许多努力和尝试，今后的工作中我们将继续保持好的招聘方式和渠道，同时积极探索新的招聘方法，全力保证招聘效果。

4. 现行发布岗位招聘信息

总结上一年度公司各部门人员配备和空缺的总体情况，经过初步分析统计汇总招聘岗位及信息如下：

岗位/名称	招聘要求	工作地点

以上人员一经录用，公司将提供广阔的发展空间和具有竞争力的福利政策。

5. 招聘方案设计

5.1 现场招聘：每场均安排专人负责招聘信息单发放，保证参会人员知晓我司招聘信息，对常用有效的人才市场申办会员，以享受优惠及公益招聘会免费参加的机会；现场招聘会原则上应有1男1女2位面试人员，规模很小的可以只派1人；由于交通原因，对杭州及外地大型招聘会，建议经2人确定后，统一安排部门负责人复试并由公司派车辆接送，复试5人以下者自行安排交通。

5.2 网络招聘：网络招聘，尝试运用视频面试，合格后再邀约公司；网络面试可以结合现场招聘会，安排到统一复试地点面试沟通； 网络招聘应尽可能明确岗位要求和岗位职责，以减少简历人工筛选时间和降低因非面对面面试的误差。

5.3 主要招聘途径：①大学的毕业生招聘会（相关对口学校筹备专场招聘会）；②人才市场；③在付费的招聘网站上刊登招聘信息（例如，51job、智联、浙江人才等），保证综合性网站1～2家，地方性网站1家，预算费用在500～700元/月。

5.4 补充招聘途径：①社会上组织的一些免费招聘会；②网站上刊登免费的招聘信息；③员工转介绍。

6. 招聘的实施

6.1 第一阶段：2月中旬至4月初，招聘高峰阶段，以现场招聘会为主，高度重视网络招聘，具体方案如下：①积极参加现场招聘会，保持每周2场的现场招聘会参会；②每场招聘会根据规模，原则上安排2人以上负责现场面试，1人以上负责公司介绍及招聘信息单的发放，保证所有参会人员都知晓我公司及招聘职位的情况；③根据现场招聘会的情况，10人以上可以安排专车接送至公司统一复试；④积极参加各相关学校的免费招聘会；⑤联系各学校的老师负责推荐和信息告知；⑥发动公司内部员工转介绍；⑦坚持每天刷新网络招聘信息及简历筛选与联系，每周至少1次以上集体面试邀约。

6.2 第二阶段：4月中旬至7月，此阶段现场招聘会逐渐冷淡，新增应聘人员较少，同时各高校在陆续开学后将积极筹备校园招聘会，以保证学生就业，因此，这段时间以网络招聘和校园招聘为主，具体方案如下：①坚持每天刷新网络招聘信息及简历筛选与联系，每周至少2次以上集体面试邀约；②积极参与省内部分院校的大型招聘会，每场招聘会将有现场公司介绍、现场初试、现场复试，建议能有1～2位公司高层领导参加，现场复试确定录用结果；③联系前期面试人员，进行招聘信息的转告及代介绍。

6.3 第三阶段：7月底至10月底，此阶段整体求职人员数量较少且分散，故在此段时间，以网络招聘为主，减少或不参加收费型现场招聘会，具体如下：①坚持每天刷新网络招聘信息及简历筛选与联系，每周至少2次以上集体面试邀约；②每周坚持2次以上，主动搜寻联系网络人才，补充少数岗位的空缺及离职补缺；③组织部门架构的了解分析、在岗人员的了解分析；④对当年新入职人员的关注、沟通、培训、统计分析；⑤准备申报下半年的校园招聘会。

6.4 第四阶段：11月初至12月底，此阶段各大高校都将陆续举办校园招聘会，此阶段主要以校园招聘会为主，主要招聘各部门的储备性人才，具体如下：①建立校园招聘小组，积极参加各校园综合招聘会，对电子类院校筹备公司单独举办专场招聘会；②网络招聘平台及论坛等信息正常关注。

6.5 第五阶段：12 月底至 2019 年 1 月，此阶段，整体招聘环境不理想，主要招聘公司高层类人才，以年度人力资源规划、总结报告及统计分析为主要工作。对于非紧急类新增岗位，不重点做招聘工作。具体如下：①公司年度招聘效果分析、公司人力资源分析、协助公司战略分析与讨论。②编制年度人力资源规划。③部门工作总结、讨论、分析，沟通确定新年个人工作计划及目标制定。④建立和编制公司人才培养体系，建立人才成长计划。⑤建立并完善人力资源管理制度、流程及体系。⑥申报筹备 2019 年年度招聘计划，重点是 2 月招聘计划。

7. 公司面试

人力资源部经过初步的简历筛选后，在一周内通知应聘者参加考核的第一个环节——面试。①公司面试流程公布，原则上所有应聘人员均由人力资源部初试合格后，推荐给部门领导安排相关人员进行专业面试，专业面试合格者由人力资源部负责沟通确定试用期及相关薪资福利待遇，重要岗位均由副总及以上人员面试，最后确定录用。②分公司及各门店人员的岗位设置和配备由各部室申请，公司领导根据实际运营需要批准同意后生效，在不新增和变更岗位名称及配备人员总数的前提下，导购、收银、清洁工人等可以由各分部自行招聘和初试，合格人员的信息报公司人力资源部及相关领导确定后，即可办理入职手续，人力资源部应全力配合各分公司及门店的人员招聘工作。③面试要注意前期气氛的铺垫，双方互相介绍。④正式面试的注意事项（参考问题）。a. 你为什么选择我们公司，你对工作的要求和期望是什么？b. 之前的学习或工作经历，哪些与所应聘岗位相关联？c. 你觉得自己适合哪些工作，可以胜任哪些岗位？d. 公司情况介绍，岗位工作的初步介绍。e. 了解应聘者的真实想法及离职原因。⑤面试评价。

8. 录用决策

企业根据面试的综合结果，将会在最后一轮面试结束当天或之后的 3 天内告知应聘者结果，并告知录用者办理手续。

9. 入职培训

①新人入职必须证件齐全有效。②新人入职当天，人力资源部应告知公司的基本日常管理规定。③办理好入职手续后，安排相关培训流程（通常由部门培训），培训计划和要求应由各部提出并与人力资源部讨论确定。④转正时，人力资源部应严格按培训计划进行审核把关，对培训效果不理想或不能胜任者，可以沟通后延迟转正。

10. 招聘效果统计分析

①人力资源部应及时更新员工花名册，每半年做一次全面的招聘效果分析。②根据效果分析的结果，调整和改进工作。③定期与入职不足 1 年的员工沟通，并采取相应的管理措施和方法。

（资料来源：https://wenku.baidu.com/view/2c7838e4581b6bd97e19ea85.html 有改动）

思考题：结合这份招聘规划书和本节的内容，请你谈谈如何编写招聘规划。

招聘规划是人力资源部门根据用人部门的增员申请，结合企业的人力资源规划和职务描述书，明确一定时期内需招聘的职位、人员数量、资质要求等因素，并制订具体招聘活动的执行方案。人力资源部门根据企业的需要，编制招聘规划，招聘规划包括确定招聘预算、招聘人数、条件要求（包括文化水平、专业技术、实践经验、年龄、性别等）、招聘工作的负责人、考核方式、完成时间等。

招聘规划作为企业人力资源规划的重要组成部分，为企业人力资源管理提供了一个基本的框架，为人员招聘录用工作提供了客观的依据、科学的规范和实用的方法，能够避免人员招聘录用过程中的盲目性和随意性。

2.1.1 招聘规划的制定原则

1. 充分考虑内、外部因素的变化

招聘规划只有充分地考虑了内、外部因素的变化，才能适应未来企业对人力资源的需要，真正做到为企业发展目标服务。内部因素变化主要指企业战略的变化、人力资源管理政策的变化及内部员工流动的变化等；外部因素变化主要指技术条件的变化、劳动力市场的变化、法律的变化等。由于企业处在外部因素如政治、经济、市场、法律、技术、文化等一系列因素的变动当中，这使得企业的战略目标也处于不断的变化与调整之中。当企业的战略目标发生变化时，也必将引起企业人力资源供求的变化，人力资源规划也会随之变化，因此，企业的战略目标是人力资源规划的基础。为了更好地适应这些变化，在制定招聘规划中要对可能出现的情况做出预测和风险分析，最好能有面对风险的应急策略。

2. 确保企业员工的合理使用

企业现有员工的开发和管理问题是招聘规划中首先应解决的核心问题，而科学、准确地掌握现有员工配置状况及预测出未来的员工内部供给状况，是招聘规划制定过程中最重要和最困难的一环。它包括员工的流入预测、流出预测、内部员工流动预测等。只有准确预测出人力资源的供给状况，才能有效地保证企业人力资源使用，也才能进行更深层次的人力资源管理与开发。

3. 使企业和员工都得到长期的利益

招聘规划不仅面向企业，也面向员工，因此制定招聘规划必须兼顾企业目标和员工个人目标。否则，就无法吸引、招聘到企业所需的人员，也难以留住本企业的员工。原则上讲，企业的发展和员工的发展是互相依托、互相促进的关系。如果只考虑企业的发展需要，而忽视了员工的发展，则会有损企业长远发展目标的实现。优秀的招聘规划，一定是能够使企业和员工都得到长期利益的规划，一定是能够使企业和员工共同发展的规划。因此，制定规划中，要创造良好的条件，充分发挥企业中每个员工的主观能动性，切实关心企业中每个员工

在物质、精神和业务发展等方面的需求，并帮助员工在实现企业目标的同时实现个人的目标。

2.1.2 招聘规划的制定步骤

制定招聘规划是企业人力资源部门在招聘中的一项核心任务，通过制定招聘规划来决定企业所需人才的数量和质量，以避免工作的盲目性。其主要步骤是：

（1）获取人员需求信息。

（2）选择招聘信息的发布时间和发布渠道。

（3）初步确定招聘团。

（4）初步确定挑选方案。

（5）明确招聘预算。

（6）编写招聘工作时间表。

（7）草拟招聘广告样稿。

2.1.3 招聘规划的主要内容

1．录用人数以及达到规定录用率所需要的人员

确定出计划录用的员工总数。为确保企业人力资源构成的合理性，各年度的录用人数应大体保持均衡。录用人数的确定，还要兼顾到录用后员工的配置、晋升等问题。此外，还要根据以往的招聘经验，确定为了达到规定录用率至少应吸引多少人员前来应聘。

2．从应聘者应聘到雇用之间的时间间隔

有效的招聘规划还应该注意另一种信息，即精确地估计从应聘者应聘到雇用之间的时间间隔。随着人力资源市场条件的变化，这些数据也要相应地发生变化。

3．录用标准

录用标准可以归纳为 5 个方面：与工作相关的知识背景、工作技能、工作经验、个性品质、身体素质。这里要明确哪些素质是职位要求所必需的，哪些素质是希望应聘者具有的。

4．录用来源

确定录用来源有助于企业有效地把时间花费在某一人力资源市场上。费用最高的来源通常是猎头公司，其代理费大约为个人年薪的 1/3，企业招聘高级管理人才时比较适用；而一般人员的招聘可以通过职业介绍所，费用较低。企业应定期收集、评价招聘来源信息，对各种信息来源进行分析，选择那些能最快、最廉价地提供适当人选的信息来源。

5. 招聘录用成本计算

一般来讲，雇用一个人所需要的费用可以用招聘总费用除以雇用人数得出：

$$每雇用一个人所需要费用=\frac{招聘总费用}{雇用人数}$$

除此之外，下列成本计算也是必不可少的：

（1）人力资源费用，如工资、福利及加班费。

（2）业务费用，如电话费、交通费、信息服务费、广告费、邮资费用等。

（3）企业一般管理费，如租用临时设备、办公用具设备等的费用。

2.1.4 制定招聘规划的分工与协作

不同管理层以及不同管理部门在具体职能和分工上的差异，必将带来在制定招聘规划上的分工与协作，而且这种不同管理层次上的分工是非常明确的。

1. 企业高层管理人员

高层管理人员在制定招聘规划中的主要任务是在全局上、整体性上把握招聘规划的指导思想和总原则，其主要内容包括审核和批准招聘规划及工作分析，制定招聘的总体政策，确定招聘录用的标准等。

2. 部门经理

作为空缺职位负责人的部门经理，在制定招聘规划中也肩负着重要的责任。有关用人需求的一切信息以及以后的挑选工作，如向人力资源部门提供本部门空缺职位的数量和类型的信息，参加对本部门应聘者的面试、筛选工作等，都是部门经理需要做的。

3. 人力资源部门

最高管理层决定的招聘总政策需要由相关部门来实行，而人力资源部门是当然的核心部门：第一，要同有关部门一起研究员工需求情况；第二，要分析内外部因素对招聘的影响和制约；第三，要制定具体的招聘策略和招聘程序；第四，要进行具体的招聘工作，对应聘者进行招聘、筛选和录用。

2.1.5 制定招聘规划应注意的问题

（1）不同的企业或处于不同发展阶段的同一企业，在制定招聘规划时，应区别对待，突出重点。

（2）人员招聘规划不仅要规划未来，还要反映目前现有员工的情况，如员工的调入、调出、升迁等。

（3）从录用方式看，包括定期录用、临时录用、个别录用等。对录用计划来讲，应明确区分录用方式，分别规划安排。

（4）企业处于多变的经济环境中，招聘规划应不断地根据实际情况的变化加以调整，绝不能一劳永逸。

制定招聘规划时，还必须注意到社会成员价值观念的取向、政府的就业政策和有关劳动法规，如在录用员工时尽量不出现性别歧视等现象。

2.2 招聘准备与实施

引导案例2-2

葛洲坝集团人才招聘工作纪实

当前，“互联网+”时代的来临，带来了人力资源管理方式和方法的新变革。单纯依靠简历筛分的招聘管理“1.0时代”和以招聘会汇聚人才及猎头推荐人才为主的“2.0时代”已经黯然失色。更强调招聘双方互动，依靠移动化、智能化手段进行招聘的招聘管理“3.0时代”更适合“90后”的年轻毕业生，而“3.0时代”招聘的显著特点就是形式创新。为适应“3.0时代”招聘管理工作的新变化，葛洲坝集团组织招聘管理人员进行专门培训，进一步提升招聘管理人员的沟通能力、应变能力和全面分析能力，练就了识才、选才的“火眼金睛”。

在招聘工作的思路和方法上，葛洲坝集团大胆创新，采用互动体验式校园招聘模式，以满足“90后”大学毕业生注重体验的特点和需求，增强他们对企业的认同感。

在校园招聘会前，葛洲坝集团派出受训过的招聘管理人员，启动互动宣传。在线上宣传方面，他们借助手机等移动终端，通过微信、微博等新媒体，让学生随时随地可获得和转发企业信息，对校园活动进行转播和分享，比如开展“转发有奖”、加入互动和游戏的元素，形成传播的阶段性热潮。让学生在互动体验中认识企业，了解企业，进而认同企业。而在线下宣传方面，葛洲坝集团通过招募校园大使、优秀毕业生回校宣讲，通过可信度较高的人际传播方式，在线下开展大范围宣传，让大学毕业生了解和关注葛洲坝集团的招聘信息。葛洲坝集团还定期组织专业人士到相关高校进行职场、职业指导讲座，与学生互动交流，让学生明确就业意向的同时，更清晰地认识葛洲坝集团，进而使企业在学校获得较好的口碑。

互动式校园宣讲是这一新的招聘模式的核心和关键。传统的校园宣讲方式，只是一味地传递企业的信息和招聘情况，没有与学生进行更多的互动交流。“90后”毕业生的求职意向更加多元化，企业选择学生的同时，学生也在选择企业。葛洲坝集团采用互动体验式校园宣讲模式，与毕业生进行互动交流，将宣讲会变成“开放式”的平台。集团人力资源部门挑选精干力量，以模拟校园招聘的形式参加集团举办的企业推介大赛，并将比赛成果进行推广和应用，统一了招聘流程、测评方法，注重商务礼仪。葛洲坝集团通过微信、微博等新媒体平台，安排已经入职的同校学长与学弟、学妹以互动交流的方式让毕业生更清楚、更深入地了解葛洲坝集团。他们还精心设计了“我们在这里等你——2016年校园招聘”易企秀，制作了风格统一的宣讲PPT、“梦在CGGC”微视频，受到了应聘大学毕业生的好评。不少毕业生表示，参加过葛洲坝集团的校园招聘会之后，很受感动，不考虑再去参加其他企业的校园招聘了。在校园招聘后，葛洲坝集团安排达成初步就业意向的毕业生参加实习、接受岗前培训、参加特殊的入职仪式等多种活动，做好情感维系工作，直至他们选择和加盟葛洲坝集团。

（资料来源：http://group.ceec.net.cn/ 有改动）

思考题：结合该案例和本节的内容，请你谈谈对招聘准备与实施的认识。

2.2.1 招聘前的准备

1. 岗位分析

岗位分析是对企业各类岗位的性质、任务、职责、劳动条件和环境，以及员工承担本岗位任务应具备的资格条件所进行的系统分析与研究，并由此制定岗位规范、工作说明书等人力资源管理文件的过程。其中，岗位规范、岗位说明书都是企业进行规范化管理的基础性文件。在企业中，每个劳动岗位都有它的名称、工作地点、劳动对象和劳动资料。岗位分析的目的在于找出空缺岗位的相关因素。首先，可以从过去的在岗人员的上级或有关同事那里了解相关情况。这种方法在进行岗位描述时很有帮助，因为它涉及空缺岗位的职责。岗位分析中常用的一种方法是要求各个岗位的员工填写工作日志，从中了解工作时间是如何安排的。在进行岗位分析时，应从企业现实和未来的需要出发。因此，应以企业战略为指导。

岗位分析通常在岗位出现空缺时进行，但随着企业变得更加灵活，这项工作可以日常化，定期更新，以增强企业的适应性。岗位分析提供的重要信息将直接用于岗位描述和规范，即说明此岗位要从事的工作和较好地完成相关工作所需的技能和特质。总之，岗位分析主要是为了解决以下6个重要问题：① 工作的内容是什么(What)？② 由谁来完成(Who)？③ 什么时候完成工作(When)？④ 在哪里完成(Where)？⑤ 怎样完成此项工作(How)？⑥ 为什么要完成此项工作(Why)？

2. 岗位描述

在对岗位进行分析后，下一步是对其做详细描述，包括岗位概况、所涉及的工作内容、相应职责和条件。岗位描述确定了岗位工作的具体特征，是指对相应职位的人的职责与需要具备的资格、能力要求等的说明。

岗位描述包括以下几个方面的内容：

（1）岗位名称。即所从事的是什么工作。

（2）岗位活动和程序。包括所要完成的工作任务、工作职责、完成工作所需要的资料、机器设备与材料、工作流程、工作中与其他工作人员的正式联系及上下级关系。

（3）工作条件和物理环境。包括正常的温度、适当的光照度、通风设备、安全措施、建筑条件，甚至工作的地理位置。

（4）社会环境。包括工作团体的情况、社会心理气氛、同事的特征及相互关系、各部门之间的关系等。此外，应该说明企业和组织内及四周的文化和生活设施。

（5）职业条件。由于人们经常根据职业条件来判定和解释职务描述中的其他内容，因而这部分内容非常重要。职业条件说明了工作的各方面特点：工资报酬、奖金制度、工作时间、工作季节性、晋级机会、进修和提高的机会、该工作在本组织中的地位及与其他工作的关系等。

（6）事故状态的描述。包括一般事故和紧急事故的处理，应急预案的启动。

近来，企业对能力高低的侧重，使岗位描述中对岗位相关工作的具体说明逐渐转到对在岗人员能力和技能的要求。采取这种方式，是希望个人和企业能灵活适应新的岗位需要。与此同时，在表述职能和责任时原有的硬性规定也被逐渐摒弃。

3．岗位规范

岗位规范又称岗位标准，是对在岗人员所规定的工作要求和任职条件，是对不同岗位人员应具有素质的综合要求，是衡量职工是否具备上岗任职资格的依据。制定明确的岗位标准，做到上岗有标准，下岗有依据。

岗位规范的内容一般应包括岗位的工作质量和数量要求、专业知识和劳动技能要求，以及文化程度和应承担的责任等。

岗位规范用以描述一个过程，其间要用到岗位描述提供的信息来形容一个能胜任该岗位职责的人的整体素质和能力。评测岗位与应聘者合适程度的方法有3种：

（1）罗杰的7点计划。

1）体格（健康、外貌）；

2）学识才能（教育背景、资历、经历）；

3）一般智力（智力水平）；

4）特殊才能（动手能力、交际能力）；

5）兴趣点（文化、体育等）；

6）性情（可爱程度、可靠性、主见性、执行力）；

7）特殊条件（准备好转换工作、适应频繁出差等）。

运作这7点计划意味着就每点的基本及所需的特性进行具体分析。但目前很多企业将注意力更多地集中在除上述因素外的技能——工作态度和兴趣点等方面。

（2）芒罗·弗雷泽的5点评分系统。

1）对他人的影响（通过体格、外貌和表达方式）；

2）已有资历（教育、培训和经历）；

3）固有特质（快速切入实质，渴望学习）；

4）动机（树立目标并关心实现）；

5）调整（能承受很大的外界压力，与他人相处和谐）。

（3）关键成效领域。近年来，在岗位规范阶段普遍注意对特定岗位规定明确的关键成效领域。这种方法非常强调取得成效，因此重点是产出而不是投入。产出可以从质量、数量、用时和费用方面衡量。关键成效领域的特点是根据书面的指标（如产出质量、数量等）为新聘人员设立目标，从而为后续的绩效考评打下基础。

岗位规范是招聘前整个过程中最关键的一环，因为它体现了空缺岗位上最适合人选应具备的特征。它提出了一系列有关性情、资历的衡量尺度。目前在很多情况下，真正实施的多是上述方法的修改版本。

2.2.2 招聘的实施

1. 吸引应聘者

当企业对空缺岗位所需员工素质已有大体了解时，下一步就是吸引合适的应聘者的注意。岗位规范被用作对理想候选人进行简要描述，而岗位描述则应包含空缺岗位就职者所承担职责的信息，这些信息通过招聘广告传达。这是整个过程中很重要的一步，因为企业的首要目标是吸引到足够数量的应聘者。应注意，应聘者数量过多有很多不利，因为后续的初级筛选要花费很多时间和金钱。应聘者太少也不妥，因为如此一来，企业的选择余地就会大打折扣。

2. 应聘者来源

企业如何找到合适的应聘者呢？这里有多种选择。在做出相应选择之前，应首先决定是从内部招聘还是从外部招聘。内部招聘可以通过在企业内部公布职位空缺信息，鼓励内部员工应聘。如果是外部招聘，应聘者主要通过以下几种渠道获得。

（1）求职中心。这是一种免费的服务机构，企业能在此得到很多帮助。它负责公布岗位招聘信息，筛选出合适的应聘者。当应聘人数很多时这种渠道较适合。

（2）职业介绍所。这类机构通常存有各类应聘者的基本情况数据库，并向获取雇员信息的机构收取相应岗位工资的一定比例作为中介费。它们负责公布招聘信息，筛选应聘者。企业利用这类机构进行人员招聘的好处在于能节省时间，而那些没有人力资源部门的小企业能在此得到专业咨询和服务。不利之处是要花费一定的费用，而且企业对招聘这一重要过程没有控制权。

（3）专职猎头机构。当企业需要填补重要职位或很专业的职位空缺时，就需要借助猎头公司的帮助。这类公司收费很高，但企业一旦寻求它们的帮助，则相信最终收益会弥补这部分费用。要取得满意的结果，就必须向猎头公司提供空缺职位的详细信息。

（4）不定期的自荐应聘信息。这些人通常在某些场合，如企业大门口，看到有关的招聘广告，从而被其中所涉及的企业形象所吸引。他们中的许多人并不愿意通过求职中心或职业介绍所找工作，或者直接回复报纸广告。

（5）现有员工的朋友或亲属。这种渠道的优点在于应聘者对空缺岗位和企业工作条件能有更周全的了解。然而，一定要恪守机会均等的原则，因为如果现有员工结构中某些群体（如少数民族或妇女）的比例不高，那么在这类引荐中很可能造成相应的偏见。

（6）学校等教育机构。有些传统上直接从学校招聘年轻员工的企业在这方面可谓驾轻就熟。有些企业定期到大学去做招聘宣传，面试应届毕业生。有些企业则与学校建立联系，组织学生参观，并采取某些助学措施。另一些企业则为一些毕业或毕业后愿到企业工作的学生提供帮助。

（7）广告。招聘的一种常见的方式是在国家、省、市的报纸上和专业杂志上刊登广告。可以直接与媒介联系，也可以通过广告公司，后者从媒体收取佣金，能在广告内容、格式和媒体选择上提供咨询，这比企业独自订购广告页并发布短消息的效果会更好。

对广告内容要多加斟酌。比如，可以强调空缺职位所需的资历和经历、责任和职能、有关企业信息、工资（除非工资可商议）、应聘方式、截止日期。任何特殊要求，如工作时间不正规、经常出差等，都应包括在内，以便应聘者抉择。

广告可以有效地树立企业形象，因此它是一种推销信息，推销企业和空缺岗位，期望取得良好回应。广告所用语言和表达方式要平易近人，最终定稿时招聘者一定要想到潜在应聘者可能应聘，也可能不应聘。因此，广告中的内容应鼓励而不是妨碍应聘者充分考虑，决定是否加盟。

（8）电话热线。在大多数情况下，应聘者与企业之间的首次接触，是应聘者收到合适信息后向企业递交正式书面申请表或简历。另一种初次接触方式是广告中公布的热线电话，应聘者会打电话对空缺职位、工作条件或其他信息进行讨论。这有助于及时快速的反应，也有助于鼓励更多的人应聘，这在外部供应紧缺时尤为重要。

（9）接待日。有些企业利用接待日鼓励应聘。潜在应聘者被邀到企业访问，与经理和小组领导会面，了解企业的运作方式。这能使应聘者决定他们是否对企业或空缺职位有兴趣，并有助于他们进入招聘的下一阶段。与电话热线相似，当外界相似空缺较多、人员供给相对紧张时，这种渠道更具优势。

（10）网络。对于专业技术人才来讲，从网上进行招聘无疑是一种明智的选择，原因有二：一是上网的人一般都有比较高的个人素质和技能，能适应现今社会的潮流（当然不能一概而论）。二是显示了招聘企业的实力和开阔的视野，能够采取网络招聘的企业往往在观念上已经超越了传统的企业，非常适合现代人尤其是年轻人的口味，一般来讲，命中率是很高的，而且在初期接触中可以采取电子邮件和电话通信的方式。著名招聘机构 Beacon Man 认为网络招聘是未来的发展趋势。

3. 应聘者的筛选

招聘过程的下一步是筛选出那些背景和潜质都与岗位规范所需的条件相当的应聘者。如果应聘表格人数较多，这将是一个比较费时的过程，参与筛选的人员要能充分利用设计周全的应聘表格中所提出的各类信息，尽管在某些情况下应聘者需要递交简历而不是填写事先印好的应聘表格。

简历的好处在于，它能使应聘者以展示其书面交流能力的方式申明自己的资历和经历。然而，应该认识到有些应聘者会借助专业人士帮助编写简历。与标准应聘表格相比，简历存在的问题是应聘者自己掌握写什么，不写什么，而应聘表格则是由企业决定填写哪些与其需要有关的信息。应聘表格可能更可靠，因为所有应聘者都要按表中所列项目提供相应的信息。

无论采用何种手段，企业都要掌握应聘者的年龄、婚姻状况、国籍（可表明是否需要工作许可）、教育背景、资历、培训、经历、目前工资、特殊才能、健康状况、业余爱好及离职原因，应聘者还可以补充他希望被了解的情况。尽管应聘表格是为人员选拔而设计的，但它也可以派上其他用场，它可以作为企业选聘人员的个人记录的一部分。

2.2.3 招聘的具体策略

招聘策略是招聘规划的具体体现，是为实现招聘规划而采取的具体策略。招聘策略包括招聘地点策略、招聘时间策略、招聘渠道与方法的选择、企业宣传策略和招聘备选方案设计。

1. 招聘地点策略

选择在哪个地方进行招聘，应考虑人才分布规律、应聘者活动范围、企业的位置、劳动力市场状况及招聘成本等因素。一般招聘地点选择的规则是：

（1）在全国乃至世界范围招聘企业的高级管理人才或专家教授。例如，美国把在世界范围内争夺科技人才作为一项国策，使其在第二次世界大战之后经济飞速发展。我国海南建省初期，曾经在全国开放式地广招省一级的高级管理人员。

（2）在跨地区的市场上招聘中级管理人员和专业技术人才。目前，我国已经建立了不少跨地区的人才交流市场，举办人才交流活动，为招聘企业和应聘者在更大范围内进行双向选择创造了有利的客观条件。

（3）在招聘企业所在地区招聘一般工作人员和技术工人。企业之所以在这样的地理范围内进行选择，是因为在不同的范围内，劳动力供给是不同的，尤其是不同的市场倾向于提供不同素质的劳动力。

在选择招聘地点时，企业应该有所固定，这样才能更节约招聘成本。比如，唐山的一家企业，既可以选择在北京的劳动力市场或人才市场进行招聘，也可以选择在天津的劳动力市场或人才市场进行招聘，还可以选择到其省会城市石家庄的劳动力市场或人才市场进行招聘。一般来说，北京市场上劳动力供给最充足，但价格也较高；而天津的供给也较充足，而且价格比较便宜；石家庄的优势在于它与唐山在同一个省，在招聘上存在的行政障碍比较小，因此能够更好地解决户口变更问题。企业可以根据自身的情况选择合适的地点。在选择了一个地方后，企业就可能形成选择定势，因为已经熟悉了这个市场，总是在这个市场进行招聘，就会积累许多经验，每次招聘都会把主要精力集中在这个市场。

2. 招聘时间策略

招聘过程中一个重要的问题是在保证招聘质量的前提下确定一个科学合理的时间。寻找高质量的应聘者，以及做出一个好的招聘决定所花费的时间经常为许多企业所低估。招聘截止日期的压力连同企业日常运行的压力综合发生作用，促使企业降低自己的招聘标准，雇用第一个可以雇用到的人填补空缺职位。时间的紧迫也会使招聘的整个过程大打折扣，一些必需的口头审查和背景核查往往被忽略，甚至连必要的条件要求也会改变。降低招聘标准，缩短招聘过程，会对企业的长期运行产生十分不利的影响。

经理和职能部门主管要想使人员得到及时补充，保证招聘要求的方法之一，就是按照各种工作的要求，对整个劳动力的情况进行检查。对于每个工作组，人力资源部门应该与代表该工作组的经理合作，检查过去几年雇用、提升、调动和离职情况，对未来的用人情况做出预测，做到"未雨绸缪"。

在出现职位空缺以前，必须仔细确定每个招聘步骤可能占用的时间，以便决定填补空缺职位需要花费的全部时间，设置一个实际的时间线。从企业希望员工实际在职和从事生产的那一天开始进行倒算。

可以用一个例子来说明招聘时间的选择。某企业欲招聘 30 名推销员。根据预测，招聘中每个阶段的时间占用分别为：征集个人简历需 10 天，邮寄面试邀请信需 4 天，做面试准备安排需 7 天，企业聘用与否的决定需 4 天，接到聘用通知的应聘者在 10 天内做出接受与否的决定，应聘者 21 天后到企业参加工作，前后需耗费 56 天的时间。那么招聘广告必须在活动前两个月登出，即如果希望招聘的 30 名推销员能在 6 月 1 日上班，则招聘广告必须在 4 月 1 日左右登出。有经验的企业，一般都预先编制好招聘工作流程图，然后按照招聘工作流程图一步一步地实施。

招聘一个符合质量要求的员工的时间目标一经确定，就要将这种时间与空缺岗位可以等待的时间进行比较。在有些情况下，招聘所要花费的时间比等待的时间要长，在这种情况下，不要迫于完成招聘目标的压力，轻易而草率地降低招聘标准。在这种人员转换期，要寻找相关对策加以弥补。对付这种职位空缺的典型方法有：向外发包给他人、招聘临时工人及职位职责的再分配。

3. 招聘渠道与方法的选择

任何一个确定的招聘方案中，招聘渠道与方法的选择都是最重要的组成部分。采用哪一种方式招聘人员，应根据供求双方的不同情况而定。例如，是采用简单的还是繁杂的方式，是采用主动的还是等人上门，是大张旗鼓还是悄悄进行等。

可供企业选择的招聘渠道有员工引荐、招聘广告、就业机构、校园招聘、直接求职者、内部招聘、网上招聘等。企业可以根据招聘规划所要求的应聘者的数量和类型来选择不同的招聘方法和渠道。一般情况下，企业从校园中招聘专业技术人员和管理人员；在就业服务机构或职业介绍所招聘办事员和操作工人；通过广告招聘各方面专家、销售人员等；为了节省开支和时间，还可通过员工引荐的方式招聘。每种招聘方法和招聘渠道都有利有弊，在选择时，应对这些利弊进行权衡。

如果企业进行大规模招聘，往往使用某一种招聘渠道是不够的，这时需要采用不同的招聘渠道的组合，才能保证企业在确定的时间内招聘到足够的、合适的员工。

鉴于招聘渠道和方式选择的重要性，本书第 3 章将对此进行专门的讨论。

4. 企业宣传策略

招聘工作不仅受到企业形象和声誉的影响，而且其本身也是直接影响企业形象和声誉的过程之一。因此，在招聘过程中，企业一方面需要尽可能地吸引应聘者，另一方面还必须利用招聘的机会进行企业形象或声誉的宣传活动。

人员招聘是企业向社会展示形象的机会，因此，首先应该与应聘者及媒介进行良好的沟通。招聘企业应与应聘者的来源如大专院校、职业介绍中心、人才交流中心等媒介保持密切的联系，把所需人才的类型和数量告知对方，并从供方了解与掌握可提供的人才种类、层次及数量。近年来，很多著名的国内外大公司直接到各大院校设立专项奖学金，开招聘会，从而密切与院校间的关系，增进毕业生对公司的了解，为公司吸引和储备人才。例如，广州北电公司曾在全国各大院校召开巡回招聘会，公司的各项政策引起了毕业生的极大兴趣，应聘者如云。

企业在招聘过程中应创造尊重知识、重视人才的氛围，给社会以良好的印象，增强企业的吸引力，怜才惜才的行动常常会使人才不招自来。

许多研究表明，企业派出去的招聘人员对应聘者的影响非常直接。有许多时候，由于招聘人员衣着大方、言谈举止得当而给应聘者很好的印象，从而决定申请该企业的工作。相反，由于招聘人员衣着不当、对应聘者失礼而造成应聘者停止申请该企业的职位的情形也不少见。因此，招聘人员的选派对企业形象的树立，乃至对招聘的成功都是至关重要的因素。

在推销企业提供的职位时，应该向应聘者传递准确、有效的企业信息。一般来说，职位薪水、工作类型、工作安全程度等，是影响是否应聘的重要因素，其次是晋升机会、企业的位置等。企业的管理方式、企业文化、工作条件、同事、工作时间等是影响稍微小一些的因素。企业在传递信息时，应该根据这些影响因素及应聘者的类型，有针对性地提供信息，而不要把这些信息平等看待。当然，这不是说招聘人员可以过高地宣传职位好的一面，而掩盖职位不足的一面。招聘人员传递信息时，应该是诚实和讲道德的，否则，不仅不能给企业带来好处，反而可能给企业带来负面影响。

最后，企业一定要处理好与未录用人员的关系，这关系到整个招聘能否善始善终。对未录用人员发一封情真意切的感谢函，说明未录用原因并进行致歉，还可赠送公关小礼品，以维系感情。这样未录用人员还会为本企业做正面宣传，而不至于有负面影响。

5. 招聘备选方案设计

即使人力资源计划表明有追加员工和替换员工方面的需求，企业也不必急切地投入招聘工作中去。因为辞退一名业绩平平的员工会导致很高的退出成本，做出轻率的招聘决定往往是不明智的。因此，企业在进行招聘之前应认真考虑它的备选方案。招聘的备选方案一般包括兼职员工和临时工、员工租赁和策略性外包等。

（1）兼职员工和临时工。专职员工主要由核心管理人员和技术人员组成，他们是企业不可缺少的，但专职员工的维持成本是很高的。如果企业负担不起雇用一名专职员工的费用或开支，或者不能确定增加一名专职员工对企业来说是否为最好的选择，那么就应该考虑选择

兼职员工或临时工，或者干脆将工作外包给其他人。

在核算了停工时间和加班时间的成本后，很多企业发现，雇用或使用一名临时工或兼职员工，比雇用一名专职员工或让专职员工加班工作在经济上要合算得多。

一般来说，使用临时工填补空缺职位适合在某一特定的时期。临时工的使用在这样一些情况下尤其管用：季节性需要、特别的项目、员工缺席和举家搬迁，以及一些需要特殊技艺而又没有配备的工作。比如，顾客服务代理、数据录入人员、营销代理、调查人员、远程销售代理、产品设计人员等。

（2）员工租赁。企业使用这样一种方式，其实是将企业管理中的大块人力资源管理部分用租赁方案代替。员工也同样是租赁活动中的赢家。由于租赁公司为许多企业提供员工，所以他们常常得到规模经济的好处。规模经济能够给他们带来较优的、低成本的福利方案，另外，也使得流动就业的机会更多。若某企业经营失败，租赁公司则可以将员工转租给另一家企业，从而使这些员工免遭解雇，同时也避免了其工龄上的损失。

但不利因素总是存在的，由于员工的报酬和福利均来自租赁公司而使员工的忠诚受到侵蚀。但不管怎样，对租赁员工的使用在不断增长。这为企业提供了一批训练有素的长期员工，并且可以根据企业状况自主扩充或削减。

（3）策略性外包。策略性外包也就是雇用独立的承包人来完成自己所不能完成的特殊的工作或任务。这种形式下的员工都只是针对某种不能完成的特殊的工作或项目在短期内进行工作。企业不需要承担病假日、休假日、医疗福利或社会保障等成本。向外转包给他人，可以腾出精力增强本企业应付一些不常出现的任务和问题的能力。

管理和财务方面的咨询经常需要由外来的专业人员提供，尤其在一个小企业中，为某一工作雇用一个外面的专家，比自己培训一名员工要容易得多。对于某些工作，向外发包给他人，可以在更合理的价格基础上得到更好的质量保证，因为这样不需要更多的管理介入就可以保证工作的完成。

2.3 人员甄选

引导案例 2-3

企业应该怎样选人

1. 切不可“大马拉小车”

所谓“大马拉小车”就是小企业用了大才之人，“大马”一旦跑起来小车就有被颠覆或摧毁的危险。如三国时期的庞统当了知县，到任后终日饮酒作乐，消极怠工。所以说，多深的水养多大的鱼是企业选人用人的明智策略。

2. 雪中送炭胜过锦上添花

在目前社会就业形势严峻的情况下，选人用人就有了很大的可选择性。因而选人用人时，在同等条件下，最好选择那些经济条件较差、生活困难、急需工作的人。雪中送炭胜过锦上添花，这些人的积极性和对企业的忠诚大多能令企业满意。

3. 把人才分类

以企业家用人的眼光去看，人才大致可分为三类：一是可以信任而不可重用者，就是那些忠厚老实但本事不大的人；二是可重用而不可信者，这是那些有些本事但私心过重，为了个人利益而钻营弄巧，甚至不惜出卖良心的人；三是可信而又可用的人，这种人才当然好，但凤毛麟角。为了企业的发展，企业家要用到各种人才，只要在充分了解的基础上，做到恰当使用、扬长避短、合理配置，就能最大限度地发挥他们的作用。

4. 职业道德+工作能力+进取心

良好的职业道德是一个人执业的前提，是保证工作不会出现方向性错误的根本；工作能力是一个人能否胜任一个岗位的关键；进取心是一个人能不能跟上企业前进步伐的依据。

（资料来源：http://www.qzwb.com　有改动）

思考题：结合该案例和本节的内容，谈谈你对甄选原则的认识。

2.3.1 人员甄选的概念和意义

1. 人员甄选的概念

人员甄选是指企业在招募工作完成后，根据用人条件和用人标准，运用适当的方法和手段，对应聘者进行审查和选择的过程。

人员甄选是招聘过程中一个极为重要的环节，其目的是将明显不合乎职位要求的应聘者排除在招聘过程之外。有效的甄选可以节省大量的时间和金钱。一般情况下，专业性职位的应聘者由人力资源部甄选，但最好能由部门经理、人力资源及技术专家等组成的甄选委员会来进行甄选。

对应聘者进行甄选，需要做好以下几项工作。

（1）与通过了个人简历和资格筛选的应聘者建立联系并确定面试的时间与地点。

（2）为企业所在地的应聘者提供交通费、住宿费，以保证面试活动的顺利进行。

（3）给在个人简历和资格审查中被淘汰的应聘者写信，表达企业对他们的歉意、尊重和感谢。

2. 人员甄选的意义

甄选在人力资源管理活动中，具有十分重要的意义。

（1）它可以使事得其人，人适其事。严格按照岗位所要求的资格条件甄选应聘者，能帮助企业获得称职的员工，实现人与事的科学结合。员工上岗后能胜任工作，便会增强工作的信心和责任心。同时，还能间接地降低员工的流失率，从而节约招募甄选和培训的费用。

（2）它可以形成人员队伍的合理结构，从而实现共事人的密切配合。人力资源部门在甄选应聘者时，不仅着眼于甄选对象的个体素质，而且注意考虑优化员工群体结构的需要，做到选用得当，使员工在群体中，不但能发挥其个体结构的优势，而且可以通过互补实现群体结构的优化，使群体成为目标同一、年龄衔接、专业配套、职能互补、能级合理、心理相容、长短相济、团结协作的集体，使群体功能收到 1+1>2 的效果。

（3）它可以保证人员个体素质优良，从而使此后的一系列人力资源管理活动顺利进行。甄选活动处在“进”的环节上，这一活动做得严肃认真，能保证甄选对象的个体素质优良，就会使选用后的一系列人力资源管理活动，如考核、激励、调整工资、培训、升降等顺利进行，并收到良好的管理效果。否则，如果招聘进来的员工素质差，再好的管理也将事倍功半。

2.3.2 人员甄选的原则

为把甄选工作做好，真正选用到企业所需人员，在甄选工作中，必须按人力资源管理的客观规律办事，遵循反映这些客观规律的科学原则去开展工作。

1. 因事择人原则

所谓因事择人，就是以企业的需要、岗位的空缺为出发点，根据岗位对任职者的资格要求来选用人员。坚持因事择人的原则，从实际的事（岗位）的需要出发去选用合适的人员，才能实现事得其人，人适其事，使人与事科学结合起来。相反，如果先盲目地录用人，然后再找岗位进行安排，就难免出现大材小用或小材大用的现象。如果因人设事，为了安排人而增加不必要的岗位，就会造成机构臃肿，人浮于事，增加用人成本，工作效率低下的后果。可见，贯彻因事择人原则是避免因人设事而导致的机构膨胀的前提。

2. 德才兼备原则

德才兼备是企业历来的用人标准。为什么用人要坚持德才兼备的标准？因为德和才既是两个不可混淆的概念，又是一个不可分割的统一体。德的核心是为谁服务的问题，才的核心是能力问题。德决定着才能的发挥方向和目的，才又是德的基础，使德具有现实意义，得到体现。在甄选工作中，如果只看应聘者的一技之长，而不看其德，这是很危险的。有的人由于“德”的缺陷，在一定条件下，其才能越大，所造成的危害越大。如果只看应聘者是否老实可靠而不看其才，就有可能贻误企业。如果把这样的人提拔到领导岗位，就会因为业务上的无知而出现瞎指挥或冒险蛮干，给企业造成巨大损失。可见，离开才去讲德，这样的德只能是空谈。为此，在甄选工作中，必须坚决反对重才轻德和重德轻才两种错误倾向，始终坚持德才兼备的甄选标准。

3. 用人所长原则

俗话说：“金无足赤，人无完人。”人各有优缺点、长短处。

坚持用人所长的甄选原则，就是在甄选工作中克服求全责备的思想，树立看人的长处、优点的观念。因为人力资源管理以主动开发人的能力作为自己的重要目标，注重人的现有能力的有效利用和潜在能力的发掘，因此在甄选活动中，必须把寻找人的长处、优点作为择人的目标。看一个人，主要是看他能做什么，看他的资格条件是否符合空缺岗位的资格要求。

在实际甄选工作中，"求全责备"可以说是一种较顽固的习惯势力，经常统治着人们。内部选拔一个人，往往评头论足，求全责备之声不绝于耳。为了寻觅一个"完美无缺"的人来任职，选来找去最终难免因找不到这样的人选而采用"平安"和"保险"的办法，即找出一个既无大错，也无胜任岗位特长的政绩平平的"老好人"。这种"宁用无瑕之石，也不用有瑕之玉"的做法，乃是用人之大忌，这在历史上是有不少教训的。例如，在美国南北战争时期，林肯曾起用过三四个既无重大缺点又无专长的将领，结果北军人力、物力虽占优势，却败于南军有缺点又有所长的将领们之手，使战局长期不能扭转。后来，林肯总结教训，任命格兰特为北军司令。此举曾遭众人反对，因为格兰特有好酒贪杯的毛病。但林肯不以为然，坚持用其长于指挥、英勇善战的特点，结果打了胜仗。

当然，在用人之长的同时也要正确对待其短处。如果短处直接影响长处发挥作用，则要采取积极的态度和措施，使其在发挥所长的过程中，让短处的干扰降到最低限度。如果其短处已直接危害到工作，问题就该另当别论，必须把用人之长和德才兼备标准统一起来。

4. 民主集中原则

企业甄选员工，特别是选拔晋升各级经理人员时要坚持民主集中原则，这样做有助于选准人才，对员工负责，得到员工的认同和拥护。发扬民主就是在甄选工作中采取切实可行的措施，让员工有更多的发言权和决定权。集中，是民主基础上的集中，通过民主程序选拔出来的拟聘对象要经企业人力资源部门考察后，报经企业最高管理层讨论审批。在讨论时，应有 2/3 以上成员到会，每个成员都要认真负责地发表意见，最后按少数服从多数的原则形成决议。

5. 回避原则

回避原则是指甄选工作中要坚持任职回避和公务回避。任职回避要求企业内具有亲属关系（包括夫妻关系、直系血亲关系、夫妻双方的近亲属关系及儿女姻亲关系等）的人员，他们不得担任同一领导班子内的职务，不得担任有直接领导关系的职务，不得担任有监督关系的职务。例如，企业经理一般不得选聘与自己有亲属关系的人员担任本企业的副经理及办公室、人力资源、劳资、财务、供销、审计等部门的领导职务。公务回避是指负责甄选的工作人员和领导人员，在甄选工作中，凡涉及处理与自己有亲属关系的人员的问题，必须回避，不得以任何方式进行干预或施加影响。

规定回避原则，是为了保证企业各项工作不受亲属关系干扰，提高工作人员的廉洁度。

2.3.3 人员甄选的程序

人员甄选程序如图 2-1 所示。

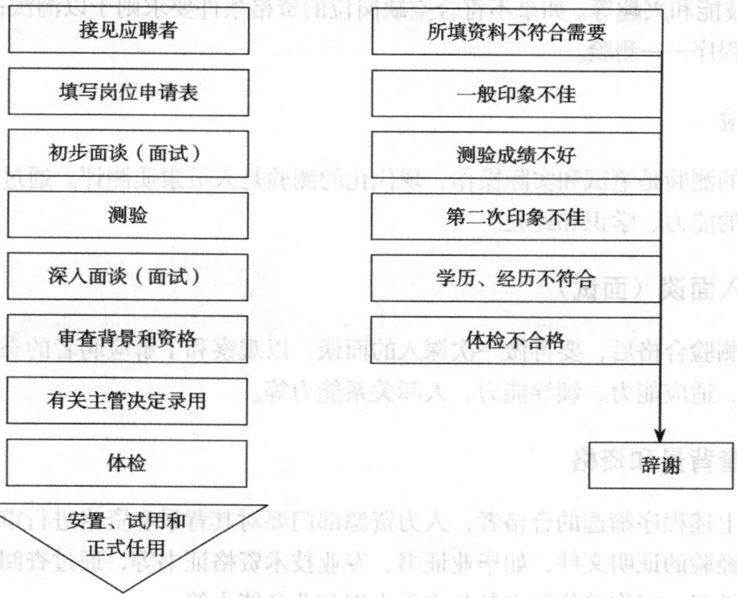

图 2-1　人员甄选的程序

1．接见应聘者

若应聘者基本符合空缺岗位的资格条件，就办理登记，并发给岗位申请表。

2．填写岗位申请表

为了取得应聘者的有关资料，所以要求应聘者填写申请表。申请表所列内容应包括：① 申请岗位名称；② 个人基本情况，包括姓名、性别、住址、电话、出生年月、籍贯、婚姻状况、人口、住房情况等；③ 学历及专业培训情况，包括读书和专业培训的学校校名、毕业时间、主修专业、证书或学位等；④ 就业记录，包括就业单位名称、地址、就业岗位、工资待遇、任期、职责摘要、离职原因等；⑤ 证明人，包括证明人姓名、工作单位、电话等。

设计申请表时，应注意所列内容必须是能测试应聘者未来工作表现优劣的有关内容。国外研究结果表明，已婚者多比未婚者的工作表现好，而且已婚者、拥有住房者和年龄较大者更具有工作稳定性。我国赛思猎头咨询公司总经理高伟在谈及当前人才流动特点时也曾指出，在“下海”的人才中，28 岁以下未婚人员的流动最为活跃，他们的平均跳槽周期不足一年。可见，年龄、婚姻状况等内容是重要的甄选指标。国外在设计申请表时，还强调所列内容尽量避免一些与工作无关的私人问题。例如，美国公平就业法规定，用人政策不能因种族、宗教、性别、肤色、出生国、年龄而有差别待遇。因此申请表所列内容一般要避开上述问题，以免有歧视嫌疑。

3．初步面谈（面试）

由面试人员与应聘者进行短时间的面谈，以观察了解应聘者的外表、谈吐、教育水平、工作经验、技能和兴趣等。如果不符合空缺岗位的资格条件要求则予以淘汰；如果大致符合，则进行下一程序——测验。

4．测验

最常用的测验是笔试和实际操作，现代化的测验是人员素质测评。通过测验可以客观地判断应聘者的能力、学识和经验。

5．深入面谈（面试）

应聘者测验合格后，要再做一次深入的面谈，以观察和了解应聘者的态度、进取心，以及应变能力、适应能力、领导能力、人际关系能力等。

6．审查背景和资格

对经过上述程序筛选的合格者，人力资源部门要对其背景和资格进行审查，包括审查其学历和工作经验的证明文件，如毕业证书、专业技术资格证书等，通过查阅人事档案或向应聘者过去的学习、工作单位调查其各方面表现和业务能力等。

7．有关主管决定录用

一般情况下，人力资源部门在完成上述初选程序后，就把候选人名单送给直接用人的主管，由该主管决定录用人选。

8．体检

通过体检，判断内定录用者在体能方面是否符合岗位工作的要求。体检合格者，则发录取通知书。

体检程序之所以放在最后，是因为在大批不合格者被淘汰后，只对少数内定录用者进行体检可以大大节约费用。

9．安置、试用和正式任用

经过上述程序，被录用者报到后，就可将其安置在相应的空缺岗位上。为观察新进员工与岗位的适应程度，企业新员工都有一定试用期，试用期长短视工作性质和工作复杂程度而定。试用期满，经考核合格者，则予以正式转正。

上述程序不是绝对的。由于企业规模不同，工作要求不同，因此采用的甄选程序也会不同。企业规模小，空缺岗位简单的员工甄选就不一定采用笔试程序，而主要采用填写岗位申请表和面试等程序即可。

2.3.4 人员甄选的方法

在长期的人力资源招聘工作实践中，发展了许多种实用的甄选方法。使用最广泛、最主要的甄选方法是笔试法、面试法及心理测验法等。这三种方法将在后面的有关章节中做专门介绍。这里简要介绍其他几种甄选方法。

1. 情景模拟测试法

情景模拟测试法是一种非常有效的甄选方法，情景模拟测试是根据应聘者可能担任的职位，编制一套与该职位实际情况相似的测试项目，将应聘者安排在模拟的、逼真的工作环境中，要求应聘者处理可能出现的各种问题，用多种方法来测试其心理素质、实际工作能力、潜在能力的一系列方法。

这种方法由于将应聘者放在一个模拟的真实环境中，让应聘者解决某方面的一个“现实”问题或达成一个“现实”目标，因而较容易通过观察应聘者的行为过程和行为效果来鉴别应聘者的工作能力、人际交往能力、语言表达能力等综合素质，比较适合在招聘服务人员、事务性工作人员、管理人员、销售人员时使用。但是，由于这种测试方法设计复杂，且费时耗资，因此目前在招聘中高层管理人员时使用较多。

情景模拟测试至少有两个优点：一是可从多角度对应聘者进行全面的观察、分析、判断、评价，这样企业就可能得到最佳人选；二是由于应聘者被置于其未来可能任职的模拟工作情景中，而测试的重点又在于实际工作能力，因此通过这种测试而选拔出来的人员往往可直接上岗，或者只须有针对性地培训即可上岗，这为企业节省了大量的培训费用。

2. 申请表信息分析法

申请表信息分析法主要通过对申请表中的信息进行筛选。申请表包括能够使用衡量指标的权重申请表和传记体申请表两种。

（1）权重申请表是一种由应聘者填写的申请表，表中的所有栏目都根据它作为完成工作的决定因素的重要性而被赋予了权重。

（2）传记体申请表是包含大量多重选择问题的申请表，这些问题是为了获得应聘者的个人资料、态度、早期职业生涯、社会价值观念等信息而设计的。表中的所有栏目都必须与职位标准相关联，所有那些被证明能够反映工作表现的栏目都给予相应的分数。与权重申请表一样，每个应聘者最终都得到一个总分数，这个分数就是在选拔过程中使用的分数。

3. 背景检验法

背景检验法是基于假设一个人过去的行为能够真实地反映他未来的表现，通过了解应聘者的过去而推断应聘者未来表现的一种甄选方法。实际上许多企业都要求应聘者在提供申请材料的时候，同时附上有关推荐人的信息，包括联系人的姓名、地址等。

4．笔迹学法

笔迹学法是以分析书写字迹来预测未来业绩的一种甄选方法。笔迹学法的赞成者相信笔迹能够显示一个人的潜力和能力，而这是通过简历或申请表的调查都得不出来的。

笔迹学法需要按照一套严格的规定，测定字迹的大小、倾斜度、页面安排、字体宽度和书写力度。我国是一个书法大国，运用笔迹学法进行招聘选拔是一种值得推荐的方法，而且这种方法的成本十分低廉。

2.3.5 人员甄选应注意的问题

1．简历并不能代表本人

简历的精美程度与应聘者个人能力无必然联系。招聘人员可以通过简历大致了解应聘者的情况，初步判断是否需要安排面试。从应聘者的角度来说，每个应聘者都希望通过简历反映自己的优点。作为招聘人员应该尽量通过简历对应聘者做深入的评价，不应该因为简历对面试产生影响。

2．工作经历比学习经历更重要

对于有工作经验的人而言，工作经历远比他的学历重要。他以前所处的工作环境和他以前所从事的工作最能反映他的需求特征和能力特征。特别是一些从事高新技术的研发人员，如果在两三年内没有从事相关领域的工作，那么他所掌握的技术就很难处于领先水平。另外，从应聘者的工作经历中还可以反映出他的价值观和价值取向，这些信息远比他的学历所显示的信息更加重要。

3．不要忽视应聘者的个性特征

除了对应聘者岗位技能的考核，还要考察他们的个性特征。首先考察他们的性格在这个岗位上是否有发展潜力，有些应聘者可能在知识层面上适合该岗位的要求，但个性特征会限制他们在该岗位上的发展。比如，一个应聘技术开发岗位的应聘者，他可能掌握了相关的知识，但缺乏自学能力，并且没有钻研精神，他就不适合这个岗位的工作。另外，由于许多工作并非能由一个人单独完成，需要团队合作，所以，团队合作精神已经越来越为企业所看重。在决定录用某一个人员时，要考虑这个人能否跟小组里的其他成员相处，如果应聘者是一个非常固执或偏激的人，在招聘时应该慎重考虑。

4．让应聘者更多地了解企业

招聘和求职是双向选择，招聘人员除了要更多地了解应聘者的情况外，还要让应聘者更充分地了解企业。应注意的是，当应聘者与企业进行初步接触时，因为企业的宣传材料或招聘人员的宣传，应聘者一般都会对企业有过高的估计。

应聘者对企业不切实际的期望越高，当应聘者上岗后，一旦发现过高的期望不能实现时，他们的失望会越大。这种状况可能导致员工对企业的不满，甚至会使员工产生离职的念头。所以，在招聘时，应让应聘者更好地了解企业，避免由于应聘者对企业的估计过高而产生人才流失的现象。

5．给应聘者更多的表现机会

招聘人员不能仅根据面试中标准的问答来确定对应聘者的认识，应该尽可能地为应聘者提供更多的表现机会。比如，在应聘者递交应聘材料时，可让应聘者提供更详尽的能证明自己工作能力的材料。另外，在面试时，招聘人员可以提一些能够让应聘者充分发挥自己才能的问题。例如，"如果让你做这件事，你将会怎么办？""在以前的工作中，你最满意的是哪一项工作？"

6．注意不忠诚和欠缺诚意的应聘者

对那些频频更换单位的应聘者，企业一定要特别小心，一个不忠诚的应聘者并不是企业想用的人。他们现在责怪以前的老板，那么可能在几个月后也责怪你。而有些应聘者可能只想暂时找一份工作安身，然后再慢慢找一个更稳定的永久性工作。对这些人要特别留心，企业很可能在他们身上投资了 3 个月的培训，而他们却在工作快要进入状态之前离去。在选择人员时，企业一定要就上述要点对应聘者诚恳地表达你的质疑。

7．关注特殊人员

如果招聘人员遇到职业经历坎坷或能力超强的应聘者，一定要给予特别关注。记住，一个人的一生如果一直都很顺利，充满成就和许多成功的记录的话，那么这种人往往会继续成功。对那些自称运气不好的应聘者，要特别小心，不论他们解释得如何言之有理，也不要轻易相信。此外，除非这个空缺的职位即将有很大的发展前景，否则要小心，不要录用一个能力超强的人，对工作感觉不充实的员工会很快对工作感到厌倦，并很快离职。

8．慎重做决定

千万不要着急做决定，假如面试后合适的应聘者有好几个，你要利用考试的方法，继续挑选，直到找出最佳人选。尤其不要因为企业高层急于知道选择结果，急于用人，使招聘人员受到影响。如果明知某人不很适合，但仍加以录用，那么不久之后又得把这整个招聘程序重复一遍。当已经确定人选后，要再想一想：假如上级不满意招考人员的方式，认为甄选成本过高或是浪费成本或是费时过长，那么可以提醒他，不要因用错人而付出高昂的代价。

9．招聘人员要注意自身的形象

关于应聘者在面试时应该如何注意自己的形象，不用多谈。实际上，面试时招聘人员也应该注意自身的形象。前面已经讲过，面试的过程是一个双向交流的双选过程，它不仅是企

业在选择应聘者，也是应聘者在选择企业，特别是那些高级人才更是如此。招聘人员首先应注意的是自己的仪表和举止，另外，要注意自己的谈吐。向应聘者提问时，应该显示出自己的能力和素养。因为招聘人员代表着企业的形象，所以面试不应该过于随便，更不能谈论一些有损企业形象的内容。

2.4 人员录用

引导案例 2-4

丑小鸭大酒店如此录用员工

张萍大学毕业后，一时找不到合适的用人单位，很苦恼。一天她在大街上闲逛，偶然看到丑小鸭大酒店招聘员工的广告，便推门进去。张萍见到经理后，两人经交谈，方得知是同乡，倍感亲切。经理非常热情地邀请张萍来酒店工作，并亲自带她参观了酒店的各个部门和工作环境。张萍很满意。经理说："咱俩是同乡，我们酒店生意也不错，虽然你是学历史的，专业不对口，尤其是对酒店经营管理还很生疏，就委屈你暂时做个服务员吧！月薪 500 元，你若同意，明天就可以来上班。"张萍喜出望外，欣然同意了。第二天，张萍准时到酒店上班了，什么手续也没有办理，换上工作服，便高高兴兴地在餐厅里干了起来。

张萍对酒店经理很是感激，心想：看来找工作也并非什么难事。

（资料来源：www.chinahrd.net 中国人力资源开发网）

思考题：丑小鸭大酒店如此录用员工的做法合适吗？说明理由。

2.4.1 人员录用的原则

一般来说，员工的职位均是按照招聘的要求和应聘者的意愿来安排的。为实现用人所长，学用一致，有效利用人力资源的目的，人员录用必须遵循以下原则。

1. 因事择人原则

它要求企业招聘员工应该根据工作的需要来进行，应严格按照人力资源规划的供需计划来吸纳每名员工，人员录用切忌出自部门领导或人力资源部门领导的个人需要或长官意志，也不能借工作需要来达到个人的某种目的。只有这样，才能实现事得其人、人适其事。

2. 任人唯贤原则

任人唯贤，强调用人要出于"公心"，以事业为重，而不是以自己的"小圈子"为重，以"宗派"为重，只有这样，才能做到大贤大用，小贤小用，不贤不用。能否做到任人唯贤，是衡量管理人员称职与否的标准之一。在人员录用过程中，要克服错误心态，避免用人上的失误。当然，任人唯贤原则还需要有其他条件来配套，如要求部门领导对每个工作岗位的责任、义务和要求非常明确，要学会对人才鉴别，掌握基本的人才测试、鉴别、选拔的方法，应懂得什么样的岗位安排什么样的人员。

3. 用人不疑原则

这个原则要求管理者对员工给予充分的信任与尊重。如果对部下怀有疑惑，不如干脆不用。既然要用，就一定要明确授权，放手大胆使用，使之充分发挥才干。事实上，试用人员与正式员工在使用上并无本质的差异，关键是管理者能不能给他们以充分的信任与权力，大胆放手让他们在岗位上发挥才能。

4. 严爱相济原则

员工在试用期间，管理者必须为其制定工作标准与绩效目标，对其进行必要的考核，考核可从几个方面进行：能力及能力的提高、工作成绩、行为模式及行为模式的改进等。对试用的员工在生活上应当给予更多的关怀，尽可能地帮助员工解决后顾之忧。在工作上要指导帮助员工取得进步，用情感吸引他们留在企业中，同时，从法律上保证员工享受应有的权利。这些对员工积极努力地、长期稳定地为企业工作是非常有利的。

2.4.2 人员录用的决策

录用是依据选择的结果做出录用决策并进行安置的活动，其中最关键的内容是做好录用决策。

录用决策是依照人员录用的原则，避免主观武断和不正之风的干扰，把选择阶段多种考核和测验结果组合起来，进行综合评价，从中择优确定录用名单。值得强调的是，人员选择环节中的所有方法都可用来选择潜在的员工，但决定使用哪些选择方法，一般要综合考虑时间限制、信息与工作的相关性及费用等因素，对相对简单或无须特殊技能的工作采用一种方法就行了。例如，招聘打字员，根据应聘者打字测试的成绩一般就足以做出决定了。但是，对大部分岗位，通常需要采用几种方法。这时候的录用决策就需要对所有选择方法进行组合使用。

一般来说，人员录用决策有：

（1）多重淘汰式。即每种测试方法都是淘汰性的，应聘者必须在每种测试中都达到一定水平，方能合格。该方法是将多种考核与测验项目依次实施，每次淘汰若干低分者。对全部考核项目通过者，再按最后面试或测验的实际得分，排出名次，择优确定录用名单。

（2）补偿式。即不同测试的成绩可以互为补充，最后根据应聘者在所有测试中的总成绩做出录用决策。例如，分别对应聘者做出笔试和面试的选择，再按照规定的笔试与面试的权重比例，综合算出应聘者的总成绩，决定录用人选。值得注意的是，由于权重比例不一样，录用人选也会有差别。假设在甲、乙两人中录用一人，两人的基本情况与考核评分情况如表 2-1 所示。到底谁当选？最后的录用决策是谁？这里关键要看不同因素的权重系数。

表 2-1 各种项目的权重情况

	技术能力	学 历	政治思想水平	组织领导能力	事业心	解决问题能力	适应能力
甲的得分（分）	0.9	0.5	1	1	0.8	0.8	1
乙的得分（分）	0.7	0.9	0.8	0.8	1	1	0.7
权 重	1	1	1	1	1	1	1
	1	0.5	1	0.8	0.8	0.7	0.6
	0.5	1	0.8	1	0.8	0.7	0.6

如果各考核因素的权重均相同，则甲综合得分为 6，乙为 5.9，甲为优；如果突出技术能力与政治思想水平，则甲综合得分为 4.75，乙为 4.51，甲为优；如果突出学历与组织领导能力，则甲综合得分为 4.55，乙为 4.61，乙为优。

（3）结合式。在这种情况下，有些测试是淘汰性的，有些是可以互为补偿的，应聘者通过淘汰性的测试后，才能参加其他测试。

2.4.3 录用决策的标准

在全面了解所有应聘者的情况后，录用决策的标准是衡量应聘者能否被企业选中的一个标尺。从理论上讲，它是以工作描述与工作说明书为依据制定的录用标准。但在现实中，它将随着招聘情况的不同而有所改变。

假设一次招聘中分别测定众多应聘者，表 2-2 列出了众多应聘者的综合测试得分，现按不同的录用决策标准将他们安排到不同性质的职位上去。

表 2-2 10 位应聘者在 5 种职位上的综合测试得分

应聘者 职 位	A	B	C	D	E	F	G	H	I	J
1	4.5	3.5	2.0	2.0	1.5	1.5	4.0	2.5	2.0	1.0
2	3.5	3.0	2.5	2.5	2.5	2.0	3.5	2.0	2.5	0.5
3	4.0	2.0	3.5	3.0	0.5	2.5	3.0	3.0	1.0	1.5
4	3.0	2.0	2.5	1.5	2.0	2.0	3.5	2.0	0.5	0.5
5	3.5	4.5	2.5	1.0	2.0	2.0	1.5	1.5	1.0	0.5

如果假设职位 1、职位 2、职位 3、职位 4 和职位 5 所需的最低测试分数分别为 3.5、2.5、2.5、3.0 和 3.5，要从这 10 个人中选出 5 人来担当不同的职位，由于其录用决策标准不同，录用结果也不同。

（1）以人为标准。即从人的角度出发，按每人得分最高的一项给其安排职位，这样做会带来一个问题，即可能出现同时多人在该项职位上得分都最高，结果因只能选择一个而使优秀人才被拒之门外。按照表 2-2 的数据资料，其结果只能是 A（4.5）从事职位 1，E（2.5）或 I（2.5）从事职位 2，C（3.5）从事职位 3，B（4.5）从事职位 5，职位 4 空缺，分数计为

0，则其录用人员的平均分数为3.0。（如果不考虑空缺职位的影响，则平均分数为3.75。）

（2）以职位为标准。即从职位的角度出发，每个职位都挑选最好的人来做，但这样做可能会导致一个人同时被好几个职位选中。尽管这样做的企业效率最高，但只有在允许职位空缺的前提下才能实现，因此常常是不可能的。按照表2-2的数据资料，其结果只能是职位1或职位3由A做，职位2由G（3.5）（略去候选对象A）做，职位4由G（3.5）做，职位5由B（4.5）做，则录用人员的平均分数为3.2（空缺职位计为0）。（如果不考虑空缺职位的影响，则录用人员的平均分数为4.0。）

（3）以双向选择为标准。由于单纯以人为标准和单纯以职位为标准均有欠缺，因此结合使用这两种方法，即从职位和人双向选择的角度出发，合理配置人员。这样的结果有可能并不是最好的人去做每项职位，也不是每个人都安排到其得分最高的职位上去，但因其平衡了两方面的因素，又是现实的，从总体效率上来看是好的。按照表2-2的数据资料，其结果只能是职位1由A（4.5）做，职位2由E（2.5）或I（2.5）做，职位3由C（3.5）做，职位4由G（3.5）做，职位5由B（4.5）做，则其录用人员的平均分数为3.7。

2.4.4 做出录用决策应注意的问题

1. 使用全面衡量的方法

企业要录用的人员必然是符合企业需要的全面人才，因此必须根据企业和岗位的需要对不同的才能给予不同的权重，然后录用那些得分最高的应聘者。

2. 尽量减少做出录用决策的人员

在决定录用人选时，必须坚持少而精的原则，选择那些直接负责考察应聘者工作表现的人，以及那些会与应聘者共事的人进行决策。如果参与的人太多，会增加录用决策的困难，造成争论不休或浪费时间和精力。

3. 不能求全责备

人没有十全十美的，在录用决策时也不要吹毛求疵，挑小毛病，总也不满意。企业应分辨主要问题及主要方面，分辨哪些能力对于完成这项工作是不可缺少的，这样才能录用到合适的人员。

2.4.5 通知录用者

1. 公布录用名单

录取名单确定后，应及时通过网站张榜公布，公开录用，以提高透明度。这样做的好处是：一方面接受社会监督，切实落实招聘政策；另一方面可防止招聘中的不正之风，也可纠正招聘过程中的弄虚作假。

2．办理录用手续

企业录用员工，应向当地劳动管理部门办理录用手续，证明录用职工具有合法性，受到国家有关部门的承认，并且使招聘工作接受劳动管理部门的业务监督。企业办理招聘录用手续应向劳动管理部门报送员工登记表。填写内容包括职工姓名、年龄、性别、种族、籍贯、文化程度、政治面貌、个人简历、考核的结果、单位同意录用意见等。报经劳动管理部门审查同意，在登记表上加盖同意录用的印章，录用手续即办理完毕。

（1）通知应聘者。通知应聘者是录用工作的一个重要部分。通知无非有两种：一种是录用通知，另一种是辞谢通知。两种通知是完全不一样的。一个是给人带来好消息，另一个是给人带来坏消息。当然，写录用通知相对容易些，因为无论如何措辞，这封信都是人们乐意读到的。而写辞谢信则相对比较难，因为无论如何措辞，读信人都很难高兴起来。

1）录用通知。在通知被录用者方面，最重要的原则是及时。

在录用通知书中，应该讲清楚什么时候开始报到，到什么地点报到；应该附加如何抵达报到地点的详细说明和其他应该说明的信息。当然，还不要忘记欢迎新员工加入企业。在通知中，让被录用者意识到他的加盟对于提高企业生产率有很重要的意义。这对于被录用者是一个很好的吸引手段。另外，公开和一致地对待所有的被录用者，能够给人留下好印象。

2）辞谢通知。在选择过程中的任一阶段，应聘者都可能被拒绝。如果初步面试表明应聘者明显不符合要求时，对其伤害可能较小。对应聘者来说，被拒绝是应聘者在求职过程中最不愉快的经历之一。大多数企业认识到了这一点，并努力使应聘者尽可能保持平静。但是，告诉他们未被录用仍然是件很难的事。

一般而言，企业会选择写拒绝信的方法通知应聘者。当选择过程允许花在一个人身上的时间较多时，招聘人员可以与应聘者坐下来解释为何录用了另一个人。但是，由于时间限制，迫使企业采取了拒绝信的做法。这样做的好处是，针对个人的信笺通常会减少被拒绝的耻辱感及应聘者对企业产生否定情绪的机会。

一般来说，由企业人力资源部经理签名的辞谢信，比单纯加盖一个公章的辞谢信更让人易接受一些。

（2）关注拒聘者。无论企业如何努力吸引人才，都仍然会发生接到录用通知的人不能来企业报到的情况。对于那些企业看重的优秀的应聘者，这是一件不期望发生的事情。这时，企业的人力资源部甚至最高层主管应该主动去电话询问，并表示积极的争取态度。如果应聘者提出需要更多的报酬，应该而且必须与他进一步谈判。因此，在打电话之前，对于企业在这方面还能够提供什么妥协，最好有所准备。如果在招聘活动中，企业被许多应聘者拒聘，就应该考虑自己的条件是否太低。问清楚应聘者为什么拒聘，从中也许可以获得一些有用的信息。

2.4.6 签订合同

1．员工安排与试用

员工进入企业后，企业要为其安排合适的职位。安排工作的原则是用人所长和人适其职，

使人与事的多种差异因素得到最佳配合。人员安排即人员试用的开始，试用是对员工的能力与潜力、个人品质与心理素质的进一步考核，一般试用期为 3～6 个月。

员工还要与企业签订相应的试用合同。员工试用合同是对员工与企业双方的约束与保障。试用合同应包括以下主要内容：试用的职位、试用的期限、员工在试用期的报酬与责任、员工在试用期应享受的权利、员工转正的条件、试用期企业解聘员工的条件与承担的义务和责任、员工辞职的条件与义务、员工试用期被延长的条件等。

2. 正式录用

员工的正式录用即转正，是指试用期满且试用合格的员工正式成为该企业成员的过程。员工能否被正式录用关键在于试用部门对其考核的结果如何，单位对试用员工应坚持公平、择优的原则进行录用。

正式录用过程中用人部门与人力资源部门应完成以下主要工作：员工试用期的考核鉴定；根据考核情况进行正式录用决策；与员工签订正式的劳动合同；给员工提供相应的待遇；制订员工发展计划；为员工提供必要的帮助与咨询服务等。

2.4.7 新员工培训

新员工培训就是对新员工的工作和企业环境的介绍，让新员工了解企业的历史、现状、未来发展计划，他们所在部门的情况，企业的规章制度、工作的岗位职责、工作的流程、企业文化、企业绩效评估制度和奖惩制度，以及让新员工熟悉他们的同事，关键是要让新员工明确企业对他们的期望。此外，还应让新员工了解在遇到困难和问题时应通过什么渠道来解决。

新员工培训分两部分进行：一是上岗前的集中训练；二是上岗后的分散训练。

1. 上岗前的集中训练

上岗前集中训练的目的是要解决一些共同的问题，让新员工尽快了解企业的基本情况。其训练内容有：

（1）帮助员工了解企业，培养新员工的认同感。可考虑采用观看企业的有关录像的形式讲述企业发展的历史、主要负责人、有关产品的生产经营状况、经营方针与发展目标等。

（2）在上述活动的基础上，要求新员工明确自己的工作态度和人生目标，同时提供有关员工常识的宣传册，使员工尽快完成角色转换。

（3）请新员工讲述对企业的感想，了解新员工的思想状况和新员工对企业的期望是什么。

2. 上岗后的分散训练

上岗后的分散训练是让新员工对所在部门的基本状况及对具体工作实际操作方法的培训。可考虑采用现场演练法或录像观摩法等方式进行。

（1）基础知识教育。其主要目标是吸引新员工，增强亲切感。主要培训内容包括：企业的经营理念、经营方针、发展计划、战略目标等；增进新老员工的了解，加强企业的团队合作、相互协调的精神；说明本部门的具体要求，如着装、谈吐等方面的要求；通过联谊等活动增强集体意识。

（2）教育重点。帮助新员工树立社会人、企业人的观念。其内容包括：表达能力的训练，如即兴演讲、指定题目的小组讨论等；了解企业对新员工的期望及员工对企业的期望，找出相同与不同的地方进行分析与协调，以及如何使新员工成为企业的一分子。

2.5 招聘评估

引导案例 2-5

如何评估招聘的有效性

辽沈电器有限公司为了加强销售工作，于 2017 年 3 月开始招聘销售经理，通过层层选拔，采用了笔试、面试、性格测评，还请了大学教授设计了情景面试程序，终于选拔出了一位合格的销售经理，花费将近 2 万元。该销售经理上任后倒也称职，但半年后辞职，带走了公司一半的客户，使公司遭受巨大损失。

人力资源的招聘工作是企业的一种经济行为，必然要纳入企业的经济核算，这就要求企业应用价值工程的原理，即以最低的成本来满足企业的需求。作为一种经济行为，招聘成本应该被列为评价行为有效性的主要内容。应考虑到四大板块的成本：一是招聘的直接成本，它主要是指在招聘过程中的一系列的显性花费；二是招聘的重置成本，它主要是指由于招聘不妥导致必须重新招聘所花费的费用；三是机会成本，它是因离职和新聘人员的能力不能完全胜任工作所产生的隐性花费；四是风险成本，它主要是指企业的稀缺人才流失或招聘不慎，导致未完成岗位招聘目标，给企业管理上带来的不必要花费和损失。招聘的效益往往不是直接体现的，它体现在招聘到的员工为企业做的贡献上。

（资料来源：http://www.mba.org.cn/ 有改动）

思考题：结合该案例和本节的内容，谈谈你对评估招聘的有效性的认识。

2.5.1 招聘评估的概念和作用

招聘评估主要指对招聘的结果、招聘的成本和招聘的方法等方面进行评估。一般在一次招聘工作结束之后，要对整个评估工作做一个总结和评价，目的是进一步提高下次招聘工作的效率。

招聘评估的作用主要有以下几个方面。

（1）有利于为企业节省开支。通过成本与效益核算能够使招聘人员清楚地知道费用的支出情况，区别出哪些是应支出项目，哪些是不应支出项目，这有利于降低今后招聘的费用。

（2）录用员工数量的评估是对招聘工作有效性检查的一个重要方面。通过数量评估，分析是否满足招聘需求的原因，有利于找出薄弱的环节，改进招聘工作。同时，通过录用人员数量与招聘计划数量的比较，为人力资源规划的修订提供依据。

（3）录用员工质量的评估是对其工作绩效、行为、实际能力、工作潜力的评估。这是对招聘的工作成果与方法的有效性检验的另一个重要方面。质量评估既有利于招聘方法的改进，又对员工培训、绩效评估提供了必要的信息。

（4）信度与效度评估。信度与效度评估则是对招聘过程中所使用方法的正确性与有效性进行检验，这无疑会提高招聘工作的质量。

2.5.2 成本效益评估

招聘成本效益评估是指对招聘中的费用进行调查、核实，并对照预算进行评价的过程。招聘成本效益评价是鉴定招聘效率的一个重要指标。

1. 招聘成本

招聘成本分为招聘总成本与招聘单位成本。招聘总成本即人力资源的获取成本，它由两个部分组成。一部分是直接成本，包括招募费用、选拔费用、录用员工的家庭安置费用和工作安置费用、其他费用（如招聘人员差旅费、应聘者招待费等）。另一部分是间接费用，包括内部提升费用、工作流动费用。招聘单位成本是招聘总成本与实际录用人数之比。如果招聘实际费用少，录用人数多，意味着招聘单位成本低；反之，则意味着招聘单位成本高。

2. 成本效用评估

成本效用评估是对招聘成本所产生的效果进行的分析，主要包括招聘总成本效用分析、招募成本效用分析、人员选拔成本效用分析、人员录用成本效用分析。其计算公式是：

总成本效用=录用人数/招聘总成本

招募成本效用=应聘人数/招募期间的费用

选拔成本效用=被选中人数/选拔期间的费用

人员录用效用=正式录用的人数/录用期间的费用

3. 招聘收益—成本比

它既是一项经济评价指标，同时也是对招聘工作的有效性进行考核的一项指标。招聘收益—成本越高，则说明招聘工作越有效。其计算公式是：

$$\text{招聘收益—成本比}=\frac{\text{所有新员工为企业创造的总价值}}{\text{招聘总成本}}$$

2.5.3 数量与质量评估

录用员工数量评估是对招聘工作有效性检验的一个重要方面。通过数量评估，分析在数量上满足或不满足需求的原因，有利于找出各招聘环节上的薄弱之处，改进招聘工作；同时，通过录用员工数量与招聘计划数量的比较，为人力资源规划的修订提供了依据。而录用员工质量评估是对员工的工作绩效行为、实际能力、工作潜力的评估，它是对招聘工作成果与方法的有效性检验的另一个重要方面。质量评估既有利于招聘方法的改进，又对员工培训、绩效评估提供了必要的信息。

录用员工评估主要从录用比、招聘完成比和应聘比三方面进行。其计算公式为：

录用比=录用人数/应聘人数×100%

招聘完成比=录用人数/计划招聘人数×100%

应聘比=应聘人数/计划招聘人数×100%

录用比例越小，则说明录用员工的素质可能越高；当招聘完成比大于或等于100%时，则说明在数量上完成或超额完成了招聘任务；应聘比则说明招聘的效果，该比例越大，则招聘信息发布的效果越好。

2.5.4 信度与效度评估

信度与效度评估是对招聘过程中所使用方法的正确性与有效性进行检验，这无疑会提高招聘工作的质量。信度和效度是对测试方法的基本要求，只有信度和效度达到一定水平的测试，其结果才适于作为录用决策的依据，否则将误导招聘人员，影响其做出正确的决策。

1. 信度评估

信度主要是指测试结果的可靠性或一致性。可靠性是指一次又一次的测试总是得出同样的结论，它或者不产生错误，或者产生同样的错误，通常信度可分为：稳定系数、等值系数、内在一致性系数。

稳定系数是指用同一种测试方法对一组应聘者在两个不同时间进行测试的结果的一致性。一致性可用两次结果之间的相关系数来测定。其系数高低既与测试方法本身有关，也跟测试因素有关。此法不适用于受熟练程度影响较大的测试，因为被测试者在第一次测试中可能记住某些测试题目的答案从而提高了第二次测试的成绩。

等值系数是指对同一应聘者使用两种对等的、内容相当的测试结果之间的一致性。例如，如果对同一应聘者使用两份内容相当的个性测试量表时，两次测试结果应当大致相同。

内在一致性系数是指把同一（组）应聘者进行的同一测试分为若干部分，考察各部分所得结果之间的一致性。这可用各部分结果之间的相关系数来判别。

此外，还有评分者信度，这是指不同评分者对同样对象进行评定时的一致性。例如，如果许多评分者在面试中使用一种工具给一位应聘者打分，他们都给应聘者相同或相近的分数，则这种工具具有较高的评分者信度。

2. 效度评估

效度即有效性或精确性，是指实际测到应聘者的有关特征与想要测的特征的符合程度。一个测试必须能测出它想要测定的功能才算有效。效度主要有三种：预测效度、内容效度、同侧效度。

（1）预测效度说明了测试对于预测将来行为的有效性。在人员选拔过程中，预测效度是考虑选拔方法是否有效的一个常用的指标。可以把应聘者在选拔中得到的分数与他们被录用后的绩效分数相比较，两者的相关性越大，则说明所选的测试方法、选拔方法越有效，以后可根据此法来评估和预测应聘者的潜力。若相关性很小或不相关，说明此法在预测人员潜力上效果不大。

（2）内容效度即测试方法能真正测出想测的内容的程度。考虑内容效度时，主要考虑所用的方法是否与想测试的特性有关，如招聘打字员，测试其打字速度和准确性、手眼协调性和手指灵活度的操作测试的内容效度是较高的。内容效度多应用于知识测试与实际操作测试，而不适用于对能力和潜力的测试。

（3）同侧效度是指对现有员工实施某种测试，然后将测试结果与员工的实际工作绩效考核进行比较，若两者的相关系数很大，则说明测试效度很高。这种测试效度的特点是省时，可以尽快检验某测试方法的效度，但若将其应用到人员选拔测试时，难免会受到其他因素的干扰而无法准确地预测应聘者未来的工作潜力。例如，这种效度是根据现有员工的测试得出的，而现有员工所具备的经验、对企业的了解等，是应聘者所缺乏的。因此，应聘者有可能因缺乏经验而在测试中得不到高分，从而错误地被认为是没有潜力的。其实，他们若经过一定的培训或锻炼，是有可能成为称职的员工的。

本章习题

一、名词解释

1. 招聘规划
2. 岗位分析
3. 岗位描述
4. 岗位规范
5. 人员甄选

二、选择题

1. 招聘规划的制定原则主要有：充分考虑内部、外部环境的变化；确保企业员工的合理使用；（　　）。

A. 选择招聘信息的发布时间和发布渠道　B. 明确招聘预算

C. 使企业和员工都得到长期的利益　　D. 编写招聘工作时间表

2. 一般招聘地点选择的规则是：在全国乃至世界范围招聘企业的高级管理人才或专家教授；在跨地区的市场上招聘中级管理人员和专业技术人才；(　　)。

A. 在招聘企业所在地区招聘一般工作人员和技术工人

B. 通过广告招聘各方面专家、销售人员

C. 企业从校园中招聘专业技术人员和管理人员

D. 在就业服务机构或职业介绍所招聘办事员和操作工人

3. 招聘规划的主要内容有：录用人数及达到规定录用率所需要的人员；从应聘者应聘到雇用之间的时间间隔；(　　)。

A. 录用标准　　B. 录用来源

C. 招聘录用成本计算　　D. 草拟招聘广告样稿

4. 人员甄选的意义在于(　　)。

A. 它可以使事得其人，人适其事

B. 它可以形成人员队伍的合理结构，从而实现共事人的密切配合

C. 它可以保证人员个体素质优良，从而使此后的一系列人力资源管理活动顺利进行

D. 将明显不合乎职位要求的应聘者排除在招聘过程之外

5. 一般来说，人员录用决策有：(　　)。

A. 调换式　　B. 多重淘汰式　　C. 补偿式　　D. 结合式

三、判断题

1. 岗位分析的目的在于找出空缺岗位的相关因素。(　　)

2. 申请表信息分析法并不是通过申请表中的信息进行筛选。(　　)

3. 笔迹学法是以分析书写字迹来预测未来业绩的一种甄选方法。(　　)

4. 录用是依据选择的结果做出录用决策并进行安置的活动，其中最关键的是做好录用决策。(　　)

5. 招聘评估主要指对招聘的结果、招聘的成本和招聘的方法等方面进行评估。(　　)

四、简答题

1. 简述招聘规划的制定步骤和应注意的问题。
2. 简述人员甄选的原则。
3. 简述人员录用的原则。
4. 简述招聘评估的概念和作用。
5. 简述成本效益评估和效度评估。

五、案例题

【案情】

人才的录用初始，应以挑选好钻石的原石为标准，这样才可拥有优秀的人才。

俗话说："玉不琢，不成器。"因此，从人才的录用阶段起就要非常慎重，如果不先挑选好钻石的原石，万一不小心选到的是玻璃，那么情况就会十分糟糕。从住友海上火灾保险公司招聘时的公司简介中可见一斑。

住友海上保险公司在录用应届毕业生时，向他们发布了新的公司简介，这份简介在广大毕业生中产生了很大反响。这份由四张薄纸装订成的公司简介，封面上以醒目的文字写道：

"年轻人，别假装你什么都知道!"

这是一句很能触动毕业生的话。不仅是封面上的这句话，在简介中这种令人心动的话还有很多，而且颇具震撼力。例如：

"别以为工作简单就可以掉以轻心，如果不认真做，还是无法了解其实质!"

"别失望得太早，也别寄希望过高。"

"年轻人不必急躁不安，因为你不会失去什么。"

"半途而废的人绝不会成功，唯有意志坚定的人才会成功。"

"我们已为你准备好任意施展的舞台了，至于能否成为主角就得靠你自己了。"

"企业是以成果论英雄的，不论你在开始多么努力，如果没有成果的话，一切都枉然!"

"能让公司赚钱的人，才是公司最需要的人!"

这份与众不同的公司简介，突出地表明了住友公司要收集好钻石的原石的思想。在录用人才之际，就要毕业生们对自己进行一下衡量，告诉毕业生们不是公司不需要人，而是需要有能力又能吃苦的人才。

这份简介在毕业生中引起了强烈的反响。有人说："很多公司的简介，都是以极为客气的笔调写成的，而贵公司却以极为坦白的语气说明，这虽然令人有些惊讶，但同时也非常叫人钦佩。"也有人说："能够站在劳资双方的立场表白心声，很容易引起人们的共鸣，能够做出这种划时代的举动，实在令人值得拍手称快。"更有人说："读完贵公司的简介后，使我更加喜爱住友海上火灾保险公司了!"

当然，住友海上火灾保险公司发布新的公司简介其最初的目的在于树立一个活跃的企业形象。这个目的不仅达到了，而且也确实为公司的发展收集到了好的钻石原石。

【问题】

1. 试分析住友海上火灾保险公司的简介有何特点。
2. 谈一谈你对住友海上火灾保险公司的招聘做法有何感想。

扫二维码阅读更多案例

第 3 章

招聘的渠道与方法

本章重点掌握

传统和现代招聘渠道及选择时需考虑的因素；内部招聘的原则、方法、优点和缺点；外部招聘的原则、途径、优点和缺点；招聘的方法；常见的招聘误区。

学习导航

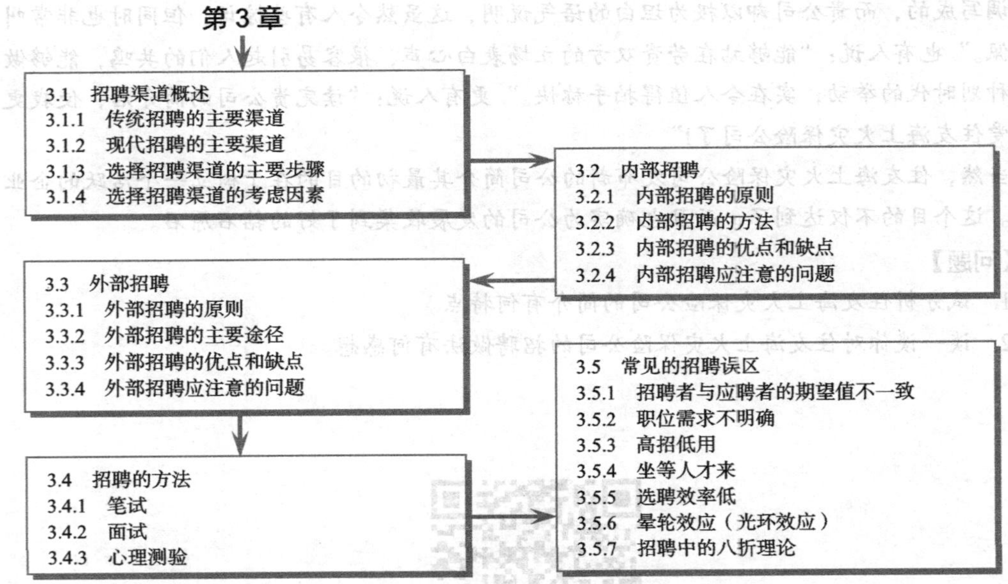

3.1　招聘渠道概述

引导案例 3-1

如何开发与选用新颖的招聘渠道

随着招聘难度的加大，固有的招聘渠道已经无法满足我们的招聘需要。挖掘和开发更多新颖的招聘渠道来解决招聘难题，已成为许多企业招聘工作的突破重点。

传统的招聘会、网络招聘、校园招聘、猎头、内部推荐等渠道，已经被广泛采用，并将继续发挥重要作用。而随着科学技术、网络的飞速发展，除了传统招聘渠道外，越来越多的新型招聘渠道逐渐出现并被招聘人员运用。新型网络招聘渠道诸如专业论坛、社交网站、QQ、微博、微信等也有力地提升了企业的人才竞争力。但是，招聘对有些企业来说依旧还是个比较令人头疼的问题。

大家都知道，招聘渠道本身是没有好坏之分的，它是需要因地域、企业、职位、人才类别、年龄段等的不同而进行选择使用的。招聘实施中，招聘渠道的选择是直接影响招聘效果的重要一环，而其关键就在于企业的人力资源经理们怎样灵活有效地运用。

推荐一：微博招聘

公司建立自己专门的企业微博，原则上所有员工必须关注企业微博。企业微博作为企业形象的建设得到了公司领导的大力支持，通过微博发布公司动态、祝福信息、优秀文章、视频及招聘信息。这些信息通过多米诺骨牌的方式向外传播，这也是公司内部推荐制在移动互联网上的一种表现。微博真的不“微”，其传输速度快、传播范围广等的优点不受时间、地点的限制，很好地展现了移动互联网的力量。但不好的是，招聘人员的工作量大，且有时在大半夜会接到一些应聘电话。

推荐二：微信招聘

自从微信有了公众账号后，微信招聘、微购物、微信买卖等正如火如荼地展开。今年公司准备创建一个自己的企业公众账号，用以宣传企业、增强公司凝聚力等。微信招聘和微博招聘的优点基本上是共性的，由于微信有一个“附近的人”的功能，这样还能从周边企业挖墙脚等。

推荐三：校企联合

这个途径在之前已经运用过，今年公司准备继续大力开展，并在原有一个班的基础上加大投入增加到 4 个班。校企联合办学后，企业也是一种课堂，学校也是企业员工的一个工作地。通过校企双方的互动，能够招聘到大量适应岗位和公司需要的员工。因此，这个途径是今年公司大力支持的一个方向。

推荐四：QQ 群招聘

QQ 群发布招聘信息也是很不错的一种招聘方式，因为很容易就能知道 QQ 群中的大部分成员在哪里工作，再加上通过平时的聊天与讨论也会对群成员有一定的了解。如果认为群里有合适的人员，直接叫其过来面试即可，尤其是所在地区的专业群，一般招聘专业岗位时，可直接在群内发布招聘信息，邀请群里人员过来面试，或者请群友帮忙介绍合适人选，要充分利用好这个资源。

（资料来源：http://www.rlzygl.com/　有改动）

思考题：结合该案例和本节的内容，谈谈你对招聘渠道的认识。

招聘渠道是组织招聘行为的辅助之一。现场招聘是企业和人才通过第三方提供的场地，进行直接面对面对话，现场完成招聘面试的一种方式。现场招聘一般包括招聘会及人才市场两种方式。招聘渠道按照不同的分类标准可分为不同的类型：按出现时间先后可分为传统招聘渠道和现代招聘渠道，按招聘人员来源方式不同可分为内部招聘和外部招聘。

如何来选择一个好的招聘渠道一直是困扰人力资源管理的问题之一。那么，什么是一个好的招聘渠道呢？一个好的招聘渠道应该具备以下特征：

首先，招聘渠道具有目的性，即招聘渠道的选择是否能够达到招聘的要求。

其次，招聘渠道的经济性，即在招聘到合适人员的情况下所花费的成本最小。

最后，招聘渠道的可行性，即选择的招聘渠道符合现实情况，具有可操作性。

3.1.1　传统招聘的主要渠道

1．员工推荐介绍

员工推荐介绍是通过企业自身员工推荐新员工的招聘方式。员工推荐介绍目前在国际、国内很多企业得到了广泛应用。例如，微软、英特尔、嘉信、摩托罗拉、宝洁等公司的招聘渠道主要是通过现有员工的推荐。这些公司通过一系列手段来保证它们这种招聘渠道的有效性。在每位被推荐人的后面注上推荐人的姓名，推荐新人录用率高的员工还会获得公司奖励，如微软公司的“伯乐奖”。嘉信公司还通过举办联谊会的形式来进一步了解被招聘人员。在联谊会上，公司员工带朋友参加活动，通过活动，被推荐人员也可以了解公司文化，增加对公司的认同感。

（1）优点：应聘者素质高，用人较为可靠，人员跳槽率更低，招募费用较少，方法快捷有效。

（2）缺点：招聘面窄，往往招不到很优秀的人才，容易形成小团体和裙带关系。

（3）主要面向招用初级员工和核心人员。

2．刊登招聘广告

通过报纸、电台、电视、专业杂志、互联网等刊登广告，应聘者将应聘资料投寄企业，经企业初选后参加面试。

（1）优点：传播范围广，挑选余地大；招聘广告留存时间较长；可附带加强企业形象、产品宣传。

（2）缺点：初选时双方不直接见面，信息失真；广告费用支出较大；录取成功率较低。

（3）基本适用于各类企业、各类人才。对于一些冷门专业，如航空、水利工程等就不适合应用这种渠道。

这是一种被动式的招聘方法，对应聘者的数量、资格很难控制，而且大量的面试也是令人头疼的工作之一。

3. 职业介绍所与就业服务中心

一般由职业中介机构撮合或检索其人才资源库，实行单向（或双向）收费。

（1）优点：介绍速度较快，费用较低。

（2）缺点：中介服务普遍质量不高。个别中介机构提供虚假信息，变相敛财。

（3）适应于初、中级人才或急需用工的情况。

企业通过学生就业服务中心进行招聘，比较适合一些专业性较强的职位。例如，可以到建筑院校招聘建筑方面的人才，也可以到音乐院校招收与音乐有关的人才。但是企业要清醒地认识到所招聘的人员是没有工作经验的学生，所以希望他们上班后能够立即开展工作是不现实的。

4. 大专院校

企业派人到大专院校招聘应届生，与求职者面谈，有的企业则邀请候选者预先到企业实习。

（1）优点：双方了解较充分；挑选范围和方向集中，效率较高。

（2）缺点：应聘者流动性过大，有时需支付其旅费和实习费。

（3）用于招募发展潜力大的优秀新人。

5. 人才招聘会

招聘会是企业通过参加社会举办的供需见面会达到招聘人员目的的招聘方式。

招聘会也是一种被动式的招聘方式，招聘会上可以进行面对面的交流，但是双方只能进行初步的选择，企业将大量的信息带回以进一步筛选。

企业可以参加定期或不定期举办的人才交流会、人才市场、人才集市。

（1）优点：双方直接见面，可信程度较高；当时可确定初选意向；费用低廉。

（2）缺点：应聘者众多，洽谈环境差；挑选面受限。

（3）适用于初、中级人才或急需用工的情况。

对大多数企业而言，招聘会的效率很低。许多有实力的企业举办招聘专场更多是为了举办自己的宣传活动以便向潜在的应聘者提供有关信息。一些跨国公司往往会选择在社会或校园中举办专场招聘会。

3.1.2 现代招聘的主要渠道

1. 猎头公司

猎头公司是通过专业人士为企业招聘服务的机构，猎头公司的服务对象是招聘高级管理人才和高级技术人才的企业。

相关链接

“猎头”（Headhunting），在国外是一种十分流行的人才招聘方式，指网罗高级人才。猎头公司目前在国内已经超过了2 000家，不过公司规模超过50人的专业猎头公司不超过100家。

（1）优点：能找到满意人才，比企业自己招聘质量好，招聘过程隐秘、不声张。

（2）缺点：招聘过程较长，各方反复接洽谈判；招聘费用昂贵，须按年薪的比例支付猎头费。

（3）适用于物色高级人才。

2. 网络

网络招聘，也称为电子招聘，是指通过运用技术手段，帮助企业人力资源经理完成招聘的过程。即企业通过自己的网站、第三方招聘网站等机构，使用简历数据库或搜索引擎等工具来完成招聘过程。一般由人力资源部通过互联网或内部网发布招聘信息，并通过电子邮件或简历库收集应聘者信息，经过处理后，初步确定所需岗位人选的一种招聘方法。网络招聘也是一种被动式的招聘方式。

（1）优点：招聘的成本比较低，信息收集及时、充分，招聘时间缩短。

（2）缺点：不能控制应聘者的数量和质量，不能进行面对面的交流，不适用经济不发达地区。

（3）适合针对专业人才和中、高层人员的招聘，不适合招聘对知识技能要求较低的职位，因为考虑到上网的人群特征，如果企业发布的招聘信息没有被拟应聘者看到，也就不会招到合适的人选。

随着互联网的普及，越来越多的人选择上网找工作，上网招聘的人力资源经理也面临着一个日益庞大的网上人才资源库。调查显示，互联网正以惊人的速度赶超招聘会和媒体广告，成为人才招聘的主要渠道。

网络招聘有两种主要方式：一是注册成为人才网站的会员，在人才网站上发布招聘信息，收集应聘者资料，查询合适人才；二是在企业的网站上发布招聘信息，吸引人才。

3.1.3 选择招聘渠道的主要步骤

（1）分析单位招聘的具体要求。

（2）分析招聘人员的特点。

（3）确定适当的招聘来源。按照招聘计划中岗位需求数量和资格要求，根据对成本收益的计算来选择一种效率最好的招聘来源，是内部还是外部，是学校还是社会等。

（4）选择适当的招聘方法。按照招聘计划中岗位需求数量和资格要求，根据对成本收益的计算来选择一种效率最好的招聘方法，是发布广告，是上门招聘，还是借助中介等。

根据以上的信息分析以及对成本、收益的计算来选择一种效率最好的招聘方法。

3.1.4 选择招聘渠道的考虑因素

1．企业经营战略

当企业处在发展阶段，根据未来发展战略和业务拓展要求，需要大批量人才，此时内部招聘已不能满足需求，应采取外部招聘的方式获得人才。若企业采取的是维持战略，出现空缺职位时，从外部招聘可能会增加较多的人工成本，而内部又有较合适的人选，此时可采用内部招聘。

2．企业现有人力资源状况

当空缺的职位比较重要，现有人员中没有合适人选，且无可以培养的对象或有培养对象但培养成本较高时，可从外部招聘。若现有人员中有可培养的对象，且培养成本不高，则可内部招聘填补空缺。

3．招聘目的

当招聘的目的不仅仅是为了找到较合适的人来填补空缺，更重要的是出于管理考虑，通过招聘增加新鲜血液，带来新思想、新观点，激发现有员工队伍活力，为老员工带来新的竞争，提高员工积极性，转变经营观念和工作方式，改变工作态度和行为等目的，则可采用外部招聘方式。

4．人工成本

当空缺职位是高级职位时，外部招聘可能成本很高。在这种情况下，若企业从长远发展角度及外聘人员的贡献与作用来看，还是外聘较好；但若企业规模较小，短期内担负不起这种高人工成本，则宜从内部考虑。

5. 企业领导的用人风格

企业领导的用人风格对企业招聘渠道的选择起决定性作用。有些企业领导人喜欢从外部引进，而有的企业领导人则对内部培养感兴趣。

6. 企业外部环境

企业外部环境包括人才市场的建立与完善状况、行业薪资水平、就业政策与保障法规、区域人才供给状况、人才信用状况，等等。这些环境因素决定了企业能否从外部招聘到合适的人选。若企业所处区域的人才市场发达、政策与法规健全、有充足的人才供给、人才信用良好等，在不考虑其他因素的情况下，外部招聘不仅能获得理想人选，且方便、快捷。若企业外部环境与上述相反，则宜采用内部选拔培养，这样既可节约招聘成本，又可避免招聘风险。

3.2 内部招聘

引导案例 3-2

如何做好内部招聘

其实，内部推荐是每家公司都会采用的招聘制度，但为什么各家企业的执行效果却不一样呢？怎样才能做好内部招聘呢？

（1）制度做到“家喻户晓”。不管公司员工推不推荐，一定要让公司的每位员工清楚地知道公司有这项制度，做到：你可以不推荐，但你一定不能不知道！

（2）岗位明确。当确定公司招聘岗位后，一定要将其多渠道、多途径地传播出去，让公司的每位员工不管在哪个角落都可以看到公司目前的岗位需求。如岗位需求有变换应随时调整，保证员工推荐的准确性和高效性。

（3）面试机会。内部推荐不同于在渠道等待求职者投递简历，对于内部推荐的简历，应尽可能地多给予被推荐者一些面试机会，不仅多了一种可能，而且还给予了推荐人鼓励与认可。试想：如果你推荐了一个人，该人却得不到面试机会，再推荐一个人还是没有面试机会，那么就算奖金再高，你还会推荐吗？可能会，但是会大大降低你的推荐频率，内部推荐就会越做越差了。

（4）差异化奖励机制。对于中大型企业来讲，不管是扁平化管理也好，还是垂直化管理也罢，公司或企业内部都有着各种各样的部门，在这种情况下，每个部门、岗位的工作都会有不同的难易程度，所以对于奖励机制来说，切记防止“一刀切”，针对岗位和部门采取差异化的奖励机制，其实也从侧面保证了推荐的公平性，为大家提供更多的机会。

（5）二次内推奖励。A认识B，B认识C，那么A和C算不算内部推荐呢？A推荐了B，B没来却推荐了C，那么B能不能得到奖励呢？这就属于二次推荐的范畴了，B能不能得到奖励呢？答案是肯定的，二次推荐也是我们需要大力推广的方案之一。

（资料来源：https://zhuanlan.zhihu.com/ 有改动）

思考题：结合该案例和本节的内容，谈谈你对内部招聘的认识。

所谓内部招聘是指在企业内公布空缺职位，发布招聘启事，在职位所需技能和现有员工的技能库进行搜索，从内部寻找聘用者并从内部招聘员工。

3.2.1 内部招聘的原则

1．机会均等

内部招聘的信息覆盖面应是整个企业内部的全体员工，应当让每名员工都清楚空缺职位的招聘条件、要求、时间等，从而使所有符合招聘条件的员工都有获得该职位的机会。

2．任人唯贤，唯才是用

"贤"和"才"是人才的客观标准，"任"是主观上对人才使用做出的决策。只有解决了对人才的选任问题，才能保证合格的优秀人才有适合他发挥才干的岗位和机会。

3．激励其他员工

无论是通过选拔优秀的员工到更高的职位上工作，还是通过考试将员工安排到更适合的职位上，都要让广大员工认识到，不断提高自己的工作能力将会获得更好的工作机会，从而调动他们的工作积极性。

4．合理安排，用人所长

经过审查、考核和筛选，安排最合适的人选到空缺的职位上去，使其充分发挥自己的特长，确保他胜任工作。如果员工在新的职位上不能取得比原职位更高的工作绩效，这就是一次不成功的内部招聘，同时也不能调动起本人及其他员工的工作积极性。

3.2.2 内部招聘的方法

内部员工既可自行申请适当位置，又可推荐其他候选人。员工的潜能可以得到充分发挥，同时也可降低招聘的成本。但是内部招聘如果处理不当，容易引起各种纠纷。所以招聘时一定要有固定的严格标准，以免招聘人员出现徇私舞弊、送人情或受制于人的情况。

内部招聘是人员招聘的一种特殊形式。严格来说，内部招聘和选拔不属于人力资源吸收的范畴，而应该属于人力资源开发的范畴，但它又确实是企业与人员招聘中关系最密切的一部分工作。内部招聘的方法主要包括以下几个方面。

1．内部提升

企业应建立完善的职业体系以指明哪些职位可晋升到哪些职位，哪些职位之间可以进行轮换。在职位体系中需要建立各个职位的任职资格，在内部晋升中应该以任职资格为依据。

企业中有些比较重要的岗位需要招聘人员时，让企业内部符合条件的员工从一个较低级的职位晋升到一个较高级的职位的过程就是内部提升。

2．推荐选拔

这是内部招聘的一种特殊方法，一般由上级主管人员向人力资源部推荐候选人，通过对候选人的审查、考核（候选人数多于招聘人数时还要进行筛选）、岗前培训等一系列程序，把符合条件的人员安排在新的工作岗位上。对候选人的个人信息获取，除了由推荐人提供相关材料以外，还可以通过查阅档案记录来了解该员工是否符合招聘职位的条件。

人力资源部大多备有员工的个人档案。档案通常记录员工的教育、经历、技能、培训、绩效等有关情况。员工档案对于帮助企业了解并确定符合某空缺职位要求的人员是非常重要的。推荐选拔的步骤是通过在企业的各部门发布某空缺职位的招聘信息，先由各主管人员负责推荐符合条件的候选人，再经过对各候选人的综合评定并征集各部门的意见，最后确定该职位的最佳人选。

3．竞争考试

竞争考试是最常用的内部招聘方法，尤其是非管理层的职位出现空缺时，通过各种内部媒体，如广播台、厂报、杂志、宣传栏、墙报等，公开空缺职位，吸引员工来应聘，并通过考试录用。此种方法简便、经济、快速、实用。运用该方法招聘应注意：

（1）公布的内容应包括对空缺职位的描述、待遇、报酬、岗位要求和必要的工作资格等。

（2）媒体宣传的覆盖面应是企业的全体员工，从而使每个人都有平等的竞争机会，所有拥有这些资格的员工都可以申请或“投标”该职务。

（3）人力资源部和用人部门通过对应聘者进行考核和测试，确定该职位的最合适人选。

（4）竞争考试的成绩是此种内部招聘方式的首要评价标准，但也不能忽视应聘者以往在原工作岗位上的表现。

（5）在综合评定某一应聘者的任职资格时，也要参照人力资源部的员工个人档案，从而保证将最合适的人选安排在该职位上，并能最大限度地发挥他的潜能。

竞争考试的步骤通常是，先由人力资源部和用人部门根据实际需要制定招聘规划，确定空缺职位的招聘条件、工作资格等，然后在企业内部发布招聘信息，征集应聘者，再对候选的应聘者进行资格考核及评定，确定他是否适合从事该项工作。

4．布告招标

布告招标是内部招聘的普通方法，过去的做法是在企业的布告栏发布工作岗位空缺的信息，现在已开始采用多种方法发布招聘信息。采用布告招标时允许员工有一段时间去“投标”，

"投标"时要求员工填一张表格。

在使用布告招标时，要满足以下几条要求：

（1）至少要在内部招聘前一周发布完整的信息。

（2）应该清楚地列出工作描述和工作规范。

（3）使所有申请人收到有关申请书的反馈信息。

过去在西方发达国家，布告招标主要用于蓝领阶层招聘，但其应用范围近来正在扩大，它不仅在政府部门被广泛使用，而且也被私人企业广泛应用。布告招标有利于发挥企业中现有员工的工作积极性，激励士气，鼓励员工在机构中建功立业。因此，它是刺激员工职业发展的一种好方法。它的另一个优点就是比较省时和经济。

5. 人员调动

人员调动包括调换和轮换两种方式。调换也称平调，通过将企业内部平级人员之间进行互相调换，为员工提供企业内多种相关工作的机会，从而使员工能够从事最适合自己的工作，更好地提高工作效率；轮换相对于调换通常是短期的，它通过让不同岗位上的员工定期地轮流换岗，从而使那些有潜力的员工了解企业的不同方面，也可以减少一些员工因长期从事某项工作而带来的枯燥、无聊感，避免因这种单调重复劳动引起的生产率降低。

人员调动的步骤是由人力资源部根据企业和员工个人的发展需要，首先制定调动的时间、职位、人员等计划，再对需要调动的员工进行必要的培训，最后将其安排在新的职位上。

3.2.3 内部招聘的优点和缺点

1. 内部招聘的优点

（1）从选拔的有效性和可信度来看，管理者和员工之间的信息是对称的，不存在"逆向选择"（员工为了入选而夸大长处，弱化缺点）问题，甚至"道德风险"问题。首先，企业对自己的员工比较了解。企业如果拥有一份员工技能清单，那么可以把它作为内部招聘的起点，而且员工的绩效评价也是可以获得的，从而减少做出错误决策的概率。其次，员工也了解企业的更多情况，知道企业的运作、价值观和文化，这样员工的预期不准确性和对企业不满意的可能性就降低了。

（2）从企业文化角度来分析，员工与企业在同一个目标基础上形成的共有价值观、信任感和创造力，体现了企业员工和企业的集体责任及整体关系。员工在企业中工作过较长一段时间，已融入企业文化之中，视企业为他们的事业和命运的共同体，认同企业的价值观和行为规范，因而对企业的忠诚度较高。

（3）从企业的运行效率来看，现有的员工更容易接受指挥和领导，易于沟通和协调，易于消除边际摩擦，易于贯彻执行方针决策，易于发挥企业效能。与从外部招聘的新员工相比，他们能更快地适应新的工作、新的要求。

（4）从激励方面来分析，内部选拔能够给员工提供一系列晋升机会，强化员工为企业工作的动机，同时也增强了员工对企业的责任感。使员工的成长与企业的成长同步，容易鼓舞员工士气，形成积极进取、追求成功的氛围，达成美好的愿景。通过这种相互之间的良性互动和影响，有利于在企业内部树立榜样。

（5）内部招聘可以节约大量的费用，如广告费用、招聘人员与应聘者的差旅费用等，同时还可以省去一些不必要的培训项目，减少了企业因职位空缺而造成的间接损失。同时，企业可以充分利用现有员工的能力，对以前在员工的人力资本投资上获得一定的回报。

目前，越来越多的企业开始注重从内部招聘和选拔人才，特别是高层管理者。例如，对 GE 和全世界的企业管理都做出巨大贡献的杰克·韦尔奇就是从企业内部选拔出来的。

2. 内部招聘的缺点

（1）可能因操作不公或员工心理原因造成内部矛盾。在用人方面的分歧常常是高层领导之间产生矛盾的焦点，这不仅涉及领导的权力分配，而且与领导的威信息息相关，这也是人事改革的一个侧面，会在企业政治方面引起异常激烈的明争暗斗，并对员工的士气和没有被晋升的员工的工作表现产生消极的影响，特别是在几个同事申请同一职位时更是如此。这样就可能形成不健康的冲突，导致组织内人际关系紧张。在一个职位空缺时，许多雇员都会被考虑补充那个职位，当然大部分会被否决，一些被否决的候选人可能会产生怨恨。一项研究发现，被否决晋升的雇员会比获得晋升的对手表露出更强的愤愤不平的情绪和表现出更高的旷工率。

（2）容易造成“近亲繁殖”。同一企业内的员工有相同的文化背景，可能会产生“团体思维”现象，抑制了个体创新，尤其是当企业内部重要职位主要由基层员工逐级升任时，就可能会因缺乏新人与新观念的输入，而逐渐产生一种趋于僵化的思维意识，这将不利于企业的长期发展。许多观察人士认为，通用汽车公司 20 世纪 90 年代所面临的严重问题就与其长期实行的内部招聘策略有关。幸运的是，通用汽车公司已经意识到这一点，也开始注重吸收“新鲜血液”。

（3）组织的高层管理者如果多数是从基层逐步晋升的，则大多数人的年龄就会偏高，不利于承担风险和发扬创新精神。而敢于承担风险和发扬创新精神则是处于新经济环境下企业发展至关重要的两个因素。要弥补或消除内部招聘和选拔的不足，需要人力资源部门做大量深入细致的工作。

（4）过多的内部招聘可能会使企业变得封闭。不断从内部提拔人才可能会鼓励员工安于现状，一个必须改进组织流程的企业通常应适当从外部招聘人员。

目前，实行内部招聘的企业其弊端已逐渐显现。例如，由于内部员工竞争的结果有胜有败，已经影响了企业的内部团结；造成企业内的“近亲繁殖”“团体思维”“长官意志”等现象的产生；开拓创新和敢闯敢冒精神受到抑制；内部选拔因领导好恶而导致优秀人才外流或被埋没；出现“裙带关系”，滋生企业中的“小帮派”“小团体”，削弱企业效能等。

3.2.4 内部招聘应注意的问题

1. 避免长官意志的影响

从企业内部选拔人才，绝不是要领导者把眼光仅盯在整天绕着自己身边转的几个人身上，不能受自己一面之见、一面之听、一面之说的影响。要在整个企业范围内，实事求是、科学地考察和鉴别人才。

2. 不要求全责备

从企业内部选拔人才，绝不要因为对员工过于了解而对他们吹毛求疵、求全责备。对外部人才，却因不了解而只看到优点。要知道，人人都有缺点，人才也不是完人。对人才绝不可脱离实际地拔高要求，他们的缺点只要不妨碍他们所负担的工作，就要加以谅解。

3. 不要将人才固定化

从企业内部选拔人才，绝不能按照老框框，将人才固定化，如人才等同于学历、男士，这样就会自己捆住自己的手脚。人才有不同类型、层次之分，单位需要各种各样的人才。因此，不能用一个固定不变的模式来套人才，要不拘一格选人才，要唯才是举，唯才是用，只要能够为企业的发展出谋划策和积极贡献力量者，都在选择之列。

4. 要全方位地发现人才

从企业内部选拔人才，使管理者可以从员工的工作实践、群众议论、部门推荐、历史档案、考核、考绩等多种途径全方位地发现人才。通过多种途径，考察和了解人才的方方面面，最终选定合适之人。

企业只有在工作合理化，管理上轨道，并且弄清楚企业因为什么原因需要什么样的人才的基础上，才能进一步在每天的工作中，从员工的工作表现、效率和品质中，通过深入了解去发掘合适的人才，并给予适才适所的安置和任用。

3.3 外部招聘

引导案例 3-3

飞利浦公司的外部招聘

飞利浦电子公司（Philips Electronic N.V）成立于 1891 年，在全球企业 500 强排名中曾居第 58 位，在世界电子行业中曾排名第 9。飞利浦公司在 60 多个国家设有营业机构，共有雇员 26.51 万人，其股票在 9 个国家的 16 个交易所上市。

20 世纪 90 年代初，迪默在飞利浦公司处于危难之际走马上任，尽管他本人是通过内部晋升走上 CEO 位置的，但为了改变当时的组织文化，形成创新、参与的组织气氛，他对高级管理层的人事制度进行了大幅度的改革，即直接从企业外部进行招聘。外部招聘的“新鲜血液”可以给企业文化带来新的元素，促进企业文化的完善和提升，使得企业能够更好地适应环境，健康发展。

飞利浦公司的外部招聘实践表明：外部招聘是一种有效的与外部信息交流的方式，企业同时可借机树立良好的外部形象。新员工能够带给企业不同的经验、理念、方法及新的资源，使得企业在管理和技术方面都能够得到完善和改进，避免了“近亲繁殖”带来的弊端。外聘人才可以在无形当中给企业原有员工施加压力，形成危机意识，激发斗志和潜能。同时，压力带来的动力还可以使员工通过标杆学习而共同取得提高。外部人才的挑选余地要比企业内部大得多，企业通过外部招聘能获得更多的优秀人才，包括特殊领域的专才和稀缺的复合型人才，这可以为企业节省大量内部培养和培训的费用。

（资料来源：http://c.360webcache.com/ 有改动）

思考题：结合该案例和本节的内容，谈谈你对外部招聘的认识。

所谓外部招聘是指通过在报纸、杂志和网络等媒体上刊登招聘广告的方式，并从外部寻找人员来填补职位空缺。

企业必须不断地从其外部寻求员工，特别是需要大量扩充劳动力时，就需要从外部招聘中得到满足：

- 补充初级岗位；
- 获取现有员工不具备的技术；
- 获得能够提供新思想的并具有不同背景的员工。

3.3.1 外部招聘的原则

1. 公正和公平原则

外部招聘首要的原则是公正和公平。应该给每位应聘者以平等展示自己的机会，使真正有能力的候选人不因一些外界的人为因素的影响而失去获得该职位的机会。这就对招聘人员提出了较高的要求，他们必须排除世俗偏见、个人成见、性别歧视等因素的影响，在招聘的过程中真正做到公正和公平。

2. 适用原则

招聘人员应熟悉所招聘职位的工作性质、工作职责、能力要求等情况，使所招聘的人员真正适合并胜任这项工作。在实际招聘的过程中，所聘用的人员并不具备担任该职位能力的现象时有发生。此外，还有一种招聘现象也不容忽视，即许多企业在招聘过程中出现的人才“高消费”现象，不少企业的招聘广告动辄提出仅招聘本科及研究生以上学历的高标准，使许多有实际工作能力和经验但没有文凭的人才被拒之门外。与此同时，企业在招聘中对应聘者的期望过高，录用了能力超出职位要求很高的优秀人才，虽然在短期内企业是受益者，但该职位并不能提供其个人发展的足够空间，造成“大马拉小车”，从而产生人员流动速度过快、跳槽频率过高的情况。这无疑会加大企业招聘的工作量和难度，并增加人员招聘、培训、录用的费用。

3．真实、客观原则

企业在进行外部招聘的过程中，面对的是对本企业并不熟悉的外部应聘者，招聘人员要客观地向应聘者介绍企业的情况，向应聘者提供全面的信息。这有助于应聘者与企业形成正确的心理契约。

企业往往倾向于把自己说得非常好，以吸引更多的人来应聘，但这通常会使应聘者期望值过高，容易导致失望和产生不满情绪，甚至有受骗的感觉，使得新进人员的保持率低。

如果一开始就注重现实的工作目标，向应聘者介绍有关企业好的一面，也介绍可能存在的问题，就会使应聘者对工作产生一种真实的想法，从而在实际工作中产生满足感，这样人员流动率相对较小。

4．沟通与服务原则

外部招聘是企业与外部的互动过程。通过信息的双向流动，企业在获取应聘者个人信息的同时，也向应聘者传递了企业的相关信息，实现企业内部与外界的双向沟通。此外，招聘过程也是招聘人员向应聘者提供咨询服务的过程，招聘人员向外界传递的相关信息，直接关系着企业形象。这些信息不仅包括企业的内部结构、部门设置等硬件设施，以及企业文化、经营理念、发展潜力等软件配置，还应该能够从招聘人员的形象、谈吐、待人接物等方面反映出该企业对其成员素质的培养和人格的塑造，从而使应聘者即使不能签约，也能够对企业产生良好的印象。

3.3.2　外部招聘的主要途径

1．大中专院校及职业技工学校

这是招收应届毕业人才的主要途径。各类大中专院校可提供中高级专门人才，职业技工学校可提供初级技工人才。企业可以有选择地去某院校物色人才，派人分别到各有关学校召开招聘洽谈会。为了让学生增进对企业的了解，鼓励学生毕业后到本企业来工作，征募主持人应当向学生详细介绍企业情况及工作性质与要求，最好印发企业简介小册子，或者制成视频、介绍图片。

2．人才交流会

人才交流机构扮演着双重角色，既为企业选人，同时也为应聘者选企业。各地每年都要组织几次大型的人才交流洽谈会。企业可花一定的费用在交流会上摆摊设点，吸引应聘者前来咨询应聘。这种途径的特点是时间短、见效快。

3．职业介绍所

许多企业利用职业介绍所来获得所需的销售人员。但有人认为，这类介绍所的待业者多为能力较差且不易找到工作的人。不过如果有详细的工作说明，让介绍所的专业顾问帮助遴选，使招募工作简单化，也可以找到不错的人选。

4．竞争者与其他企业

对严格要求近期有工作经验的职位来说，其竞争者及同一行业或同一地区的其他企业可能是其最重要的招聘渠道。约有 5%的员工随时都在积极寻求或接受岗位的变化，这一事实突出了这些渠道的重要性。进一步来说，每 3 个人中，特别是在经理和专业人员中，每隔 5 年就要有 1 个人变换工作。

5．行业协会

行业协会对行业内的情况比较了解，经常访问制造商、经销商、销售经理和销售人员，如香港管理专业协会的市场推销研究社，企业可通过它介绍或推荐而获得希望转职的销售人员。

6．广告招聘

广告招聘是应用很广泛的一种方法，它可以比较容易地从劳动力市场中招聘到所需的人才。其传播媒体可以是大学校园里的布告栏、专业技术杂志、报纸和电视等。广告的作用一方面是可将有关工作的性质、要求，以及应聘者应该具备的资格等信息提供给潜在的应聘者；另一方面是向申请人“兜售”公司或企业的优势。广告的内容应该真实，虚假的广告会引起雇用时的不满和日后的跳槽。

随着现代社会对人才竞争的愈演愈烈，为了吸引更多的高素质的应聘人员，招聘广告的设计是很重要的。一份优秀的广告要充分显示出企业对人才的吸引和企业自身的魅力。

3.3.3 外部招聘的优点和缺点

1．外部招聘的优点

（1）外部招聘是一种有效的与外部信息交流的方式，企业可借此树立良好的外部形象。

（2）新员工的加入，有利于企业吸收外部先进的经营观念、管理方式和管理经验，有利于企业管理和创新，防止僵化。

（3）根据“鲶鱼效应”，外聘人才可以给原有员工带来压力，能激发他们的斗志和潜能；另外，通过相互学习有利于共同进步，又可避免“近亲繁殖”。

相关链接

鲶鱼效应：挪威人喜欢吃沙丁鱼，尤其是活鱼。市场上活沙丁鱼的价格要比死鱼高许多，所以渔民总是千方百计地想办法让沙丁鱼活着回到渔港。可是虽然经过种种努力，绝

> 大部分沙丁鱼还是在中途因窒息而死亡，但却有一条渔船总能让大部分沙丁鱼活着回到渔港。船长严格保守着秘密。直到船长去世，谜底才揭开。原来，船长在装满沙丁鱼的鱼槽里放进了一条以鱼为主要食物的鲶鱼。鲶鱼进入鱼槽后，由于环境陌生，便四处游动。沙丁鱼见了鲶鱼十分紧张，左冲右突，四处躲避，加速游动。这样一来，一条条沙丁鱼欢蹦乱跳地回到了渔港。这就是著名的“鲶鱼效应”。

（4）外部招聘可以缓解内部竞争者之间的紧张关系。当有企业内空缺位置时，一些员工往往会通过自我打分而希望被提拔。如果参与竞争的员工条件大致相当，竞争比较激烈，但却又都不太合适，在这种情况下，外部招聘就可以缓解这一矛盾，使未被提拔的员工获得心理平衡，避免企业内部成员间的不团结。

（5）外部招聘获得人才有来源广、范围大的特点，能招聘到许多优秀人才，尤其是一些较为稀缺的复合型人才。

（6）外部招聘大大节省了培训费用。从外部获得有熟练技术的员工和有管理才能的人往往要比内部培训减少培训成本，特别是在企业急需这类人才时尤为重要。这种直接的“拿来主义”，不仅节约了培训经费和时间，还节约了获得实践经验所交的“学费”。

2．外部招聘的缺点

（1）筛选难度大，时间长。企业希望能够比较准确地评估应聘者的能力、性格、态度、兴趣等素质，从而预测他们在未来的工作岗位上能否达到企业所期望的要求。而实践表明，这些测量结果只有中等程度的预测效果，仅仅依靠这些测量结果进行科学的录用决策是比较困难的。为此，一些企业还采用诸如推荐信、个人资料、自我评价、同事评定、工作模拟、评价中心等方法。这些方法各有各的优势，但也都存在着不同程度的缺陷，这就使得录用决策耗费的时间较长。

（2）进入角色慢。从外部招聘来的员工需要花费较长的时间来进行培训和定位，才能了解企业的工作流程和运作方式，增加了培训成本。

（3）招聘成本高。外部招聘需要在媒体上发布信息，或者通过中介机构招聘时，一般需要支付一笔费用，而且由于应聘者相对较多，后续的挑选过程也非常烦琐与复杂，不仅耗费了大量的人力、物力、财力，还占用了很多的时间，所以外部招聘的成本较高。

（4）决策风险大。外部招聘只能通过几次短时间的接触，就必须判断候选人是否符合本企业空缺岗位的要求，而不像内部招聘那样经过长期的接触和考察，所以很可能因为一些外部的因素（如应聘者为了得到这份工作而夸大自己的实际能力等）而做出不准确的判断，进而增加了决策的风险。

（5）影响内部员工的积极性。外部的招聘会影响企业内部那些认为自己可以胜任空缺职位员工的士气。如果组织中有胜任的人未被选用或提拔，即内部员工得不到相应的晋升和发展机会，内部员工的积极性可能会受到影响。因此，外部招聘一定要慎重。

内部招聘与外部招聘的优缺点比较如表 3-1 所示。

表 3-1　内部招聘和外部招聘的优缺点比较

外部招聘优点	内部招聘优点
① 应聘者来源范围广泛 ② 带入新的视角、技术及观念 ③ 成本小于内部人员配调 ④ 外部人员不受现有人际关系影响 ⑤ 均等就业机会	① 公司了解应聘者的能力 ② 应聘者了解招聘者的工作需要 ③ 有利于增长员工士气 ④ 成本低 ⑤ 有利于职位提升的连续性
外部招聘缺点	**内部招聘缺点**
① 更多的风险性和困难 ② 由于一些人的落选会降低士气 ② 新员工需较长时间的适应过程 ④ 新员工有可能不适应组织的文化	① 人际关系问题及“同源结合”问题 ② 会因晋升引起内部争斗 ③ 需要有效的培训和公平的奖励机制 ④ 失败的应聘者会很泄气

3.3.4　外部招聘应注意的问题

1. 实施校园招聘应注意的问题

（1）要注意了解大学生在就业方面的一些政策和规定。国家对大学生的就业有一些相应的政策，各个学校的毕业分配也有相应的规定，用人单位一定要首先注意了解国家在大学生就业方面的一些政策和规定，以免选中了的人才由于各种手续上的限制无法到单位工作。

（2）一部分大学生在就业中有脚踩两只船或几只船的现象。例如，有的大学生同时与几家单位签署意向；有的大学生一边复习考研或准备出国，一边找工作，一旦考研或出国成功他们将放弃工作。这些情况一定要注意。在与学生签署协议时应该明确双方的责任，尤其是违约的责任。另外，企业也应该有一定的思想准备，并且留有备选名单，以便替换，这要求招聘时，要做到一定量的被选名单或人员储备。

（3）学生往往对走入社会后的工作有不切实际的估计，对自己的能力也缺乏准确的评价。因此，招聘人员和部门员工要对其进行职业指导，及时引导。

（4）对学生感兴趣的问题做好准备。在学校中招聘毕业生，学生常常会有一些关心的问题，对这些问题一定要提前做好准备，必要时形成文字资料，并保证所有工作人员在回答问题上口径一致。有的企业在向学生发放宣传品时就将常见的问题印在上面，或者在招聘的网页上回答学生提出的问题。

2. 参加各种人才交流会、招聘会应注意的问题

（1）了解招聘会的档次。收集相关信息，如招聘会规模有多大，都有哪些企业参加，场地在哪里等。如果参加招聘会的企业比自己企业的档次高很多，那么最好不要参加这场招聘会，因为可能招不到合适的候选人。如果参加招聘会的单位档次不够高，那么也就很难吸引

来高素质的人才。

（2）了解招聘会面对的对象，以此判断是否有所要招聘的人。例如，一场招聘会主要是面对大学毕业生的，而某企业并不需要大学毕业生，这场招聘会可能对该企业的用处就不大。

（3）注意招聘会的组织者。招聘会组织者的组织能力和社会影响力将决定招聘会的规模和参加的人员。

3.4 招聘的方法

引导案例 3-4

招聘中几种新的面试方法

1. 行为描述面试法

行为描述面试法是基于行为的连贯性原理发展起来的。面试官通过应聘者对自己行为的描述来了解两方面的信息：一是应聘者过去的工作经历，判断他选择本企业发展的原因，预测他未来在本企业中发展的行为模式；二是了解他对特定行为所采取的行为模式，并将其行为模式与空缺职位所期望的行为模式进行比较分析。面试过程中，面试官往往要求应聘者对其某一行为的过程进行描述，如面试官会提问“你能否谈谈你过去的工作经历与离职的原因”“请你谈谈你昨天向你们公司总经理辞职的经过”等。

在提问过程中，行为描述面试所提的问题还经常是与应聘者过去的工作内容和绩效有关的，而且提问的方式更具有诱导性。例如，对于与同事的冲突或摩擦，“你与你同事有过摩擦吗？举例说明”的提问显然不如“告诉我，与你工作中接触最少的同事的情况，包括问题是如何出现的，以及你们之间关系最紧张的情况”更能激起应聘者真实的回答。

行为描述面试可以从以下几个方面来进行。

首先，收集过去行为的事例，判断行为答复。要了解应聘者是否能真的像他们所描述的那样去做，最好的方法就是收集过去行为的一些事例。应聘者曾经做过的一些事例要比他们告诉你“经常做、总是做、能够做、将会做、可能做或应该做”更为重要。通常应聘者给出非行为性（理论性）的回答频率偏高，他们给出的观点，往往并不一定是他们真正曾经做过的事例。面试官应综合应聘者实际描述的和曾经做过的事例来做出正确的判断。

其次，提出行为性的问题。通常，行为性问题的提出带有这样的语气，如：“请谈谈你在……时遇到的情况，你是怎样处理的”“你是否遇到过……的情形？请谈谈其中一例。”

以下我们用表格的形式来区分在实际面试过程中行为性提问、理论性提问、引导性提问的不同之处。

能　　力	行为性问题举例	理论性问题举例	引导性问题举例
解决问题的能力	请讲一个你最近在工作中遇到的问题（质量问题、设备问题、工艺问题）。你是怎样解决的？	你怎样解决生产过程中出现的问题？	你能解决出现的质量问题吗？
适应能力	请讲一个你必须按照不断变化的要求进行调整的事例。当时的情况怎样？结果又怎样？	如果你必须按照不断变化的要求调整计划，你会感觉怎样？	如果在短短的时间内换了多个工作岗位，你会介意吗？
销售能力	请描述一个在过去一年中你做的最大一笔订单的情况，你是怎样完成的？	为什么你认为你可以做销售这一行？	你能接受我们给你制定的销售目标的挑战吗？
团队协调能力	作为一名主管，你如何处理棘手的员工事例？	你如何对付难以管理的职员？	你擅长解决矛盾或冲突吗？

最后，利用标准化的评定尺度。在采用行为描述面试法时，各个面试官可能会用不同的行为标准对应聘者进行评定，为了保证评定结果的信度和效度，进行面试前必须制定一个标准的评定尺度。下表以适应能力评定等级标准为例加以说明，在此用5分制的打分方法。

1分	2分	3分	4分	5分
对工作变动几乎无适应能力	不喜欢工作变动；尽量适应工作变动；工作表现差	可以接受工作变动；及时补充新知识；工作表现不差	可以接受工作变动；能迅速适应新环境；工作表现进步	非常喜欢挑战性工作；工作表现积极主动；能举例说明自己过去成功适应工作的历史
不可以接受	尚可接受	可以接受	完全可以接受	很欣赏

2. 能力面试法

能力面试是另外一种新的面试方法。与传统面试注重应聘者以往所取得的成就不同，这种方法更多关注的是他们如何去实现所追求的目标。在能力面试中，面试官要试图找到应聘者过去成就中所反映出来的特定优点。

在招聘中采用能力面试，要把握4个关键的要素：情景（Situation），即描述应聘者经历过的特定工作情景或任务；目标（Target），即描述应聘者在特定情景当中所要达到的目标；行动（Action），即描述应聘者在特定情景当中所做出的行动；结果（Result），即描述行动的结果，包括积极的和消极的结果、生产性的和非生产性的结果。这4个要素的英文缩写就是“STAR”，进行能力面试即寻找STARs。

具体来讲，能力面试可以从以下几个方面展开。

首先，全面地进行能力分析。为了准确地了解和判定工作是否出色，必须进行全面的能力分析。能力分析的结果将作为确定工作是否出色的标准，它有助于企业录用到称职的员工。工作出色的标准通常适用于企业内部相同级别的多个职位。对于一个企业里的所有高层领导而言，他们的任务和职责虽然不同，但须具备的主要能力和基本素质却是相同的，因此，对其工作能力的衡量标准本质上应该是一致的。对企业内部不同级别的职位，所要求的能力有所不同，则工作出色的标准也应有所差异。

进行能力分析的第一步是编写详细的工作任务说明，即进行“任务分析”。为了进行全面的任务分析，还要从不同渠道收集各种信息：①工作观察。观察那些在职人员所进行的工作，请他们详细描述，并作记录。②约见在职人员。对每位在职人员提出相同的问题，这些问题应着重了解他们的主要职责、需要处理的任务类型、与其他同事之间的工作关系、工作过程中最感吃力的部分及他们出色完成工作所需的技能和能力。③主要事件分析。针对有代表性的工作案例，举行由该职位的优秀员工和管理人员参加的座谈会或交流会，请他们提供一些从事该项工作的效率最高的方法及从事人员的能力要求，并对这些方法和要求做详细记录。④能力远景会议。参加企业中“具有预见的人”举行的会议。其目的就是收集各类任务的信息，以及完成任务所需要的知识、技能、能力、动机和其他方面的要求。

第二步是制定职务能力要求，就是对所得到的信息进行分析，按照不同的内容和能力对相似的知识、技能、能力和动机进行分类。在列出一系列能力时，应尽量合乎情理。通常列出的能力要容易衡量，才能将工作能力描述准确。不同级别的职务能力要求如下：基层职位需要 5～8 种能力；中层职位需要 8～11 种能力；高层职位如中高级管理人员、董事、高级专业人员需要 10～14 种能力。

其次，确定面试过程中将要考核的能力。因为不可能在短短的时间内对每种职务能力都能进行考核，所以只能围绕那些对于完成此项工作最重要的而在其他选择体系中没有体现的能力展开。当然，如果在录用的过程中不只面试一次，就有可能对各项能力都进行考核。

最后，制定面试程序，并对需要考核的能力进行评估。面试程序的制定至关重要，如果面试程序欠佳，则整个面试就会功亏一篑。为了防止这点，必须制定一个框架充分的面试程序。预先拟定问题，制定必要的面试程序，有助于获得与职务能力相关的信息。面试程序的制定可以参考一些指导性材料（如书面材料、视频材料、教室培训等）。同时，对需要考核的能力进行评估必须制定一个标准的等级评定体系，用以科学地评估面试中获得的信息。

能力面试已被实践证明是一种最实际、最有效的面试方法，它可以在最短的时间内，收集涉及工作范围最广、最准确的信息。严密的结构使其更具有科学性：可以具体地研究面试的各个部分；找出最有效的因素；尝试面试的新方法，提供详细的指南；其获得的结果也更具可靠性。

3. 压力面试法

压力面试（Stress Interview）是指有意制造紧张氛围，以了解应聘者将如何面对工作压力。面试官通过提出生硬的、不礼貌的问题故意使候选人感到不舒服，即针对某一事项或问题做一连串的发问，打破沙锅问到底，直至对方无法回答。其目的是确定应聘者对压力的承受能力、在压力前的应变能力和人际关系能力。

压力面试通常用于对谋求要承受较高心理压力的岗位的人员的测试。测试时，面试官可能会突然问一些不礼貌、冒犯的问题，让被面试人员感到很突然，同时承受较大的心理压力。这种情况下，心理承受能力较弱的应聘者的反应可能会较异常，甚至表现出不能承受。而心理承受能力强的人员则表现较正常，能较好地应对。这样就可以判别出应聘者的心理承受能力。比如，一位顾客关系经理职位的候选人有礼貌地提到她在过去2年内从事了4项工作时，面试官可能告诉她，频繁的工作变换反映了不负责任和不成熟的行为。如果应聘者对工作变换为什么是必要的做出合理的解释，就可以开始其他的话题。相反，若应聘者表示出愤怒和不信任，就可以将它看作在压力环境下承受力弱的表现。另外，该方法也可以用来证实对一些信息的怀疑。因为，人在一些突发问题上的反应更真实、更客观。而在准备个人求职资料时，应聘者会不自觉地、不同程度上地美化自己，甚至造假。

就压力面试而言，一方面，它是界定高度敏感和可能对温和的批评做出过度反应（喜怒和辱骂）的应聘者的良好办法；另一方面，使用压力面试的面试官应当确信厚脸皮和应付压力的能力是工作所需要的。面试官还需具备控制面试（如应聘者歇斯底里）的技能。因此，在使用压力面试之前一定要慎重，一方面确信压力是候选人将来必然要面对的；另一方面要保证面试官有控制压力的能力。值得注意的是，压力面试在于考察应聘者的应变、人际交往能力，需要应聘者具有敏捷的思维、稳定的情绪和良好的控制力。而这类题目的设置大多具有欺骗性，因此事后应向应试者做出解释，以免引起误会。

（资料来源：http://finance.sina.com.cn/　有改动）

思考题：结合该案例和本节的内容，谈谈你对招聘方法的认识。

我们通常所讲的招聘的方法是指为了能够将潜在的员工吸引到本公司而使用的方法，也是指招募、聘用、甄选常用的方法。下面对笔试、面试、心理测验三种招聘方法进行简要叙述。

3.4.1 笔试

1. 笔试的含义和特点

笔试是一种最古老、最基本的选择人才的方法，即通过试卷来测试的一种方法。笔试主要考察应聘者的业务知识、文字能力和分析综合能力，据此得出应聘者的基础知识和素质能力等方面的差异。因此，笔试题目都是围绕着职位设定的。笔试具有测试内容覆盖范围大，能够实行团体测试，操作程序简单，易于掌握等许多优点，是最常用的选拔测试方法之一。

通过笔试，判断应聘者对招聘职位的适应性。一般来说，对基础知识和素质能力的测试，通常包括两个层次：一般知识和能力与专业知识和能力。一般知识和能力包括一个人的社会文化知识、智商、语言理解能力、数字才能、推理能力、理解问题的速度和记忆能力等；专业知识和能力即与应聘岗位相关的知识和能力，如财务会计知识、管理知识、人际关系能力、观察能力等。

现在有些企业也通过笔试来测试应聘者的性格和兴趣，但性格与兴趣通常要运用心理测试的专门技术来测试，仅靠笔试中的一部分题目是很难得出准确结论的。

2．笔试的类型

笔试可分为标准化笔试和非标准化笔试两大类型。

（1）标准化笔试。标准化笔试一般说来较易做到评分的客观、公正，不会因为评分者的好恶等主观偏见影响对应聘者能力的评定。标准化笔试主要采用是非、选择等题目形式，可以覆盖较广的知识面，有利于尽量准确地考察应聘者是否具有所需要的知识水平。这种方式使阅卷工作变得较为轻松，甚至还可以采用机器阅卷，省时省力。但是，这种考察方式也具有较大的局限性。由于应聘者在给出的几个答案中进行选择，因此很容易靠猜测蒙对一些题目。更为重要的是，这样限制了人的创造力和发散性思维，不能给应聘者以充分表达见解的机会，也难以体现出他们文字运用的能力。它过多强调人的记忆能力而忽视了对知识的理解和灵活运用。

（2）非标准化笔试。非标准化笔试也称为论文式或开放式笔试。它主要是要求应聘者对一些用问句和叙述句表达的现实和理论问题，用自己的语言写成较长的答案，就像写一篇小型的论文。与标准化笔试不同，它允许应聘者表达个人观点。因此，非标准化笔试也不能说有固定的正确与错误的标准答案之分。所以在评分时，评分者主要根据自己的经验和水平来评定应聘者的观点是否新颖、有创造力，其逻辑严密性、概括能力、推理能力、文字表达能力如何。这些能力在标准化笔试中是难以考察到的，这是非标准化笔试的优势。但是，评分者的评分结果往往带有较大的主观随意性，很容易受到评分者的好恶及其他因素的影响。

标准化笔试和非标准化笔试考察应聘者的能力各有侧重，因此在进行实际选拔时，往往要根据实际情况选择合适的方式，可以只选用一种方式，也可以都用，甚至可以将两者加以融合，以便更好地为选拔目的服务。

笔试是人员招聘的一种重要方法，它的长处在于可以进行一定规模的测试，对知识和能力的考察有较高的信度和效度，所以在企业的招聘中往往是必不可少的。但笔试有很大的局限，招聘者只能通过试卷间接了解应聘者，对其工作态度、品行修养、气质性格等都无法了解，而这些都是人员招聘的一个重要方面。所以仅用笔试是不够的，还应与其他招聘方法结合加以运用。

3．笔试的卷面构成

笔试的卷面构成主要分三种，即客观式笔试、论述式笔试和论文式笔试。

（1）客观式笔试。客观式笔试即以客观型试题为主要试题的笔试，特点是试题涵盖面广、信息量大、可控制笔试过程中的误差。因此，客观式笔试是当今世界主要采取的笔试形式。

客观式笔试主要采用标准化的方法来控制笔试过程中的主观因素，笔试标准化具体包括试题编制的标准化、实施过程的标准化、评分记分的标准化、分数合成的标准化及分数解释的标准化等。标准化将笔试作为一个系统过程，每个环节都要统一标准、严格规范，并对误差做了严格控制。

客观型试题的主要形式是选择题，是让考生从三个以上的答案中选出一个正确或最合适的答案的笔试形式。它是客观笔试的代表性方法，由于它可以用机器阅卷，所以一些国家在测评中甚至全部采用选择题形式。

在我国目前各类笔试中，选择题有以下几种变化形式：① 最佳选择题；② 匹配选择题；③ 组合选择题；④ 多解选择题；⑤ 类推选择题。

（2）论述式笔试。论述式笔试是以论文型试题为主要试题形式，特点是试题灵活、考查内容层次比较深，但是，评分比较困难，也是当今世界主要采取的笔试形式之一。论述式试题根据答题范围，可以分为限制性论述题和扩展性论述题。

1）限制性论述题对于试题答案的形式及范围、长度都做了非常具体的限制。限制性论述题与其他论述题相比较，具有记分较容易和客观的特点，但是由于它对考生作答的范围和方式进行了限制，因此在考察能力方面较适合考察理解、应用等分析能力，而不适合考察综合、评价等能力。

2）扩展性论述题对考生的作答方式和范围限制较少，它给考生以很大的自由，允许考生自己决定答题的形式，让考生有充分自由发挥其综合和评价能力的空间。

根据作答形式，论述题又可分为叙述式、说明式、评价式、批驳式的论述题。① 叙述式论述题就是让考生根据要求，把事情或原理从头到尾记述下来；② 说明式论述题则要求考生用自己的语言解释明白某事、某物、某人；③ 评价式论述题是让考生用所掌握的理论对某事或人等进行价值高低的评定；④ 批驳式论述题要求考生用某种观点批评或否定别人的观点。

论述题适合考察综合评价能力，它是主观性试题的主要代表，在它身上集中体现了主观性试题的长处。设计论述题，要充分发挥它宜于综合考虑，以及能够给考生更大余地以展示才华的优势。

（3）论文式笔试。论文式笔试即以论文型试题为主要试题形式的考试，与客观型试题相比，论文型试题有它独特的特点与功用。

1）第一个特征是要求考生自己提供答案，要求考生自己计划和构思，用自己的语言来表述。回答的长度不是简单的一个名词、短语或符号，而是少则一个句子，多则需要较长时间才可能完成的论文。

2）第二个特征是侧重考生对复杂概念、原理、知识点关系的理解和应用知识解决问题的能力。

3）第三个特征是解答时间较长，试题量受到限制，它要求考生花费相当长的时间组织和表达自己的答案。

上述三种形式的卷面构成对考察应聘者各有所长，如表3-2所示。

表3-2　客观式笔试、论述式笔试和论文式笔试考察项目比较

项　目	论文式	论述式	客观式
（1）能考察理解新奇问题的能力	++	+	++
（2）能考察思维能力	++	+	−−
（3）能考察解决问题的独特能力和创新能力	++	+	−−
（4）能识别一般作文能力和文字表达能力	−−	−	++

续表

项　　目	论 文 式	论 述 式	客 观 式
（5）能了解特定知识及能力	– –	+	+ +
（6）能够按照考试目标制定标准题	– –	–	+ +
（7）能够依据教学内容制定标准题	– –	–	+ +
（8）推测性回答率	+ +	+	– –
（9）计分客观性	– –	–	+ +
（10）能够正确地区别考生之间的实际水平	– –	–	+ +
（11）可以通过机器或其他一般人评分	– –	–	+ +
（12）能快速计分	– –	–	+ +
（13）出题省时间	+	+	–

注：“+”号越多表明效果越理想，“–”号越多则表明取得效果越不理想。

4. 笔试的优势和劣势

（1）笔试的优势。笔试的优势是一次考试能出十几道乃至上百道试题，由于考试题目较多，可以增加对知识、技能和能力的考察信度和效度；可以对大规模的应聘者同时进行筛选，花较少的时间达到高效率；对应聘者来说，心理压力较小，容易发挥出正常水平；同时，成绩评定也比较客观，且易于保存笔试试卷。正是由于上述优点，笔试至今仍是大多数企业经常使用的选择人员的重要方法。

（2）笔试的劣势。笔试的劣势是不能全面考察应聘者的工作态度、品德修养、管理能力、口头表达能力和操作能力等。由于目前笔试操作的局限性和种种原因，造成了考试中屡屡出现高分低能者、冒名顶替者、考场舞弊者等，因此，还需要采用其他选才方法来进行补充。一般来说，在人员招聘中，笔试往往作为应聘者的初次竞争，成绩合格者才能继续参加面试或下轮的选拔。

5. 提高笔试有效性应注意的问题

（1）命题是否恰当。命题是笔试的首要问题，命题恰当与否决定着笔试考核的效度。无论以招聘管理人员和科技人员为目的的笔试，还是以招录普通职员为目的的笔试，其命题都必须既能考核应聘者的文化程度，又能体现出应聘职位的工作特点和特殊要求。命题过难、过易都不利于择优。

（2）确定评阅计分规则。各个考题的分值，应与其考核内容的重要性及考题难度成正比。若分值分配不合理，则总分数不能有效地表示被试者的真正水平。

（3）阅卷及成绩复核。在阅卷和成绩复核时，关键要客观、公平、公正，不徇私情。为此，应防止阅卷人看到答卷人的姓名，阅卷人共同讨论打分的宽严尺度，并建立严格的成绩复核制度及处罚徇私舞弊者的纪律等。

3.4.2 面试

1. 面试的概念和特点

面试是一种经过组织者精心设计，在特定场景下，以考官对考生的面对面交谈与观察为主要手段，由表及里测评考生的知识、能力、经验等有关素质的一种考试活动。面试是企业挑选职工的一种重要方法。面试给企业和应聘者提供了进行双向交流的机会，能使企业和应聘者之间相互了解，从而双方可更准确地做出聘用与否、受聘与否的决定。

那么，如何理解面试的概念呢？在这里，“精心设计”的特点使它与一般性的面谈、交谈、谈话相区别。面谈与交谈，强调的只是面对面的直接接触形式与情感沟通的效果，它并非经过精心设计。“在特定场景下”的特点，使它与日常的观察、考察测评方式相区别。日常的观察、考察，虽然也少不了面对面的谈话与观察，但那是在自然情景下进行的。“以面对面交谈与观察为主要手段、由表及里测评”的特点，不但突出了面试问、听、察、觉、析、判的综合性特色，而且使面试与一般的口试、笔试、操作演试、情景模拟、访问调查等人才素质测评的形式也区别开来了。口试强调的只是口头语言的测评方式及特点，而面试还包括对非口头语言行为的综合分析、推断及直觉判断。“有关素质”说明了面试的功能并非是万能的，在一次面试当中，不可能面面俱到去测评人的一切素质，要有选择地针对其中一些必要的素质进行测评。

具体来说，面试的特点主要有：

（1）面试以谈话和观察为主要手段。谈话是面试过程中的一个非常重要的手段。在面试过程中，主考官向应聘者提出各种问题；应聘者要对这些问题进行回答，主考官能否正确地把握提问技巧十分重要。他不仅可以直接地、有针对性地了解应聘者某一方面的情况或素质，而且对于驾驭面试进程，营造良好的面试氛围，都有重要影响。

观察是面试过程中的另一个主要手段。在面试中，要求主考官善于运用自己的感官，特别是视觉，观察应聘者的非语言行为，能指明应聘者的行为类型，进而借助于应聘者的表象层面推断其深层心理。对应聘者非语言行为的观察，主要有面部表情的观察和身体语言的观察。

（2）对象的单一性。面试的方式有个别面试与集体面试两种。在集体面试中，几个考生可以同时坐在考场中，但主考官不是同时分别考不同的考生，而一般是逐个提问逐个测评。即使在面试中引入辩论、讨论，评委们也是逐个提问和观察的。这是因为，面试的问题一般要因人而异，测评的内容主要侧重于个别特征，同时进行会相互干扰。

（3）内容的灵活性。由于单位时间内面试对象是单一的，因此面试的具体内容可以自由调节。面试的问题虽然事先可以设计一番，准备很多试题，但是绝不会向所有考生都提同样的问题，按同样的步骤与内容进行。实际上面试的问题可多可少，视所获得的信息是否足够而定；同一问题可深可浅，视主试人的需要而定；所提的问题可异可同，视应聘者的情况与面试要求而定。因此，面试的时间可长可短。但就目前一般情况来看，面试时间大多为 30 分钟左右，一般提 10 个问题。

面试内容的灵活变化也是必要的。首先，面试内容因工作岗位不同而无法固定，岗位不同，其工作性质、职责及任职资格与要求也就不同；其次，应聘者的经历、背景不尽相同，因而所提问题及回答要求就应该有所区别；最后，同一个问题，每个应聘者回答的方式与内容不尽相同，主考后续的提问就应该针对应试回答的情况变化而变化。

（4）信息的复合性。与测验、量表等测评方式不同，面试对任何信息的确认都不是通过单一的视（眼）、听（耳）、想（脑）等信息通道进行，而是通过对应聘者的问（口）、察（眼与脑）、听（耳）、析（脑）、觉（第六感官）综合进行的。也就是说，对于同一素质的测评，既注意收集它的语言形式信息，又注意它的非语言形式的信息，这种信息复合性增强了面试的可信度。主考官可以对应聘者的口头表达能力、为人处世能力、操作能力、独立处理问题的能力及举止仪表、气质风度、兴趣爱好、脾气秉性、道德品质等做出全面考察。因此，面试是一种综合性考试。

（5）交流的直接互动性。与笔试、观察评定不同，面试中应聘者的回答及行为表现与应聘者的评判是相连接的，中间没有任何中介转换形式。面试中应聘者与主考官的接触、交谈、观察也是相互的，是面对面进行的。主客体之间的信息交流与反馈也是相互的。而笔试与观察评定中，却对命题人、评分人严加保密，不让应聘者知道。这种直接性提高了应聘者与主考官间相互沟通的效果与面试的真实性，同时也了解了许多笔试中了解不到的信息，增加了人情味。此外，面试中应聘者与考官发出的信息具有相互影响性。

（6）判断的直觉性。其他的测评大多数是理性的逻辑判断与事实判断，面试的判断却带有一种直觉性。它不仅仅依赖于应聘者严谨的逻辑推理与辩证思维，而往往包括很大的印象性、情感性及第六感觉特点。我们常常一见某人便觉察出了他的某一素质特点，却又说不出个所以然。

（7）面试时间的持续性。面试与笔试有一个显著区别，面试不是在同一时间展开，而是逐个进行的，笔试则不论应聘人数的多少，均可在同一时间进行，甚至不受地域的限制。

2. 面试的内容和类型

（1）面试的内容。一般来说，主要有：

1）仪表风度。这是指应聘者的体型、外貌、气色、衣着举止、精神状态等。

2）求职的动机与工作期望。了解应聘者为何希望来本企业工作，对哪类工作最感兴趣，在工作中追求什么，判断本企业所能提供的职位或工作条件等能否满足其工作要求和期望。

3）专业知识与特长。了解应聘者掌握专业知识的深度和广度，其专业知识更新是否符合所要录用职位的要求，作为对专业知识笔试补充。面试对专业知识的考察更具灵活性和深度，所提问题也更接近空缺岗位对专业知识的需求。

4）工作经验。应聘者以往的经历及其责任感、思维能力、工作能力等。

5）工作态度。一是了解应聘者对过去学习、工作的态度；二是了解其对现应聘职位的态度。在过去学习或工作中态度不认真，做什么、做好做坏无所谓的人，在新的工作岗位也很难勤勤恳恳、认真负责。

6）事业心、进取心。事业心、进取心强烈的人，一般都确立有事业上的奋斗目标，并为之而积极努力。表现在努力把现有工作做好，且不安于现状，工作中常有创新。事业心不强的人，一般都安于现状，无所事事，不求有功，但求无过，对什么事都不热心。

7）语言表达能力。面试中应聘者是否能够将自己的思想、观点、意见或建议顺畅地用语言表达出来。考察的具体内容包括表达的逻辑性、准确性、感染力、音质、音色、音量、音调等。

8）综合分析能力。面试中，应聘者是否能对主考官所提出的问题，通过分析抓住本质，并且做到说理透彻、分析全面、条理清晰。

9）反应能力。主要看应聘者对主考官所提的问题理解是否准确及回答的迅速性、准确性等，对突发问题的反应是否机智敏捷、回答恰当，对意外事情的处理是否得当、妥当等。

10）自控能力。自控能力对国家公务员及许多其他类型的工作人员（如企业的管理人员）显得尤为重要。一方面，在遇到上级批评指责、工作有压力或是个人利益受到冲击时，能够克制、容忍、理智地对待，不致因情绪波动而影响工作；另一方面工作要有耐心和韧劲。

11）人际关系。在面试中，通过询问应聘者经常参与哪些社团活动，喜欢同哪种类型的人打交道，在各种社交场合所扮演的角色，可以了解应聘者的人际交往倾向和与人相处的技巧。

12）精力与活力。精、气、神的表现。

13）兴趣与爱好。应聘者休闲时爱从事哪些运动，喜欢阅读哪些书籍，喜欢什么样的电视节目，有什么样的嗜好等，可以了解应聘者的兴趣与爱好，这对录用后的工作安排有好处。

（2）面试的类型。一般来说，有以下几种基本类型：

1）从操作模式上划分。

- 问答基本式面试。问答基本式面试是指以单一的问答形式进行的面试。
- 综合操作式面试。综合操作式面试是指以问答形式为基础，把交谈、辩论、讨论、演讲、情景模拟、实践操作等形式结合进来的面试形式。

2）从面试氛围设计上划分。

- 压力面试。压力面试是事先给应聘者营造一种紧张的氛围，使应聘者一进门便处于“恐怖”氛围中，接着主考官穷追不舍地究问到底，不但问得切中要害而且常使应聘者处于进退两难的境地，甚至处于无法回答的地步。其目的是要把应聘者“考倒”，以此考查其机智程度、应变能力、心理承受能力及自我控制能力等心理素质。
- 非压力面试。非压力面试是在轻松的环境中进行的面试。

3）从操作规范程度上划分。

- 结构面试。结构面试，有时又称标准化面试。这种面试对整个面试的实施、提问内容、方式、时间、评分标准等过程因素，都有严格的规定，主考官不能随意变动。
- 随意面试。随意面试则对面试的形式、内容事先无任何规定，一切均由主试人“因地制宜”“因人制宜”。
- 半结构面试。半结构面试则介于结构面试与随意面试两者之间，事先只是大致规定面试的内容、方式、程序等，允许主考官在具体操作过程中根据实际情况做些调整。

4）从应聘者多少划分。

- 小组面试。小组面试是指人数在2人以上，一般共同面试、当场打分、当场讨论。
- 依序面试。依序面试的顺序是先进行初试，再进行复试。初试由人力资源部主持，主要考查应聘者的仪表风度、工作态度、责任感、应变能力等一般素质，并将那些明显不合格的应聘者淘汰。复试则由用人部门主持，主要考查应聘者的专业特长、知识技能等与职位有关的专业素质。

- 逐步面试。逐步面试是一种个人面试形式，不是小组面试。它与依序面试相反，先由基层领导面试，侧重考查职位专业技能与知识，合格后再推荐给中层领导接受能力与品德等素质的面试，合格者再由中层领导推荐给高层领导进行全面考查性面试。这种面试适合于重要职位人选的面试。

3. 面试的优势和劣势

（1）面试的优势。面试与其他招聘方法相比，具有以下优势：

1）可以有效地避免高分低能者或冒名顶替者入选。一般来说，笔试是严谨的，成绩高者其能力也高，但是，由于目前笔试方式操作的局限性，考试中高分低能者、冒名顶替者在所难免。

2）可以弥补笔试的失误。测验或问卷等笔试，有的人因误解、学习条件差、转行或紧张等原因而没有发挥好，如果仅以笔试成绩为录用依据，那么这些人就没有机会被录用了。如果再采用面试形式，则这些人有机会再次表现。

3）可以考查笔试与观察中难以测评到的内容。笔试以文字为媒介来测评人的素质水平，即以文观人。但有些内容是文字无法实现的，如仪表、风度、口头表达能力、反应快慢等。有些素质虽然可以通过文字形式来表达，但因为应聘者的掩饰行为或某种困惑而无法表达，这些都可以通过面试来测评。

4）可以灵活、具体、确切地考查一个人的知识、能力、经验及品德特征。由于面试是一种互动可控的测评方式，测评的主动权主要控制在主考官手里，测评要深即深，要浅即浅，具有很大的灵活性、调节性与针对性，而笔试、情景模拟与观察评定均不如面试。

如果在面试中引入某些情景模拟或任务操作，还可以考察到一些实际工作的能力。

（2）面试的劣势。面试是一种操作难度较高的测评形式，随意性较大，一般人难以掌握，如果没有掌握面试的程序和缺乏面试的技巧，就很难达到面试应有的效果。一般来说，面试的劣势主要表现在以下几点：

1）时间较长。面试时，一个应聘者往往要由几个主考官来进行测试。一次面试短则几分钟，长则半天。因此，如果大规模的人员招聘运用面试，效果就不会理想。另外，如果面试时间太短，难以获得足够的信息，面试也就失去了意义。

2）费用比较高。因为面试需要聘请专家，而且时间比较长，这样面试的费用就不得不增加。

3）可能存在各种偏见。面试的数据是由主考官给出的，因此偏见在面试中是不可能完全排除的障碍。

4）不容易数量化。面试数据往往可以定性，但不容易定量，因此在统计的时候比较困难。

5）测试的有效性和可靠性不甚确定。对雇用面试所做的长时间研究表明，如果没有足够的细心，面试可能是不可靠的，而且效度也会很低。

4．面试的基本步骤

（1）面试前的准备阶段。主要内容包括：①确定面试的目的；②科学地设计面试问题；③选择合适的面试类型；④确定面试的时间和地点。面试考官要事先确定需要面试的事项和范围，写下提纲。在面试前要详细了解应聘者的资料，发现应聘者的个性、社会背景、对工作的态度、是否有发展潜力等。

（2）面试开始阶段。面试时应从应聘者可以预料到的问题开始发问，如工作经历、文化程度等，然后再过渡到其他问题，以消除应聘者的紧张情绪。只有这样才能创造和谐的面谈氛围，有利于观察应聘者的内外表现，以求全面客观地了解应聘者。

（3）正式面试阶段。采用灵活的提问和多样化的形式交流信息，进一步观察和了解应聘者。此外，还应该察言观色，密切注意应聘者的行为与反应，对所问的问题、问题间的变换、问话时机及对方的答复都要多加注意。所提问题可根据简历或应聘申请表中发现的疑点，先易后难逐一提出。

（4）结束面试阶段。在面试结束之前，在面试考官确定问完所有预计的问题之后，应该给应聘者一个机会，询问应聘者是否有问题要问，是否有要加以补充或修正错误之处。不管录用还是不录用，均应在友好的氛围中结束面试。如果对某一对象是否录用有分歧意见时，不必急于下结论，还可安排第二次面试，同时，整理好面试记录表。

（5）面试评价阶段。面试结束后，应根据面试记录表对应聘者进行评估。评估可采用评语形式评估，也可采用评分式评估。评语式评估的特点是可对应聘者的不同侧面进行深入评价，反映出每个应聘者的特征，但缺点是应聘者之间不能进行横向比较。评分式评估则是对每个应聘者相同的方面进行比较，其特点正好与评语式评估相反。

5．面试常见偏差及解决办法

（1）面试常见的四种偏差如下：

1）第一印象及晕轮效应。由于应聘者外表或紧张而出现的下意识的言行往往给面试考官留下难以抹去的第一印象，影响下一步的发问及评价。

相关链接

晕轮效应（The Halo Effect）又称光环效应，属于心理学范畴，晕轮效应指人们对他人的认知判断首先是根据个人的好恶得出的，然后再从这个判断推论出认知对象的其他品质的现象。如果认知对象被标明是“好”的，他就会被“好”的光圈笼罩着，被赋予一切好的品质；如果认知对象被标明是“坏”的，他就会被“坏”的光圈笼罩着，他所有的品质都会被认为是坏的。

所谓“晕轮效应”，就是“以点代面”，从某一优点或缺陷出发去评价应聘者的其他方面。例如，应聘者面试开始前的一个愉快的微笑或坚定的握手在面试考官心目中留下“此人不错”的印象，从而忽略了对他弱点的发现和分析。也可能一位不修边幅的应聘者一开始就给人留下了“此人不怎么样”的印象而处处被挑剔。

2）面试考官支配与诱导。有时面试考官利用面试做过分的宣传、自夸或以社会性的交谈代替面试。例如，花费全部时间告诉应聘者有关公司的计划或福利，利用面试告诉应聘者这个职务很重要等。还有一些面试考官利用诱导式问题泄露期望的回答，如“你认为你会喜欢这一工作吗？”

3）个人好恶及偏见。由于个人标准不同，往往对同一应聘者，面试考官给予截然不同的评价。一个典型的研究表明：对一个想从事销售工作的应聘者，12位主持面谈的销售专家对此人评价存在很大差异，其中一位专家将应聘者列在适合这项工作的第一位，而另一位专家竟把他排在最后。

4）相对标准。面试考官通常接待许多应聘者，他们对应聘者的评价往往以他们以前面试过的那些人的特征为标准。例如，一个面试考官接连与几个很不理想的应聘者进行面谈后，在见到一个一般水平的应聘者时，往往会认为很出色而高估其水平，但如果接连同几个条件很好的应聘者面谈后，会认为一个一般水平的应聘者很差。

（2）面试偏差的解决办法。

1）运用面试的主要对策。① 不要大规模地运用面试，也就是说面试的人数不要太多，否则会使面试考官感到疲倦，而使面试的测评结果前后不一致。② 在面试前不要让面试考官了解太多有关应聘者的资料，因为这样会使面试考官造成种种偏见，不利于面试的进行。③ 要运用一个有程序的结构形式，而不要运用一个没有程序的散漫形式，这样才能够自始至终比较一致地对每个应聘者进行面试。④ 在面试时要尽量提与工作有关的问题，主要包括工作的知识、人际关系、心理素质等。⑤ 运用标准的评分表。在面试以前，首先应该制定好客观的标准答案，在面试时就要运用标准的评分表来给每个应聘者进行评分。⑥ 要及时记录每位应聘者的表现。有人认为应当在面试结束以后，再对每个应聘者进行评分。其实这时已经遗忘了很多信息，因此只有一边面试，一边记录才能够把全部信息尽可能多地记录下来。⑦ 运用一块面试控制板，把主要的要点、目标、要求、程序、需要提的问题写在一块板上或一张纸上，这样就能够保证面试规范化。

2）提高面试效果的注意事项。① 紧紧围绕面试的目的，这一点十分重要。有的面试考官在面试时，往往会岔开主题，这样就达不到目标，有时候应聘者也会主动或无意识地把目标引开。② 制造和谐的气氛。一般来说，面试的气氛较和谐，了解的信息比较准确。除非为了了解在压力状态下应聘者的心理素质，这时可以制造一些紧张的氛围。在一般情况下，尽可能在面试刚开始时与应聘者拉家常，缓解面试的紧张气氛，使应聘者在从容不迫的情况下，表现出其真实的心理素质和实际能力。③ 避免重复谈话。面试应该规定一个基本的时间界限，不要一次面试拖好几小时，这样既影响了以后的面试，又使面试的内容不易集中。④ 避免过于自信。有些面试考官过分自信，自己认为怎么样，思想上已经有个定式，不管应聘者反应如何，他都根据自己事先已经考虑好的东西去判断，这样就会造成失误。⑤ 对每个应聘者前后要一致，不能先紧后松，或者先松后紧，这种现象在面试时经常会出现。⑥ 对应聘者要充分重视。有时面试考官在面试中会表现出对面试考官一种漫不经心的态度，这样就会使被试者感觉到自己受冷落，会不积极地反映，这样就不能了解被试者真正的心理素质和潜在能力。⑦ 提问时围绕主题。问的问题尽量要与工作有直接的关系，不要问与工作无关的问题，这样才能够紧紧围绕面试的目标。⑧ 要防止相似性错误。相似性错误就是指当听到应聘者某种背景和自己相似时，就对他产生好感和同情。例如，听到应聘者与自己是同乡或校友，就产生一种相似的感觉。因此考官在面试时要尽量防止被“与我相似”的因素影响。⑨ 避免刻板印象。刻板就是指有时对某个人产生一种固定的印象。例如，一听到老年人，马上就认为这是一种保守的人，认为穿牛仔裤的人一定是思想开放的人。这种刻板印象往往会影响面试考官客观、准确地评价应聘者。⑩ 注意非语言行为。应聘者往往事先做过充分准备，讲话的时候往往把最好的一面反映出来，但是要真正了解应聘者的心理素质，有时应该很仔细地观察应聘者的非语言行为，这里面包括他的表情、动作、语调等。⑪ 防止不必要的误差。有时因为面试考官对面试工作不熟练，或者没有面试经验，往往会造成不必要的误差。⑫ 注意第一印象。一般来说，应聘者在参加面试时都进行了刻意打扮和充分准备，所以给面试考官留下的第一印象都比较好。但是第一印象可能是正确的，也可能是不正确的，因此要防止第一印象的影响，这样才能比较客观地判断和评价应聘者。

6．面试提问时应注意的问题

（1）避免提出引导性的问题。例如，“当你接受一项很难完成的任务时，会感到害怕吗？”“你不介意加班，是吗？”“你经常提出建设性的意见吗？”不要让应聘者了解你的倾向、观点和想法，以免应聘者为迎合你而掩盖他真实的想法。

（2）有意提出一些矛盾的问题，引导应聘者做出可能矛盾的回答，来判断应聘者是否在面试中隐瞒了真实情况。

（3）面试中非常重要的一点是了解应聘者的求职动机，这是一件比较困难的事，因为一些应聘者往往把自己真正的动机掩盖起来。但可以通过他的离职原因、求职目的、个人发展、对应聘职位的期望等方面综合起来加以考察和判断。如果应聘者属于高职低求、高薪低求，离职原因讲述不清或频繁离职，则须引起注意。

（4）所提问题要直截了当、语言简练，有疑问可马上提出，并及时做好记录。并且，不要轻易打断应聘者的讲话，对方回答完一个问题，再问第二个问题。

（5）面试中，除了要倾听应聘者回答问题，还要观察他的非语言行为，如脸部表情、眼神、姿势、讲话的声调语调、举止，从中可以反映出对方的一些个性、诚实度、自信心等情况。

3.4.3 心理测验

1．心理测验的含义

心理测验，又称心理测试或心理测评，它是通过一系列手段，将人的某些心理特征数量化，来衡量应聘者的智力水平和个性方面差异的一种科学测量方法，其结果是对应聘者的能力特征和发展潜力的一种评定。

2. 心理测验的基本类型

（1）能力测验。能力测验是用于测定从事某项特殊工作所具备的某种潜在能力的一种心理测试。由于这种测试可以有效地测量人的某种潜能，从而预测他在某职业领域中成功和适应的可能性，或者判断哪项工作适合他。能力测验的作用体现在：什么样的职业适合某人；为胜任某职位，什么样的人最合适。因此它对人员招聘与配置都有重要意义。

能力测验的内容一般可分为：① 普通能力倾向测验。其主要内容有思维能力、想象能力、记忆能力、推理能力、分析能力、数学能力、空间关系判断能力、语言能力等。② 特殊职业能力测验。它是指那些特殊的职业或职业群的能力。测试职业能力的目的在于：测量已具备工作经验或受过有关培训的人员在某些职业领域中现有的熟练水平；选拔那些具有从事某项职业的特殊潜能，并且能在很少或不经特殊培训就能从事某种职业的人才。③ 心理运动机能测验。其主要包括两大类：一是心理运动能力，如选择反应时间、肢体运动速度、四肢协调、手指灵巧、手臂稳定、速度控制等；二是身体能力，包括动态强度、爆发力、广度灵活性、动态灵活性、身体协调性与平衡性等。在人员招聘中，对这部分能力的测试一方面可通过体检进行，另一方面可借助于各种测试仪器或工具进行。

（2）人格测验。所谓人格，由多种人格特质构成，大致包括体格与生理特质、气质、能力、动机、价值观与社会态度等。人格对工作成就的影响是极为重要的，不同气质、性格的人适合于不同种类的工作。对于一些重要的工作岗位如主要领导岗位，为选择合适的人才，需要进行人格测试。因为领导者失败的原因，往往不在于智力、能力和经验不足，而在于人格的不成熟。

人格测验的目的是为了了解应聘者的人格特质。根据心理学家对人格的划分不同，测试的类型也不同。一般可以将人格分为 16 类：乐观型、聪慧型、稳定型、恃强型、兴奋型、持久型、敢为型、敏感型、怀疑型、幻想型、世故型、忧虑型、实验型、独立型、自律型和紧张型。

（3）兴趣测验。职业兴趣提示了人们想做什么和喜欢什么，从中可以发现应聘者最感兴趣并从中得到最大满足的工作是什么。如果当前所从事的工作与其兴趣不相符合，那么就无法保证他会尽职尽责、全力以赴地去完成本职工作。在这种情况下，不是工作本身，更可能是高薪或社会地位促使他们从事自己并不热衷的职业。而且，一个有强烈兴趣并积极投身本职工作的人与一个对其职业毫无兴趣的人相比，工作态度与工作绩效是截然不同的。

如果能根据应聘者的职业兴趣进行人事合理配置，则可最大限度地发挥人的潜力，保证工作的圆满完成。根据心理学家对兴趣划分的不同，测试的类型也不同。一般将人们的兴趣分为 6 类：现实型、智慧型、常规型、企业型、社交型和艺术型。

（4）成就测验。主要用于测量个人或团体经过某种正式教育或训练之后对知识和技能掌握的程度。因为所测得的主要是学习成就，所以称作成就测验。

3. 心理测验的方法和技术

（1）知识测评。心理测验在知识测评中的应用形式，实际是教育测验，亦称笔试。用笔试测评知识，可从记忆、理解、应用三个层次上进行。常用题型包括供答型、选答型与综合型。填空题、名称解释、简答题、论述题、证明题、计算题等都是供答题；判断题、多选题、搭配题等都属于选答型。改错题、一般的列举题则介于供答和选答之间，属于综合型。

试题编排是组织试卷中关键性的工作。目前试题编排的方法有三种：一是按难度编排，先易后难；二是按题型编排，同类试题放在一起，先客观性试题后主观性试题；三是按内容编排，同类内容放在一起，并按知识本身逻辑关系编排，先基本概念后方法原理。比较可取的方法是第一种方法与后两种方法结合使用，将第一种方法与第二种方法相结合使用可以先按题型编排，在同一题型内再按先易后难的顺序排列。将第一种方法与第三种方法结合使用可以先按内容编排，在同一内容中再按难度排列，先易后难。

（2）技能测评。技能测评是对人的技能素质的测评。这里介绍智力测验和能力倾向测验两种心理测验方法。

1）智力测验。研究发现，在同一职业中，聪明的人比愚笨的人学得快，做得好。不同职业对人的智力要求也不尽相同，如飞行员、律师、工程师等职务要求较高的智商。因此，智力测验可以用来甄选各种职业的工作者。

2）能力倾向测验。所谓能力倾向，是一种潜在和特殊的能力，是一些对于不同职业的成功，在不同程度上有所贡献的心理因素。它与经过学习训练而获得的才能是有区别的，它本身是一种在接受教育训练前就存在的潜能。能力倾向是事业成功发展的可能性，为人员甄选、职业设计与开发提供科学依据。

普通能力倾向成套测验，简称GATB，最初由美国劳工部于20世纪30年代研制而成。这套测验主要是对多种职业领域中工作所必需的几种能力倾向的测评。它由15种分测验构成。其中11个为纸笔测验，4个为操作测验：① 工具匹配；② 名词比较；③ 计算；④ 画纵线；⑤ 平面图判断；⑥ 打点速度；⑦ 立体图判断；⑧ 算术应用；⑨ 语义；⑩ 打Ⅱ记号；⑪ 形状匹配；⑫ 插入；⑬ 调换；⑭ 组装；⑮ 分解（最后4个为操作测验）。这15个分测验可以测评智能（一般学习能力）、言语、数理、书写知觉、空间判断、形状知觉、运动协调、手指灵活、手腕灵巧度9种能力。

（3）品德测评。随着高科技物化为第一生产力的发展，使许多职业与职位对任职者的体力和智能要求降低了，但品德素质要求却提高了。例如，商场的售货员不再要求高超的心算速算能力，却要求更高的服务质量——主动热情、耐心周到、举止文雅、工作认真。因此，品德测评在人员招聘中日趋重要。

采用问卷测验形式测评品德，是一种实用、方便、高效的方法。这种形式的代表有卡特尔16因素个性问卷、艾森克个性问卷、明尼苏达多相个性问卷等。

相关链接

卡特尔16因素个性问卷（16PF）。

因素A　乐群性

低分数特征（以下简称“低”）：缄默、孤独、冷淡

高分数特征（以下简称“高”）：外向、热情、乐群

因素 B 聪慧性

低：思想迟钝，学识浅薄，抽象思考能力弱

高：聪明，富有才识，善于抽象思考

因素 C 稳定性

低：情绪激动，易烦恼

高：情绪稳定而成熟，能面对现实

因素 E 恃强性

低：谦逊、顺从、通融、恭顺

高：好强、固执、独立、积极

因素 F 兴奋性

低：严肃、审慎、冷静、寡言

高：轻松兴奋、随遇而安

因素 G 有恒性

低：苟且敷衍，缺乏奉公守法的精神

高：有恒负责，做事尽职

因素 H 敢为性

低：畏怯退缩，缺乏自信心

高：冒险敢为，少有顾虑

因素 I 敏感性

低：理智、注重现实、自恃其力

高：敏感、感情用事

因素 L 怀疑性

低：依赖随和，易与人相处

高：怀疑、刚愎、固执己见

因素 M 幻想性

低：现实、合乎成规，力求妥善合理

高：富于幻想的、狂放任性的

因素 N 世故性

低：坦白、直率、天真

高：精明、能干、世故

因素 O 忧虑性

低：安详、沉着，通常有自信心

高：忧虑忧郁、烦恼自扰

因素 Q1 实验性

低：保守、尊重传统观念与行为标准

高：自由、批判激进、不拘泥于现状

因素 Q2 独立性

低：依赖、随群附和

高：自立自强、当机立断

因素 Q3 自律性

低：矛盾冲突、不顾大体

高：知己知彼、自律严谨

因素 Q4 紧张性

低：心平气和、闲散宁静

高：紧张困扰、激动挣扎

这16种因素的具体内容，就是我们所说的品德特征。因此，可以说卡特尔16种因素个性问卷实际上就是16个品德素质的问卷测验。

卡特尔16因素测验，共187个问题，每种品德素质测验由10～13个问题组成，每个问题后附有a、b和c三个选项。

卡特尔16因素测验不计时间，高中以上文化水平的人应在1小时左右完成。

要求以直觉性反应作答，实事求是，无须思考与拖延时间。每个题只可以在a、b和c中选一个，不能遗漏任何题。

卡特尔16因素测验，不仅能够测验应聘者16个独立品德因素各自水平的高低，而且通过其中部分因素的组合，还能推测出其他品德素质的水平。例如，成功者的品德素质：知己知彼、自律严谨（高Q3），有恒负责（高G），情绪稳定（高C），好强、固执（高E），精明能干、世故（高N），自立自强、当机立断（高Q2），自由、批判激进（高Q1）。

卡特尔16PF的推算公式为：$Q3\times2+G\times2+C\times2+E+N+Q2+Q1=$成功者品德素质分数。当得分在67分以上时，成功的可能性就非常大。

（4）气质测评。气质是个体中那些与神经过程的特性相联系的行为特征，是个体心理活动和外显动作中所表现的某些关于强度、灵活性、稳定性与敏捷性等方面的心理特征综合。它表现在情绪和情感的发生速度、向外表现的强度，以及动作的速度与稳定性方面。

神经活动类型学说根据神经活动的方向和特征，把人的气质划分为兴奋型（胆汁质）、活泼型（多血质）、安静型（黏液质）和抑制型（抑郁质）四种（见表3-3）。

表3-3 气质类型及其特征

气质类型	特 征
胆汁质	直率，热情，精力旺盛，情绪易冲动，心境变化剧烈，具有外倾性
多血质	活泼，好动，敏感，反应迅速，喜欢与人交往，注意力容易转移，兴趣容易变换，具有外倾性
黏液质	安静，稳重，反应缓慢，沉默寡言，情绪不易暴露，注意力稳定难于转移，善于忍耐，具有内倾性
抑郁质	孤僻，行动迟缓，善于观察细小事物，情感发生较慢但持续很久，体验深刻，具有内倾性

气质测评目前主要采取问卷测验法。下面是一份在我国比较流行的气质测验问卷。

指导语： 下面 60 道题可以帮助你大致了解自己的气质类型。在回答这些问题时，要实事求是。看清题目后，你认为很符合自己情况的，记 2 分；比较符合的，记 1 分；介于符合和不符合之间的，记 0 分；比较不符合的记–1 分；完全不符合的记–2 分。

1）做事求稳妥，不做无把握的事。

2）遇到气人的事就怒不可遏，想把心里话全说出来才痛快。

3）宁可一个人干事，不愿很多人在一起。

4）到一个新环境很快就能适应。

5）厌恶那些强烈的刺激，如尖叫、噪声、危险镜头等。

6）和别人争吵时，总是先发制人，喜欢挑衅。

7）喜欢安静的环境。

8）善于和人交往。

9）羡慕那些善于克制自己感情的人。

10）生活有规律，很少违反作息制度。

11）在多数情况下情绪是乐观的。

12）碰到陌生人觉得很拘束。

13）遇到令人气愤的事，能很好地自我克制。

14）做事总是有旺盛的精力。

15）遇到问题常常举棋不定、优柔寡断。

16）在人群中不觉得过分拘谨。

17）在情绪高昂时，觉得干什么都有趣；情绪低落时，又觉得干什么都没意思。

18）当注意力集中于一事物时，别的事物就很难分心。

19）理解问题总比别人快。

20）碰到危险情景时，常有一种极度恐怖感。

21）对学习、工作、事业怀有很高热情。

22）能够长时间做单调、枯燥的工作。

23）符合兴趣的事情，干起来劲头十足，否则就不干。

24）一点小事就能引起情绪波动。

25）讨厌做那种需要耐心、细致的工作。

26）与人交往不卑不亢。

27）喜欢参加热烈的活动。

28）爱看感情细腻、描写人物内心活动的文学作品。

29）工作时间长了，常感到厌倦。

30）不喜欢长时间谈论一个问题，愿意实际动手干。

31）宁愿侃侃而谈，不愿窃窃私语。

32）别人说自己时总是闷闷不乐。

33）理解问题常比别人慢些。

34）疲倦时只要短暂的休息就能精神抖擞，重新投入工作。

35）心里有事，宁愿自己想，不愿说出来。

36）认准一个目标就希望尽快实现，不达目的，誓不罢休。

37）和别人同样学习、工作一段时间后，常比别人更疲倦。

38）做事有些莽撞，常常不考虑后果。

39）别人讲授新知识、技术时，总希望他讲慢些，多重复几遍。

40）能够很快地忘记那些不愉快的事情。

41）做作业或完成一件工作总比别人花的时间多。

42）喜欢运动量大的剧烈活动，或者参加各种文体活动。

43）不能很快地把注意力从一件事转移到另一件事上去。

44）接受一个任务后，就希望把它迅速完成。

45）认为墨守成规比冒风险强些。

46）能够同时注意几件事物。

47）当烦闷时，别人很难使自己高兴起来。

48）爱看情节起伏跌宕、激动人心的小说。

49）对工作抱有认真严谨、始终如一的态度。

50）和周围人的关系总是处不好。

51）喜欢复习学过的知识，重复自己已掌握的工作。

52）希望做变化大、花样多的工作。

53）小时候会背的诗歌，似乎比别人记得清楚。

54）别人说自己“出语伤人”，可自己并不觉得这样。

55）在学习活动中，常因反应慢而落后。

56）反应敏捷，头脑机智。

57）喜欢有条有理不甚麻烦的工作。

58）兴奋的事常常使我失眠。

59）别人讲新概念，我常常听不懂，但是弄懂以后就很难忘记。

60）假如工作枯燥无味，马上就会情绪低落。

确定气质类型的方法：

① 将每题得分填入表 3-4 相应得分栏内。

② 计算每种气质类型的总的分数。

③ 气质类型的确定。如果某类气质得分明显高出其他三种，均高出 4 分以上，则可定为该类气质。此外，如果该类气质得分超过 20 分，则为典型型；如果该类气质得分超过 10～20 分，则为一般型。如果两种气质类型得分接近，其差异低于 3 分，而且又明显高于其他两种，高出 4 分以上，则可定为两种气质的混合型。如果三种气质得分均高于第四种，而且接近，则为三种气质的混合型。

表 3-4 气质类型测评表

胆汁质	题号	2	6	9	14	17	21	27	31	36	38	42	48	50	54	58	总分
	得分																
多血质	题号	4	8	11	16	19	23	25	29	34	40	44	46	52	56	60	总分
	得分																
黏液质	题号	1	7	10	13	18	22	26	30	33	39	43	45	49	55	57	总分
	得分																
抑郁质	题号	3	5	12	15	20	24	28	32	35	37	41	47	51	53	59	总分
	得分																

4．心理测验应注意的问题

（1）要注意对应聘者的隐私加以保护。应聘者的各项能力、人格特征和兴趣特征属于应聘者的个人隐私。在未征得应聘者同意之前，不能公布应聘者的心理测试结果。如果应聘者未通过心理测试，招聘人员应该将测试结果报告退还给应聘者。

（2）要有严格的程序。从心理测试的准备，到心理测试的实施，以至最后的心理测试结果的评判，都要遵循严格的程序来进行。负责人必须经过专业的心理测试培训，必要时，可请专业人员协助工作。

（3）心理测试的结果不能作为唯一评定依据。这种评定结果根据企业的具体情况不同，在企业决策时，参考的程度不同。心理测试可以和面试、笔试等方式同时进行，结合多种方法，做出客观评价。

3.5 常见的招聘误区

引导案例 3-5

招聘中的新误区

误区一：不能做到因地制宜、因人而宜

曾经有这样一家外资企业，提出需要招聘两名门卫，该职位的工作时间为 24 小时，工作一天休息一天，超出法定工作时间的，按有关规定支付加班工资。这种上班方式完全照般了该公司在上海分公司的用工模式。相对而言，上海拥有大批外来打工族，应聘者的目的就是多打工、多挣钱。而就本地劳动力资源而言，应聘者可能对工作时间的长短更为关注，他们不愿意从事工作时间过长的工作。

误区二：把企业描述得越好，招聘越有效

在招聘过程中，招聘方总是刻意或在不经意间，把企业描述得比现实更好一些，甚至一些企业在招聘的时候，讲得天花乱坠令人神往。实际上，这样招聘并不能起到预期的效果。

应聘者可能会在短时间内被这种描述所吸引，但是在企业中试用 2～3 天后，应聘者就会根据他所看到、听到、感受到的信息对企业重新进行评价。当他感受到的情况与招聘时企业所描述的有很大不同时，可能就会选择立即离职。

误区三：测评误差

很多企业制定了招聘的标准，但是在招聘过程中，却不能分辨出哪些人是企业想要的，哪些人不是企业想要的，这就是在招聘过程中没有标准、没有量化的结果。企业通过感性决策确定用人标准，造成了测评误差。

误区四：刻板印象

刻板印象就是指有时对某个人产生一种固定的印象。例如，一听到老年人，马上就认为这是一类保守的人；一看到有文身的人则认为其一定是思想开放的人。这种刻板印象往往会影响主考官客观、准确地评价被试者。

误区五：相信介绍信或相信介绍人

通常，很多应聘者都会拿着以前公司老板的推荐信，信上说这个同志表现多么多么好。但是，很多人力资源经理给别人写介绍信至少写过五六十封了，这只是他的一项工作而已。而有的员工由于自己的业绩不好，可能就是被人力资源经理亲自把他辞退的，但当该员工来求写介绍信时，人力资源经理一定写得很好，说这位同志勤勤恳恳、工作努力、团队精神特别好。

人力资源经理为什么这样写？因为人家要谋生，要找工作。所以不要相信介绍信，而要看介绍信的其他内容。第一，这个人在某公司工作从哪年到哪年，即他的工作历史；第二，要看这个人在某公司从事的是什么职位。你只要求证这两点就足够了，而剩下那些有关他工作表现、团队精神等内容，是在后面的面试中要考察的，介绍信中如何描述跟用不用他没有关系。

（资料来源：http://www.sanzhijiao.cn/ 有改动）

思考题：结合该案例和本节的内容，谈谈你对招聘方法的认识。

陷入招聘误区，会造成企业低效招聘。低效招聘对企业的危害很大，企业管理者不可忽视。低效招聘的危害表现在以下几个方面：

（1）影响企业的名誉。一个有国际水准的高素质的企业，在招聘的过程中，不能甄选出符合企业要求的人员，对企业名誉来讲，就是无形的打击。因为在招了一个不合适的人的情况下，更合适的候选人就有可能被竞争对手吸引，长此以往就会使得这家企业的竞争力低于竞争对手。

（2）影响部门的士气。新招入一名素质较差或不符合团队要求的员工，可能会使团队的关系变得紧张，凝聚力随之下降。

（3）带来工作水准的下降。当我们招到一个素质不好的员工时，原有人员的工作水准将不能得到保持，新降低的工作水准就可能成为新的工作标杆，渐渐地会引发所有人员工作水平的降低。长此下去，公司会陷入一个恶性循环，并失去自己的竞争力。

（4）丧失发展的机会。许多经理认为，简单的工作不必去招优秀的人才，这种观点是非常错误的。长期忽视初级岗位的招聘有可能造成企业在人才上青黄不接，当遇到某些关键的发展机会时，有可能因为找不到合格的人，使企业丧失发展的机会。

防止低效招聘，应该从培训做起。招聘工作，不仅是人力资源经理的必修课，也是企业经理们的必修课。只有当企业所有中高级经理们都提高了对招聘的重视程度，企业招聘的整体水平才能提高。

3.5.1 招聘者与应聘者的期望值不一致

1. 双方对待遇与福利的差异

企业想节省人力成本，而应聘者期望值较高，两者往往无法达成共识。企业对应聘者提供的工资及福利等条件是根据自身的赢利状况、应聘岗位在本企业的重要程度及本地同行业的大致标准来确定的，应聘者向企业要求的待遇是根据他对社会及对自己的认识来确定的。

2. 双方对工作内容的认同差异

招聘者总是希望招来的人实际能力符合或高出岗位的基本要求，能够直接开展工作或可以做更多的事；应聘者总是不满足于已熟练操作的工作，认为这不能发挥自己的潜力，而是希望自己有更多的机会、更好的平台。

3. 双方的供求差异

一方面众多企业将工作经验作为首要条件，即纯粹的“拿来主义”，尽可能地降低招聘成本；另一方面大量的应届大学毕业生苦苦寻觅能够真正得到重视、得到业务培养、得到施展个人才华的机会。这两方面的不一致对人力资源的社会配置某种意义上产生了抑制作用。

因此，招聘者和应聘者都应进行深入思考。从促进全社会人力资源综合水平的角度出发，企业应当承担起培养、使用、推荐、交流等人才工作的责任。

3.5.2 职位需求不明确

职位需求不明确、不具体、难操作，也是造成招聘低效的重要原因。

企业对应聘资格的条件要求太高、太多，不能真正了解企业最为看重的应聘者的能力和要求。

事实上，企业的各个发展时期对人才的要求是不一样的。发展初期，企业的行政人事经理可能就从事一般的办公室日常工作，但处于上升阶段时就要求有企业文化的引入和人力资源的管理体制，再到后来就要求对人力资源有更高的需求，要有一系列的人力资源管理的模式，注入国际先进的管理理念。所以，如果企业都不知道自己所处的位置，一味夸大对应聘职位的要求，结果可能是招来的高级人才企业暂时用不上，或者真正需要的人没招到。

“学历”一词，严格来讲，它只能代表学习过程记录的以往历史，它根本不能代表一个人目前和将来的知识水平。可有的人却仅以一张学历看待人，这是极不准确的。时代在突飞猛进，知识在不断更新，时代要求人们要不断地学习，古语有“学无止境”，也就是说，人活到老，就要学到老，学习没有最终结局。只有这样，一个人才不至于落伍。对“学历”一词的理解，一般人认为，学历越高，其业务水平就越高，工作能力就越强，这样的观点是不可取的。好的学历，如果有一个好的运用，在自己求职的过程中，会起到推波助澜的作用。但是，如果没有相应的工作经验作为基石，再好的学历背景，也只是空中楼阁，令企业退避三舍。

学历代表过去，人生还有很多没有经历过的经验与常识，只有不断地学习，才能加快把握这些经验与常识的速度。学历代表过去，能力代表现在，而学习力代表将来。一个成功的企业，一个好的团队，也应该是学习型的团队，靠自己坚持不懈的努力，把握好现在，保持学习力，才能在竞争中立于不败之地。

3.5.3 高招低用

现在很多企业并没有自己的招聘衡量标准，而是采取一般的社会标准。企业被买方市场的优势迷住了视线，在对自身人才需求并不清晰的情况下，片面追求高学历人才。结果，高职毕业生可以胜任的工作却要招本科或专科生，本科生和专科生能做的工作要招研究生，以此类推。高等人才不能实现人尽其才，人才高消费现象造成了人力资源的浪费，这个问题在社会上已经被呼吁了一段时间，但人才市场“买方”选择余地大的优越地位，使高招低用的状况不仅没有改观，反而有升级的势头。

这不仅提高了企业的用人成本，而且也给低层次求职者带来了就业冲击。

3.5.4 坐等人才来

我国是人力资源大国，又是人才资源的穷国，特别是高级人才相当短缺，这就使得许多企业有钱也招不到人才。要改变这种状况，企业不能仅仅奉行“拿来主义”，可以尝试国外一些大公司的做法，走定职培养人才的路子，按照企业发展的需求计划，早做准备，与人才培养机构“指腹为婚”，从大学招生一开始就介入人才的培养，而不是一味地等着别人送“货”上门。

3.5.5 选聘效率低

“找个合适的人真难”几乎所有的招聘企业都有这样的抱怨。例如，某招聘企业一下子收到了 500 多封求职信，从中选出需要的人要花去人力资源经理相当多的时间，看完档案后还要进行面试、笔试、全面考察等。这样下来，企业若要招上十几个人不仅需要人力资源部门全力以赴忙上个把月，行政、技术、具体用人部门和主管领导也得花费一定时间。而与投入招聘工作中的时间、人力、财力相比，招聘的效果却未见得让人满意。

3.5.6　晕轮效应（光环效应）

在招聘时，可能会由于应聘者的优秀外表或某些出色表现，而把其他如聪明、能干等优点一并加诸其身上。为避免晕轮效应产生的不良后果，需向应聘者索取一些他自己已准备的报告，或者近期的工作总结，作为评估能力的客观依据。

3.5.7　招聘中的八折理论

很多企业在招聘员工时，或多或少地在执行一个著名的“八折理论”，即为了防止自己亲手招聘或培养的员工“功高盖主”，对自己的地位形成威胁，往往选择 80%“能力点”的人。

例如，部长在招聘科长的时候选择相当于自己能力 80%的人，而科长在招聘科员的时候仍然也按此标准执行，以此类推，最终形成一个很有意思的“等比数列”。

在这种“八折理论”的指导下，管理层级越多，高层与基层的差距就越大，人才的能力也就大打折扣。

本章习题

一、名词解释

1. 网络招聘
2. 内部招聘
3. 外部招聘
4. 笔试
5. 面试

二、选择题

1. 选择招聘渠道的主要步骤有：分析单位招聘的具体要求、分析招聘人员的特点、确定适当的招聘来源和（　）。

A. 选择适当的招聘方法　　B. 选择适当的招聘渠道

C. 选择适当的招聘人员　　D. 选择适当的招聘地点

2. 心理测验的基本类型主要有：能力测验、人格测验、兴趣测验、(　　)。

A. 成就测验　　B. 知识测验

C. 素质测验　　D. 水平测验

3. 内部招聘的方法，主要有：内部提升和（　　）等。

A. 推荐选拔　　B. 竞争考试

C. 布告招标　　D. 人员调动

4. 外部招聘的主要途径有：大中专院校及职业技工学校、人才交流会、(　　)。

A. 职业介绍所　　B. 竞争者与其他企业

C. 行业协会　　D. 广告招聘

5. 面试的特点主要有：面试以谈话和观察为主要手段；对象的单一性；内容的灵活性；(　　)。

A. 信息的复合性　　B. 交流的直接互动性

C. 判断的直觉性　　D. 面试时间的持续性

三、判断题

1. 企业领导的用人风格对企业招聘渠道的选择起决定作用。(　　)
2. 内部招聘容易造成“近亲繁殖”。(　　)
3. 外部招聘筛选难度大、时间长。(　　)
4. 面试不能弥补笔试的失误。(　　)
5. 职位需求不明确、不具体、难操作，也是造成招聘低效的重要原因。(　　)

四、简答题

1. 简述传统招聘和现代招聘的主要渠道。
2. 简述内部招聘的原则。
3. 简述外部招聘的原则。
4. 简述面试的内容。
5. 简述常见的招聘误区。

五、案例题

【案情】

1. 摩托罗拉的招聘渠道

（1）校园招聘。摩托罗拉认为，从战略眼光看，公司应该致力于自己培养人才。所以，摩托罗拉每年招聘的新员工中，应届大学毕业生要占50%的比例。

有许多大学生在摩托罗拉实习，最后成了摩托罗拉的正式员工。天津大学的一名研究生，名字叫苏靖，在研究生期间到摩托罗拉公司实习，她的部分学费由摩托罗拉赞助。公司规定了她每月的工作量，她参加了公司的一些项目，每月可以从公司领到一些补助。由于表现不错，她毕业后就留在了摩托罗拉，成为摩托罗拉大家庭的一员。5 年以后她做到了摩托罗拉公司薪资部门的经理，成长很快。

摩托罗拉有时会根据公司发展需要，选聘部分优秀大学生做有目的的定向培养，公司会在他们大学四年级时就与其签订合同，这些学生会在摩托罗拉边实习边做毕业论文设计，毕业后就会直接留在摩托罗拉公司。当然，还有一些学生只做实习，并不会被摩托罗拉聘用。

（2）内部机会制度（IOS）。摩托罗拉很多时候从内部选人，称为"内部机会制度"（Internal Opportunities System, IOS）。当某个部门有职位空缺时，摩托罗拉的首选是把岗位招聘消息发布在公司的内部网络上，如果公司内部有合适的人选，摩托罗拉会优先录用内部员工。摩托罗拉认为，IOS 可以带来连锁反应：一个部门的人去补另一个空缺，那么这个部门又会出现新的岗位空缺，又需要新的人选来填充，这样一来可以使整个组织的血液得到及时更新，组织的机能得到有效提升。

在人才的内部培养方面，摩托罗拉建立了人才发展的供应与输送体系，设立专门的部门负责管理人员的内部流动和选拔，确保"适时、适人、适岗"。

2. 摩托罗拉的招聘流程

获得应聘者简历——摩托罗拉通过发布招聘广告、校园招聘、专场招聘会、在人才市场设立招聘站等渠道或形式发布招聘信息，通过这些渠道获得应聘者的简历等资料。

人力资源部初选——获得应聘者的简历资料后，摩托罗拉的人力资源部门会首先按照各岗位的具体要求对应聘者进行初步筛选。

用人部门筛选——人力资源部将认为合适的人选提供给用人部门，由各相关用人部门做进一步的筛选。

测试（面试与笔试）——对于每个岗位，人力资源部一般会提供 3 名候选人来供用人部门面试，经过测试后只录取 1 人。如果 3 名候选人都不合格，就要重新提供候选人。

摩托罗拉通过面试和笔试来考核应聘者。笔试作为招聘的重要环节之一，能够反馈给公司面试者的一些基本信息，如知识掌握、性格、职业取向等，为人才选拔提供相应的依据。为了提高面试的效率和准确性，公司招聘中心会给用人部门的经理提供相应的面试技巧的培训，有的事业部甚至提出没有参加过面试技巧培训的经理无权进行面试的规定。摩托罗拉认为，只有加强面试和笔试的水平和力度才能在人才甄选中顺利地贯彻摩托罗拉的用人标准。

【问题】

1. 分析摩托罗拉公司招聘的渠道有何特点。
2. 试述摩托罗拉公司的内部招聘的优点。

扫二维码阅读更多案例

第 4 章

职务分析与职务评价

本章重点掌握

职务分析的相关术语和内容、职务分析的步骤和技术；职务说明书的内容和原则；职务评价的依据和方法。

学习导航

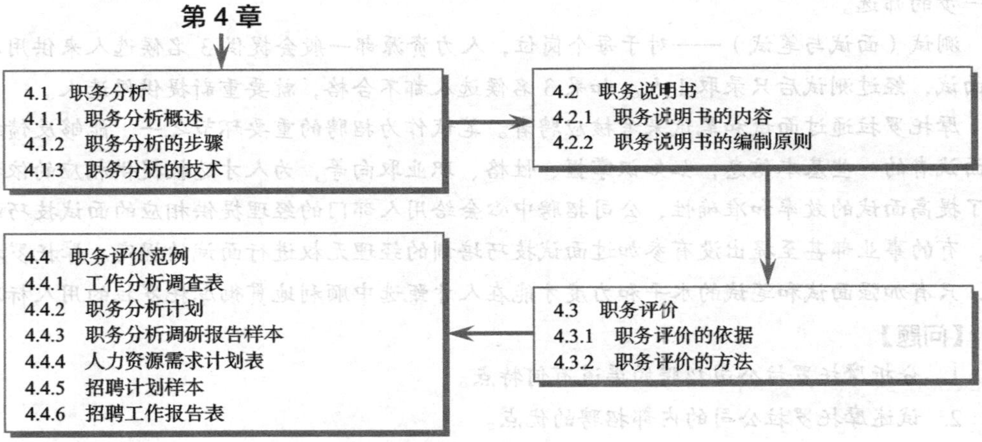

4.1　职务分析

引导案例 4-1

企业如何进行职务分析

职务分析又称工作分析，即对某工作进行完整的描述或说明，以便为人力资源管理活动提供有关岗位方面的信息，从而进行一系列岗位信息的收集、分析和综合的人力资源管理的基础性活动。很多企业由于缺乏准确的工作说明而付出了很大的代价，结果导致很多人力资源工作缺乏针对性，难以开展。那么，如何进行职务分析呢？职务分析要从以下 8 个要素开始着手进行分析，即“7W1H”。① Who：谁从事此项工作，即责任人是谁，对这些人员的学历与文化程度、专业知识与技能、经验及职业化素质等的资格要求。② What：在雇员要完成的工作任务当中，哪些是属于体力劳动的范畴，哪些又是属于智力劳动的范畴？③ Whom：为谁做，即顾客是谁。这里的顾客不仅指外部的客户，也指企业内部的员工，包括与从事该工作的人有直接关系的人，如直接上级、下级、同事、客户等。④ Why：为什么做，即工作对从事该岗位工作者的意义所在。⑤ When：工作任务应该被要求在什么时候完成呢？⑥ Where：工作的地点、环境等。⑦ What qualifications：从事这项工作的雇员应该具备哪些资质条件？⑧ How：如何从事或要求如何从事此项工作，即工作程序、规范及为从事该工作所需要的权利。职务分析是一项复杂的系统工程，企业在进行职务分析时，必须做到统筹规划，并分阶段、按步骤地进行。进行职务分析通常使用的方法有：问卷调查、总结分析、员工记录、直接面谈、观察法等。有了职务分析的结果以后，我们就可以着手制定岗位工作说明书了。

（资料来源：https://wenku.baidu.com/　有改动）

思考题：结合该案例和本节的内容，谈谈你对职务分析的认识。

4.1.1　职务分析概述

员工对于企业的作用，是通过他所从事的职务工作表现出来的，因此，职务管理是进行人力资源管理的基础。职务管理以职务分析为前提。

1. 职务分析的相关术语

职务分析又称工作分析，是指通过系统全面的情报收集手段，提供相关工作的全面信息，以便企业改善管理效率。工作分析是人力资源管理工作的基础，其分析质量对其他人力资源管理模块具有举足轻重的影响。

职务分析是一种专业性较强的人力资源管理工作，有许多专业术语必须掌握。

（1）工作要素，是工作活动的最小单位，包含以下 3 层意思：① 细分和描述工作内容的最小元素；② 工作中所包含的身体动作；③ 任何工作活动都涉及的一般特征，如工作环境、工作条件等。

（2）工作任务，是为了明确的组织目的所进行的工作活动，通常表现为工作要素的集合。比如打字员打印一份文件，程序员编一个应用软件等，都是一项任务。

（3）工作职责，指由组织成员担负的一项或多项任务的集合，个体有义务完成。

（4）工作职位，指由两个组织成员在一定时间内所担负的一项或几项相互联系的职责的集合，与组织成员的数量相对应，有多少职位，就应该有多少员工。

（5）工作职务，是由若干相关或相似职位构成的集合。职务与职位不同，一个职位只有一个员工，一个职务则可能有若干个员工。

（6）工作职业，指不同时期、不同组织中类似的一组职务，通常要求相似的专业技能，任职者应有一定的职业稳定性。

2. 职务分析的内容

职务分析包括职务调查和职务描述两方面的内容。

（1）职务调查。职务调查即对职务进行系统的调研，一般可以从两个角度入手：一是从这一职务的职责要求出发，对这一职务进行分析和解释；二是从正在从事这一职务的员工的实际工作入手，对这一职务进行概括和整理。

职务调查的对象可以概括为 7W，即工作内容（What）、工作主体（Who）、工作时间（When）、工作地点（Where）、工作方式（How）、工作原因（Why）、工作来源（For Whom）。

（2）职务描述。职务描述是指对职务调查的结果进行总结和调整，并加以规范性界定，用以说明工作的范围、任务、责任、权力、工作关系和工作环境等。一般而言，职务描述包括以下几方面的内容：工作名称及主要任务、工作职责和职权、工作关系（包括业务关系、人际关系等）、工作的步骤及所需设备、工作环境和工作条件。

3. 职务分析的目的

职务分析的目的是弄清职务工作的四大特征：工作的输出特征、工作的输入特征、工作的转换特征、工作的关联特征；确定工作岗位的名称与含义及其在整个组织中的地位；确定主管人员录用或上岗的最低条件；确定工作岗位之间的相互关系，建立沟通的程序和方式；获得有关工作环境的事实和来自各方面的状态信息；找出影响岗位职能有效发挥的主要因素。

相关链接

- 工作的输出特征。即一项工作最终结果的表现形式，如产品、劳务等，这是界定工作任务和工作责任的基础，也是确定工作绩效标准的必要前提。

- 工作的输入特征。指为了获得上述结果，应当输入什么内容，包括物质、信息、规范、条件等，这是界定工作来源和工作条件的基础。
- 工作的转换特征。一项工作是如何从输入转换为输出的，转化的程序、技术、方法是什么，在转换过程中人的行为、活动有哪些，这是界定工作方式的基础。
- 工作的关联特征。每个职务在组织中的位置是什么，职责职权是什么，工作对人的体力、智力有什么要求，这是界定工作关系和任职资格的基础。

4．职务分析的作用

职务分析对于人力资源管理具有非常重要的作用，职务分析是人力资源管理中一项重要的常规性技术，可以说是整个人力资源管理工作的基础，人力资源管理的每项工作几乎都需要用到职务分析的结果。

（1）招聘与录用。通过职务分析，可以明确一项工作的具体内容及该工作与其他工作的关系，从而制定出从事这项工作的人员所需的任职资格，如学历、年龄、技能、特殊要求等，为招聘时选择测试方式、设计考试内容、确定录用标准提供依据，保证选拔人员的质量。

（2）培训开发。通过职务分析，可以明确从事一项工作所必备的知识、技能、资格要求，把握员工目前能力与职务工作要求之间的差距，确定培训工作方案、培训内容和受训人员及评估培训效果等。

（3）绩效评估。职务分析可以为考核提供合理的标准和依据。工作的考核和评价如果缺乏科学依据，将影响员工的工作态度和工作方式，使企业生产经营受到影响。根据职务分析的结果，可以确定工作的具体内容，制定科学合理的绩效标准，为考核提供尺度，为晋升提供依据。

（4）薪资管理。职务分析可以为不同类型的职务确定合理的待遇。利用职务说明书，可以客观地评价企业内不同职务的工作繁简程度、工作责任的大小、所需任职资格的高低，以及为企业做出贡献的程度等。在这些前提下，可以进行职务评价，确定每项职务的重要程度和对企业的价值，从而决定薪资水平。

（5）调配安置。实际工作中，员工可能因为各种原因而导致绩效不同。职务分析有助于建立起规范化的工作程序和标准，以此为依据，判断一个人是否适合某项工作，从而为员工提供工作轮换机会，提高人事匹配的程度，使每个员工充分发挥自己的潜力。

（6）劳动安全。企业中某些工作可能有损员工身心健康。通过职务分析，可以全面了解不同工作的危害程度，采取有效的安全保护措施，使员工在更适合身心健康的环境中工作。一旦发生事故，也可以根据职务分析的信息，科学地分析和判断事故的原因，为事故的处理提供有效依据。

职务分析获得的信息有多种多样的用处。全面而深入地分析这些信息，可以使企业充分了解由具体人从事的工作及对工作人员的行为要求，为人力资源决策奠定坚实的基础。企业由各种各样的角色构成，我们通过职务分析从整体上协调这些角色的关系。我们可以通过职务分析详细说明各种角色，从而奠定企业组织结构和组织设计的基础。通过职务分析，我们也可以详细说明各级人员的职责，从而避免工作重叠、劳动重复，提高个人和部门的工作效率及和谐性。在人力资源管理及开发的各个阶段，职务分析是一种有效的手段；实际上，它是人力资源管理部门的必备工具。

4.1.2 职务分析的步骤

1．明确职务分析的目的

在开始职务分析之前，先要明确职务分析的结果将用在什么地方，即明确职务分析的目的。职务分析的目的决定着需要收集的信息类别，以及使用哪些技术和工具来收集信息。例如，编写职位说明书和为空缺岗位甄选员工时，访谈法往往比较有效，可以通过让正在职位上工作的员工说出他们工作的内容、承担的职责和拥有的职权，以这种方法进行职务分析。如果分析结果是为薪资管理提供依据，问卷法也许更为合适，因为通过问卷的量化处理，可以明确各个职位的相对价值。

2．确定由什么人负责职务分析工作

职务分析是一门技术性很强的工作，一般应由专业人员操作。如果企业人力资源部门的专业技能比较高，可以由该部门负责进行，如果人手不够或技术方面有所欠缺，则需要由外聘的管理咨询小组进行。参与职务分析的人员应当既有理论知识，又有实践经验，以便同调查分析对象进行良好的沟通。

3．选择职务分析的样本

企业中的职务很多，其中有许多职务的工作任务、性质权责相似，可以从中选出有代表性职务进行分析。若一一进行分析，不仅费时费力，且收效不一定好。因此，选择关键的代表性职务进行分析是很有必要的。

4．明确信息收集的范围

不同的工作分析目的，需要涉及不同范围的信息。如果工作分析的目的是对职务进行调整和改进，则比仅以描述职责为目的的工作分析涉及的信息范围宽得多。

一般来说，在工作分析中，除了了解职务工作本身状况外，了解企业组织结构图和业务流程图也是很重要的。组织结构图显示了特定职务与组织中其他职务的关系，能够刻画出该职务在工作体系中的地位及其上下左右的关系。业务流程图可以反映出每个职务的业务范围，信息、资源的流进和流出，动态地反映出职务的特点。

5．编写职务说明书和职务规范

职务分析的成果，表现为编写职务说明书和职务规范。这将在后面进行论述。

4.1.3　职务分析的技术

1. 定性分析技术

（1）观察法。指直接在工作现场观察任职人员的工作过程，将观察的结果记录下来加以分析。一般适用于分析从事重复性劳动的操作性岗位。这种方法强调对工作人员的外在活动进行衡量，对于难以用外在表现衡量的劳动者（如脑力劳动者）不太适用；对那些执行时灵活性大、时间均衡性差的职务，观察法也难以发挥作用。

使用观察法时，必须注意观察的客观性。为了使观察的结果客观，在进行观察时，务必让被观察者的表现不受观察者的影响，即工作表现应当和平时一样。否则，被观察者一旦意识到自己被观察，就可能过分表现自己，从而造成假象。

（2）访谈法。又称面谈法，是一种应用最广泛的职务分析方法。访谈法适用于工作任务周期长、工作行为不易直接观察的工作。访谈法通过当面交流的方式获得有关职务的信息。访谈法有三种形式：个人访谈、群体访谈和与职务上司访谈。访谈的程序可以标准化，也可以非标准化，但都需要准备好结构化的访谈提纲。

进行访谈时应注意几个问题。一是职务分析者要同被访谈者建立良好的沟通关系，使之能够将工作中的情况客观真实地反映出来；二是职务分析者要注意控制访谈的趋向和进度，防止内容离题或被访谈者喧宾夺主，将访谈变成诉苦或邀功的机会。

（3）工作日志法。又称工作写实法，要求职位上的工作人员将工作时间内所有的活动和行为按照时间顺序如实记录下来，累积到必要时间量，作为工作分析的对象。

不同的工作分析目的，需要设计不同的工作日志格式，这种格式通常以一套特定表格来体现。通过填写表格，提供有关工作的内容、程序和方法、工作的职责和权限、工作关系及所需时间等信息。如表 4-1 所示。

表 4-1　工作日志填写实例

5 月 29 日　工作开始时间：8:30　工作结束时间：17:30

序　号	工作名称	工作内容	工作结果	所需时间	备　注
1	复印	协议文件	4 页	6 分钟	存档
2	起草公文	贸易代理委托书	8 页	1 小时 15 分钟	报上级审批
3	贸易洽谈	玩具出口	1 次	40 分钟	承办
4	布置工作	对日出口业务	1 次	20 分钟	指示
5	会议	讨论东欧贸易	1 次	1 小时 30 分钟	参与
⋮					
16	请示	贷款数额	1 次	20 分钟	报批
17	计算机录入	经营数据	2 屏	1 小时	承办
18	接待	参观	3 人	35 分钟	承办

（资料来源：萧鸣政. 工作分析的理论与方法. 北京：北京大学出版社，2005.）

2. 定量分析技术

定性分析技术虽然操作较为方便，但所获取的信息不够精确。定量分析技术在此基础上进一步采用一系列量表对职务信息进行量化处理，不同的量表体现了不同的分析程度，可以为不同的工作分析目的服务。目前常用的工作分析量化处理方法有工作因素法（JEM）、工作清单法（JIM）、职务分析问卷法（PAQ）、职能工作分析法（FJA）、临界特征分析法（TTA）等。本书主要介绍职务分析问卷法和职能工作分析法。

（1）职务分析问卷法。职务分析问卷侧重分析人的行为，以对人员行为定向的工作要素的统计分析为基础。

在使用PAQ对职务进行分析时，首先要判断待选的工作要素项目中，哪些为该职务所包含，进而还要对其重要性、花费时间等方面做出判断。PAQ给出了6个计分标准：信息使用度（U）、耗费时间（T）、适用性（A）、对工作的重要程度（I）、发生的可能性（P）、特殊记分（S）。

职务分析问卷法是较为成功的职务分析技术之一，不过也有不足之处。首先，由于对职务的特殊工作内容没有进行描述，因而工作之间差异性的刻画比较模糊；其次，使用问卷的对象需要有较高的文化水平，对于一些阅读能力较差的工作人员不太适用。

（2）职能工作分析法。职能工作分析又称工作者功能的职务分析，是由美国劳工部提出的。它通过三个维度的分析，确定职务的具体特征和工作要求。这三个维度是：对有关信息数据的处理、人员的交往与管理、工具的操作水平（见表4-2）。

表4-2　功能性职务分析系统的工作者功能量表

信息		人		事	
号码	描述	号码	描述	号码	描述
0	综合	0	教导	0	装配
1	协调	1	谈判	1	精确操作
2	分析	2	指导	2	操作控制
3	编辑	3	监督	3	驾驶操作
4	计算	4	使高兴	4	操纵
5	复制	5	劝说	5	照看
6	比较	6	发出口头信号	6	送进—移出
		7	服务	7	驾驶
		8	接受指导帮助		

后来，美国心理学家范纳对劳工部的FJA做了一定程度的改进，使描述更加具体、准确、规范。他认为，首先，必须把工作和工作方式区分开来，也就是说，工作人员做好了什么事与工作人员做了什么来完成这件事不完全相同。如旅客乘飞机从甲地到达乙地这件事，与飞行员驾驶飞机和空中小姐提供服务完成旅行不完全一样。其次，任何工作都与信息、人、事有关，都可以从三个方面界定其职能特点和层次。

4.2　职务说明书

引导案例 4-2

财务经理的职务说明书（样本）

职位名称	财务经理	职位代码		所属部门	财务部
职系		职等职级		直属上级	财务总监
薪金标准		填写日期		核准人	

职位概要：

主持公司财务预决算、财务核算、会计监督和财务管理工作；组织协调、指导监督财务部的日常管理工作，监督和执行财务计划，完成公司的财务目标。

工作内容：

1. 根据集团公司中、长期经营计划，组织编制集团年度综合财务计划和控制标准；

2. 建立和健全财务管理体系，对财务部门的日常管理、年度预算、资金运作等进行总体控制；

3. 主持财务报表及财务预决算的编制工作，为公司决策提供及时有效的财务分析，保证财务信息对外披露的正常进行，有效地监督和检查财务制度、预算的执行情况，对出现的问题及时进行适当的调整；

4. 对公司税务进行整体筹划与管理，按时完成税务申报及年度审计工作；

5. 比较精确地监控和预测现金流量，确定和监控公司负债及资本的合理结构，统筹管理和运作公司资金并对其进行有效的风险控制；

6. 对公司重大的投资、融资、并购等经营活动提供建议和决策支持，参与风险评估、指导、跟踪和控制；

7. 参与确定公司的股利政策，促进与投资者的顺畅沟通，保证股东利益的最大化；

8. 与财政、税务、银行、证券等相关政府部门及会计师事务所等相关中介机构建立并保持良好的关系；

9. 向上级主管汇报公司的经营状况、经营成果、财务收支与计划的具体情况，为集团高级管理人员提供财务分析，提出有益的建议。

任职资格：

教育背景

◆会计、财务或相关专业本科以上学历。

培训经历：

◆受过管理学、战略管理、管理能力开发、企业运营流程、财务管理等方面的培训。

◆有5年以上在跨国企业或大型企业集团从事财务管理工作的经验，有跨行业财务工作经历者优先考虑。 **技能技巧：** ◆具有全面的财务专业知识、账务处理及财务管理经验； ◆精通国家财税法律规范，具备优秀的职业判断能力和丰富的财会项目分析处理经验； ◆擅长资本运作，有证券融资及兼并收购的实际经验和综合投融资方案的设计能力，并有多次投融资的成功经验； ◆谙熟国际和国内会计准则及相关的财务、税务、审计法规、政策； ◆熟悉境内外上市公司财务规则，从事过兼并、重组、上市等相关项目的具体实施； ◆良好的中英文口头及书面表达能力。 **态度：** ◆为人正直、责任心强、作风严谨、工作仔细认真； ◆有较强的沟通协调能力； ◆有良好的纪律性、团队合作及开拓创新精神。
工作条件： 工作场所：办公室。 环境状况：舒适。 危险性：基本无危险，且无职业病危险。
直接下属________ 间接下属________ 晋升方向________ 轮转岗位________

（资料来源：http://wiki.mbalib.com）

思考题：结合该案例和本节的内容，谈谈你对职务说明书的认识。

4.2.1 职务说明书的内容

职务说明书是工作分析人员根据某项职务工作的物质和环境特点，对工作人员必须具备的生理和心理需求进行的详细说明。它是职务分析的结果，是经职务分析形成的书面文件。

职务分析的结果通常以职务说明书的形式予以确认。职务说明书也是一种常用的应用文体，是应用写作学科研究的文种之一。

职务说明书的格式可以根据实际需要设计，具体表现形式可能各不相同，但其基本内容或核心要件是一致的。

1．职务说明书的要件

（1）职务名称。职务名称看似简单，实际上是一个相当复杂的问题。命名恰当与否，不仅对职位的设置有影响，而且可能影响应聘者的工作期望和工作态度。进行名称确定时，应当根据规定的内容进行。

职务名称确定后，还应确定该职务在企业中的位置，明确职务分类编码、职务所属部门、直接上级等相关内容。

（2）工作概要。工作概要也是职务说明书的基本要件，一般用一句话对职务的工作内容进行简明扼要的描述。如企业人力资源部负责人的工作概要，可能是“为企业吸引、开发和管理人力资源”。工作概要恰当与否，决定着一份职务说明书的质量。在叙述工作概要时，应当遵循以下几点要求：① 简明扼要，尽量用一句话表达；② 明确指出工作的基本目的和这样做的原因；③ 尽量避免将工作的具体任务、方式等细节写进去。

（3）工作职责。工作职责是该职位有义务完成的工作内容。职责的界定可以从两个角度入手。一是通过行为分析，描述这一职位做什么，是一种实然性的界定；二是通过任务分析，确定企业设立这一职位的原因及具体要求，是一种规范性的界定。对工作职责的确定，是职位说明书的中心内容。

（4）工作方式。工作方式是指履行工作职责的行为方式。如需要相应的设备和工具，需要一定的操作程序，需要同企业中其他部门、其他人员发生协作关系，需要相应的权力等。

（5）任职资格。这是对担任该职位的工作者提出的素质和能力方面的要求，包括体力、智力、技能、经验等。

2. 职务规范

职务规范是任职者任用条件的具体说明，是职务说明书的组成部分，主要是对职务任职资格的具体规定。由于职务分析的基本目的之一是为选择该职务的合适员工提供依据，因此，职务任职资格的确定具有特别重要的意义。对职务说明书中任职资格的内容专门界定，建立职务规范，正是应此需要产生的。职务规范包括如下内容。

（1）体力要求。指职务对于任职者体能方面的要求和限制，体力要求可以用身体活动的方式、频率和负重程度衡量，如负重多少公斤、每天多少次等；还应当考虑到人的身体适应范围，如弯腰对腰部的要求，站立对足部的要求等。体力要求通常以健康程度、年龄范围和特殊体能要求描述。

（2）智力水平。智力又称智商，是指人的精神活动状况，大致可以从 4 个方面区分：① 自主能力，即独立地进行分析和决策的能力；② 判断能力，即从原始信息中引出结论的能力；③ 应变能力，即处理突发事件的能力；④ 敏感能力，即捕捉信息加以处理的能力。

（3）技能水平。指工作人员从事特殊职务工作的专门技术，是一般能力与职务工作要求相结合的产物，通常体现为职业技能。

（4）工作经验。指从事类似工作的实践体验。某些职务对工作经验的要求特别严，如那些工作技能难以通过理论和语言传递的职位。

职务说明书在管理人员对下属进行工作指导、工作监督，对人员进行选拔培训和对组织进行业务流程再设计时，都有极为重要的作用。

4.2.2 职务说明书的编制原则

编制职务说明书是每位管理者都应当具备的技能，因为职务说明书的编制体现了管理者对于相关职务的了解和控制水平。编制职务说明书应遵循以下几项原则。

1．统一规范

职务说明书的具体形式可能有多种，但其核心内容却不应当改变。对于职务说明书中的重要项目，如名称、工作概要、职责、任职资格等，必须建立统一的格式要求，否则职务说明书难以发挥职务管理作用。

2．清晰具体

职务说明书是任职者的工作依据和具体要求，内容必须具体明了，使任职者或监督者可以理解、可以操作、可以反馈。语言方面应当符合任职者的水平，不能让人看不懂。

3．共同参与

职务说明书的编写不应当闭门造车，而应由担任该职务的工作人员、上级主管、人力资源专业工作者共同分析协商。只有将各方面的意见考虑在内，编制的说明书才会为各方面所接受，才能发挥作用。

4．前瞻性

职位说明书作为选拔、考核、培训员工的基本依据，在一定程度上决定着企业未来发展的高度，因此，职位说明书不可能一成不变地照搬、照抄企业现有的模式，而是必须要在现有基础上有所创新。根据企业未来发展的需要，设立新的岗位，赋予同一职位更多的责任，对现有岗位工作人员的素质也相应地提出更高的要求，使其能适应企业未来发展的需要，促进企业的长远发展。

4.3 职务评价

引导案例 4-3

沈新电器有限公司的职务评价

沈新电器有限公司在进行了职务分析，获取职位信息以后，着手进行职务评价，以确定职务的相对价值。公司成立了以人力资源部经理为首的职务评价小组，并邀请了外部专家参与职务评价过程。在外部专家的建议下，公司采用了国际通行的 IPE（International Positional Evaluation）码作为职务评价的工具，为保证职务评价工具的科学性，职务评价小组没有对职务评价方案进行修正。

公司共有 80 多个岗位，有管理类、技术类、营销类三种职位类别，职务评价小组从中选择了约 30 个岗位作为标杆。标杆岗位的选择是按照纵向的职位等级进行选择，没有考虑横向职位类别的因素，这一疏漏为以后的职务评价方案的扩展埋下了隐患。

为保证职务分析的公平性，公司采取了三方评价的方式：上级评价占 40%、专家评价占 30%、员工个人评价占 30%。职务评价方案下发后，立刻在员工中引起了较大的反应。首先，由于事先没有进行培训，员工根本不理解进行职务评价的意义和作用；其次，由于职务评价方案过于专业，员工很难对各种描述准确把握，经过一番争论，大家渐渐对职务评价失去了信任；最后，由于个人对方案中的表述理解不一样，每个人对自己职务的评价都超出了常理，最为可笑的是，公司行政文员对自己职务的评价得分居然超过了行政人事总监。

通过这种方式收集的职务评价数据当然不能使用，只有放弃这一途径，采取人力资源部门会同直接上级评价和专家评价的方式确认职务的价值。在这一评价的过程中，遇到了一个致命的问题：对于技术类职务的评价结果，其平均水平低于管理类职位，这一结果显然和公司倡导的薪资分配向技术人员倾斜的导向不相符合，而按照这一结果所得的薪酬显然不利于留住这些核心技术人员。经过七拼八凑，终于拿出了职务评价方案的初稿，职务评价方案一经出台，立刻在员工中引起轩然大波，员工纷纷将自己的职务评价结果与其他职务进行对比，然后通过正式或非正式渠道向公司反映。职务评价小组经过仔细审查，发现确实有很多职务在横向对比时有很大的出入，在职务评价的各维度上，各职务也缺乏可比性，甚至出现在“沟通”维度上，人力资源部文员的得分比营销部主管还要高，这些显失公平的地方，成为本次职务评价中最为薄弱的、易被攻击的环节，直接导致了职务评价的最终失败。

（资料来源：http://blog.sina.com.cn/ 有改动）

思考题：结合该案例和本节的内容，谈谈你对职务评价的认识。

4.3.1 职务评价的依据

职务评价是对职务价值的分析和测算，目的在于建立企业的职务价值体系。职务评价的核心是划分岗位等级，其目标是按照内部一致性的原则，建立合理的工资等级结构，实现组织内部的分配公平。职务评价，也称为岗位评价或工作评价，是指采用一定的方法对企业中各种岗位的价值做出评定和薪酬分配的依据；是在职务分析的基础上，对企业所设岗位的难易程度、责任大小、工作强度、所需资格条件等相对价值的多少进行评价。职务分析的实质是将工作岗位的劳动价值、劳动者的贡献与工资报酬有机结合起来，通过对岗位劳动价值的量化比较，确定企业工资等级结构的过程。

进行职务评价是一项重要而又敏感的工作，不仅涉及企业的管理目标，而且涉及员工的公平感。这一问题解决得恰当与否，直接影响员工的积极性和劳动生产率。因此，进行职务评价，必须有令人信服的依据。

（1）市场相对价格。职务价值与职务薪酬直接相关，必须结合劳动市场上相关职务的薪资水平进行评价。也就是说，企业进行职务价值测评时，要与市场上同行业的其他企业进行比较，调查市场上通行的职务报酬水平，通过报酬给付情况，间接推断该职务的市场价值，作为本企业进行职务评价的参考。

（2）企业管理政策。职务价值的大小，与企业政策息息相关。例如，在我国著名企业中，华为技术公司重视研发，研发人员的职务价值在整个企业中就显得较重要；TCL公司重视市场销售，其营销人员的地位比其他企业的营销人员的地位更高。各个企业都有自己独特的竞争优势，这也必然影响到企业的职务价值判断。

（3）职务分析结果。职务说明书中对各个职务的工作任务、任职资格都有描述，这是对职务特点的直接描述，具有较强的客观性和可比性，是进行职务价值测评最重要的依据。

4.3.2 职务评价的方法

职务评价的方法目前主要有5种：总体排序法、定标套级法、因素比较法、加权计分法和方差分析法。不同方法在评价的方便性、精确性上各有侧重。

1. 总体排序法

总体排序法是进行职务评价时最简便的方法，即按照一定的规则对各个职务从总体上进行重要性排序。在排序时，可以用卡片排队法和配对比较法具体操作。

（1）卡片排队法。进行职务评价时，将各个职务及其主要特征列在一张卡片上，然后按照每个职务的价值大小进行排列，将重要的职务卡片放在最前面，次重要的放在后面，不断重复，直到排完。最后，根据卡片排列的次序，确定各个职务的价值大小。

（2）配对比较法。将所有要进行评价的职务都放在一起，两两配对进行比较。如果甲比乙价值大，则记为1分；甲乙价值相当，则记为0分；甲不如乙，则记为–1分。最后将每个职务与其他职务相比较的分数相加，即该职务得分。将这些分数进行比较，按高低排序，即可得出各个职务的相对价值。

配对比较法在职务较少的小型企业中比较适用，因为职务数目少，企业中每个员工对于其他职务都比较了解，可以对其价值大小进行判断。如果企业大，职务多，配对比较法就显得力不从心。首先，由于职务众多，评价者可能对不同职务不够熟悉，难以比较两者的重要性；其次，由于配对比较法主要依靠经验，容易受个人价值观的影响，不够客观公正。

在实际运用配对比较法时，如果由不同的人操作，由于每个人对职务的认识不完全一致，可能会出现结果差异较大的情况，这就需要对评定的过程和结果进行审查。如果差异难以平衡，应当采取其他方法进行职务评价；如果差异不太大，则可以采用一定的方式进行调整，以最终得出各个职务的排序。具体操作可以采用加权平均法进行（见表4-3）。

表 4-3 配对比较法职务评价结果的权衡

职　务	A	B	C	D	E	F	G
甲评定结果	1	3	4	2	5	6	7
乙评定结果	2	1	4	3	—	5	—
丙评定结果	1	—	2	3	6	4	5
评判序数和	4	4	10	8	11	15	12
评定本职务的总人数	3	2	3	3	2	3	2
平均序数	1.3	2	3.3	2.7	5.5	5	6
职务相对价值排序	1	2	4	3	6	5	7

2. 定标套级法

这种职务评价方法是先将企业中的职务价值进行政策定位，区分出若干价值等级，并确定每个等级的具体衡量标准，然后将各个职务与相应的标准进行比较，按比较结果划入相应的级别之内。

表 4-4 是以定标套级方式制定的职务评价表。

表 4-4 职务评价表

职务等级	分类基础
1 级	直接接受上级指导、监督，按照指示的方法、步骤进行单纯的、固定的、重复的作业，工作中几乎不需要任何个人选择、判断
2 级	接受上级具体的指导、监督，按照既定的规程、标准、惯例进行日常例行的、固定的业务，工作中必须进行适当的选择、判断方能处理业务，虽然偶尔会面临非常规的、不固定的事项，但处理方法必须依照上级指示办理
3 级	接受上级一般性的指导、监督，参考在学校时所学习的原理、原则及既定的规程、标准、惯例，进行几乎全都是固定的业务，工作中有许多业务需要自己选择、判断之后方能处理。偶尔会遇到非常规的、不固定的事项，经上级做出处理要点的指示后加以处理
4 级	接受一般性的指导、监督，参考在学校时所学到的原理、原则及进入企业后从业务活动实践中所学习到的各种理论和既定的规定、标准、惯例，进行日常例行的但比较复杂的业务，工作中必须自己判断、选择、交涉的情况相当多。对于偶尔发生的非常规的、不固定的事项，一方面要思考对策，另一方面还要遵从上级的指示进行处理
5 级	接受一般性的指导、监督，参考在大学或专科学校中学习的原理、原则、理论及与业务相关的实务知识，处理复杂的日常业务，而且利用高度的判断、交涉能力进行事务处理的情况较多。对于间或发生的特殊事项，一方面要自己寻求解决办法，另一方面要注意参照上级指示意图予以处理

3. 因素比较法

因素比较法的特点是先根据职务的状况，选择影响职务价值的相关要素，然后选择典型进行分析比较，根据不同职务相关要素的排列顺序进行比较和综合，最后确定其价值大小。通常包括如下步骤：

（1）选择评价要素。按国际公认的职务评价依据，一般采用四类要素，即工作责任、劳动强度、任职资格和作业环境。在四类要素基础上可进一步细分，如任职资格可分解为知识、学历、技能等各方面的要求；工作责任可分解为成本控制、风险性等方面要求。

（2）确定典型职务。从企业所有职务中选出典型的代表性职务。一般应是位置重要并且涵盖了较多工作人员的职务。

（3）对典型职务进行要素分析和评价，确定其分值的排列顺序和高低，决定典型职务的价值。

（4）对照典型职务的价值排列对其他职务进行评价。

因素比较法相对于前两种方法而言，较为客观完善，而且可以根据特殊情况，对有特殊意义的职务要素进行灵活的选择和定义，有较强的针对性。

4. 加权计分法

加权计分法是目前应用最广泛的一种方法。它与要素比较法一样，也是先选择评价要素。与因素比较法不同的是，这一方法在选择评价要素的基础上，还要根据各要素在职务评价中的地位，进行不同要素的权重分配，并根据各要素本身的层次高低设定每个要素的等级及其等级差。对要素的数量、关系、等级进行综合处理，设计出职务评价加权评分测评表，作为职务评价模型，然后再用于具体职务的测评，根据各职务所得评分的总和，最后确定职务价值。其步骤如下。

（1）选择评价的要素。要素的选择是非常重要的，因为它是衡量职务价值的基本依据。使用加权评分法，对职务评价要素的选择要符合企业的需要和企业的特征。应当遵循以下标准：① 典型性，要求选择的要素是绝大多数职务都包含的，是工作内容中有代表性的、相对稳定的相关因子。② 可比性，在不同的职务中，这些因素应当可以进行程度上的比较，即应当是可以量化的。③ 公认性，选择的要素应当为评价者和被评价者双方都认可，一般情况下都能被相关者接受。

（2）评价要素的定义。为了使评价具有客观性和可操作性，必须对所选择的要素进行阐释，以便操作时统一理解，并根据定义选择和评分，减少误解。

（3）评价要素的权重。要素有许多，但各个要素对职务价值的影响大小是不同的。因此，需要根据对职务价值的影响程度，对不同要素进行权重的认定。要素权重的确定是一个非常复杂的问题，通常要由专门的评价委员会或有关权威进行。

（4）评价要素等级的划定。一是该要素本身的层级，如工作责任可以划分为影响全局、影响部门、影响小组、影响本人四个层次。二是该要素与职务评价的相关度，如学历对于职务评价的影响也可以分为五级：很重要、重要、一般、不太重要、很不重要。当然也可以根据实际情况进行更细或更粗略的划分。

（5）各要素等级的测分。确定各要素的权重和等级之后，需要对每个要素的作用大小进行处理，确定分值。可以根据不同需要，采取不同的测分方式。例如，可以采用等差法和等比法，将各要素的权重和等级综合处理后，得出具体的分序和分值，用来对具体职务进行比较和评价，按得分的高低划分职务价值的高低。

5．方差分析法

方差分析法的技术核心是通过方差分析确定职务可比价值各成分的权重。此方法的有效性和实用性已在协助国有企业内部分配改革的制定工资标准中得到验证，并显示其普遍性的方法论意义：职务评价是职务价值的线性映射，凡涉及职务价值差异的问题都可用此方法解决。

4.4　职务评价范例

4.4.1　工作分析调查表

要求：请如实填写下表，不得有任何隐瞒。

姓　　名：____________________　职　　务：____________________

所属部门：____________________　直接上司：____________________

（1）请准确、简洁地列举你的常规性工作内容（超出 10 项可以另附纸填写，下同）。

1）____

2）____

3）____

4）____

5）____

6）____

7）____

8）____

9）____

10）____

（2）请准确、简洁地列举你的临时性工作内容。

1）____

2）____

3）____

4）____

5）______

6）______

7）______

8）______

9）______

10）______

（3）请列举你的经常性的决策项目。

1）______

2）______

3）______

4）______

5）______

6）______

7）______

8）______

9）______

10）______

（4）请列举你的工作范围内所涉及但没有决策权的项目。

1）______

2）______

3）______

4）______

5）______

6）______

7）______

8）______

9）______

10）______

（5）请描述一下你的上司在工作中是如何对你实施监督的。

（6）请列举你的哪些工作是不被你的直接上司监督的。

（7）请叙述你在工作中因为何种原因接触到哪些职务的员工。

（8）请列举需要作为公司档案留存的文件和资料中哪些出自你之手。

1）______________________________

2）______________________________

3）______________________________

4）______________________________

5）______________________________

6）______________________________

7）______________________________

8）______________________________

9）______________________________

10）______________________________

（9）完成你的工作，需要使用哪些办公设备和办公用品？

（10）你在人力资源管理方面具有哪些权限？

（11）你在财务方面具有哪些权限？

（12）你认为胜任你现在的职务，需要什么文化程度？

（13）你认为胜任你现在这项工作，需要几年相关工作经验？

（14）你认为胜任你现在这项工作，需要接受哪些培训？

（15）你认为什么性格类型的人，适合胜任你现在这份工作？

（16）你认为胜任你现在这项工作的人，最重要的能力是哪些？

（17）你认为胜任你现在这项工作，最重要的知识有哪些？

（18）你认为胜任你现在这项工作的人，应该具备什么样的心理素质？

（19）请描述你现在的工作环境，并指出你现在这项工作应该有什么样的工作环境？

（20）请描述你的工作关系（包括上司、下属、平级合作者等）。

（21）你对现任职务的总体评价是什么？

（22）你如果有其他需要说明的，请写在下面。

被调查者签名：

年　月　日

4.4.2 职务分析计划

为了提高企业人力资源管理工作的有效性和可靠性，为了有效地在下季度实施企业招聘计划，同时为了能够圆满完成今年的薪酬政策、激励政策和培训政策的调整工作，使人力资源管理职务适应企业的发展趋势，特计划在2018年3月对企业某些部门重新进行职务分析，具体计划如下。

（1）进行职务分析的职务包括：

1）行政部行政文员；

2）市场部销售经理；

3）企业发展部公共关系经理。

（2）职务分析样本。出于职务经验、职务完整性及其他相关因素的考虑，计划选取各部门人员职务为职务分析样本。

1）行政部行政文员；

2）市场部销售经理；

3）企业发展部公共关系经理。

（3）职务分析方法的选择。由于各样本的职务性质不同，特采用不同的职务分析方法。

1）行政部行政文员：问卷调查法、观察法、参与法相结合；

2）市场部销售经理：问卷调查法、面谈法相结合；

3）企业发展部公共关系经理：问卷调查法、面谈法、职务表演法相结合。

（4）职务分析的步骤及时间安排如下：

3月10日　召集相关人员进行座谈，宣传并解释职务分析的目的、意义、作用及注意事项。

3月11—12日　职务分析小组成员分别进行职务分析设计。

3 月 13 日　小组成员对职务分析设计方案进行醒悟讨论和修改。

3 月 14—15 日　小组成员分别具体实施职务分析方案，收集职务信息。

3 月 16 日　小组成员分别进行职务信息分析。

3 月 17 日　小组成员分别编写职务描述和职务资格，要求初稿。

3 月 18 日　小组成员对信息分析和编写的文件初稿进行相互讨论。

3 月 19 日　将职务描述和职务资格要求与相关部门经理进行讨论。

3 月 20 日　召集相关人员进行座谈，对职务描述和职务资格要求进行最终定稿。

（5）职务分析小组构成如下：

组长：常务副总经理

副组长：人力资源部经理

成员：人力资源部招聘专员、人力资源部薪酬专员

人力资源部

年　　月　　日

4.4.3　职务分析调研报告样本

目的：在员工填写职务分析调查表和与员工面谈后，应该形成一份职务分析调研报告，作为职务分析信息采集的汇总。经过分析后，产生职务描述和职务资格要求。

时间：××月××日 9:30—11:30　　　地点：××会议室

职务分析人员姓名：×××

被调研职务：开发部经理　　　　　姓名：×××

1. 部门及个人做的工作

（1）具体开发。

（2）审查其他开发人员的开发文档。

（3）安排调研及外出工作。

（4）召集各部门开会。

（5）组织技术讨论与学习。

（6）向行政部申请本部门办公用品。

（7）系统维护。

（8）组织整理部门办公环境。

（9）整顿部门纪律。

（10）请假审批。

（11）设备申请预批。

（12）与部门人员沟通。

2. 部门现行开发作业流程

（1）收到要求调研的信息。

（2）准备调研计划（包括确定调研时间、地点、调研提纲，第一次调研由市场部进行联系）。

（3）实施调研。

（4）整理调研报告。

（5）编写需求规格说明书（要取得用户签字）。

（6）编写概要设计书、详细设计书。

（7）修改概要设计书、详细设计书。

（8）编码（产生的技术文档有开发报告、变更报告、开发总结等）。

（9）测试及调试（产生的技术文档有测试报告、软件问题报告等）。

（10）编写验收报告、使用说明书、维护手册。

（11）组织验收（小项目：由开发部组织；大项目：由开发部、市场部联合组织）。

（12）交工（文档：项目总结）。

（13）软件维护（由相关开发人员进行）。

3. 工作中最难解决的问题

（1）不必要的维护，浪费时间。

（2）越权领导。

4. 最容易职责不明的工作

5. 建议

4.4.4 人力资源需求计划表

日期：________

提出：________

部　门	计划需求时间	需要理由					需求人员			合计	备注
		A	B	C	D	E	主管	职工	工人		

续表

部　门	计划需求时间	需要理由					需求人员			合计	备注
		A	B	C	D	E	主管	职工	工人		
合计人数											

批准＿＿＿＿＿＿＿　主管＿＿＿＿＿＿＿　填表＿＿＿＿＿＿＿

注：需要理由中 A 表示递补；B 表示业务增加；C 表示新增业务；D 表示储备人才；E 表示其他。

说明：（1）本表由人力资源部提出。

（2）本表权责主管核准。

（3）本表尽量定期（月度）办理。

4.4.5　招聘计划样本

本招聘计划包括了招聘目标，信息发布时间和渠道，招聘小组成员名单，选择方案及时间安排，新员工上岗时间，招聘费用预算，招聘工作时间表等内容。

招 聘 计 划

1．招聘目标（人员需求）

职务名称	人数	其他要求
软件工程师	5	本科以上学历，35 岁以下。
销售代表	3	本科以上学历，相关工作经验 3 年以上。
行政文员	1	专科以上学历，女性，30 岁以下。

2．信息发布时间和渠道

＿＿＿＿＿＿＿　××日报　　　1 月 18 日

＿＿＿＿＿＿＿　××招聘网站　　　1 月 18 日

3．招聘小组成员名单

组长：××（人力资源部经理）对招聘活动全面负责。

成员：××（人力资源部薪酬专员）具体负责应聘者接待，应聘资料整理。

××（人力资源部招聘专员）具体负责招聘信息发布，面试、笔试安排。

4．选拔方案及时间安排

（1）软件工程师

资料筛选	开发部经理	截止到1月25日
初试（面试）	开发部经理	1月27日
复试（笔试）	开发部命题小组	1月29日

（2）销售代表

资料筛选	销售部经理	截止到1月25日
初试（面试）	销售部经理	1月27日
复试（面试）	销售副总	1月29日

（3）行政文员

资料筛选	行政部经理	截止到1月25日
面试	行政部经理	1月27日

5．新员工的上岗时间

预计在2月1日左右

6．费用招聘预算

××日报广告刊登费　　4 000元

××招聘网站信息刊登费　　800元

合计：4 800元

7．招聘工作时间表

1月11日：起草招聘广告。

1月12—13日：进行招聘广告版面设计。

1月14日：与报社、网站进行联系。

1月18日：报社、网站刊登广告。

1月19—25日：接待应聘者，整理应聘资料，对资料进行筛选。

1月26日：通知应聘者面试。

1月27日：进行面试。

1月29日：进行软件工程师笔试（复试）、销售代表面试（复试）。

1月30日：向通过复试的人员通知录用。

2月1日：新员工上班。

人力资源部

年　　月　　日

4.4.6　招聘工作报告表

应聘人数	人	初试合格	人	面试合格	人
复试合格	人	合格率	%	招聘完成率	%
费用预算	元	实际支出	元	节约/超支率	%
预定时间	天	实际时间	天	提前/滞后率	%
计划招聘方式			实际采用方式		

各职位应聘情况报告

序号	甄试职位	应聘人数	初试合格	复试合格	甄选人数	到岗试用

制表：　　　　　　　复核：

本章习题

一、名词解释

1. 职务分析
2. 职务描述

3. 工作日志法
4. 职务说明书
5. 职务评价

二、选择题

1. 职务工作的四大特征有：工作的输出特征、工作的输入特征、工作的转换特征和(　　)。

A. 工作的关联特征　　B. 工作的信息特征

C. 工作的职责特征　　D. 工作的岗位特征

2. 职务说明书的要件包括：职务名称、工作概要、工作职责、工作方式和(　　)。

A. 岗位工资　　B. 任职资格

C. 专业技能　　D. 职务级别

3. 职务评价的依据有：市场相对价格和(　　)。

A. 养老保险缴费　　B. 企业管理政策

C. 职务分析结果　　D. 年龄结构排序

4. 职务评价的方法主要有：总体排序法和(　　)。

A. 定标套级法　　B. 因素比较法

C. 加权计分法　　D. 方差分析法

5. 加权计分法其步骤包括：选择评价的要素和(　　)。

A. 评价要素的定义　　B. 评价要素的权重

C. 评价要素等级的划定　　D. 各要素等级的测分

三、判断题

1. 总体排序法是按照一定的规则对各个职务从总体上进行重要性排序。(　　)

2. 加权计分法与要素比较法一样，也是先选择评价要素。(　　)

3. 配对比较法是将所有要进行评价的职务都放在一起，两两配对进行比较。(　　)

4. 方差分析法的技术核心是通过方差分析确定职务可比价值各成分的权重。(　　)

5. 公认性是指选择的要素应当为评价者和被评价者双方都认可，特殊情况下可以被相关者不接受。(　　)

四、简答题

1. 简述职务分析的相关术语。
2. 简述职务说明书的编制原则。
3. 简述定标套级法。
4. 简述职务评价的依据。
5. 简述加权计分法。

五、案例题

【案情】

A公司是我国中部省份的一家房地产开发公司。近年来，随着当地经济的迅速增长，房产需求强劲，公司有了飞速的发展，规模持续扩大，逐步发展为一家中型房地产开发公司。随着公司的发展和壮大，员工人数大量增加，组织结构和人力资源管理的问题逐渐凸显出来。

公司现有的组织机构，是基于创业时的公司规划，随着业务扩张的需要逐渐扩充而形成的，在运行的过程中，组织与业务上的矛盾已经逐渐凸显出来。部门之间、职位之间的职责与权限缺乏明确的界定，扯皮推诿的现象不断发生；有的部门抱怨事情太多、人手不够，从而导致任务不能按时、按质、按量完成；有的部门又觉得人员冗杂、人浮于事、效率低下。

公司的人员招聘方面，用人部门给出的招聘标准往往含糊，招聘主管往往无法准确地加以理解，使得招来的人大多差强人意。同时，目前的许多岗位不能做到人事匹配，员工的能力不能得以充分发挥，严重挫伤了士气，并影响了工作的效果。公司员工的晋升以前由总经理直接做出。现在公司规模大了，总经理已经几乎没有时间来与基层员工和部门主管打交道，基层员工和部门主管的晋升只能根据部门经理的意见来做出。而在晋升中，上级和下属间的私人感情成为决定性的因素，有才干的人往往并不能获得提升。因此，许多优秀的员工由于看不到自己未来的前途，而另寻高就。在激励机制方面，公司缺乏科学的绩效考核和薪酬制度，考核中的主观性和随意性非常严重，员工的报酬不能体现其价值与能力，人力资源部经常可以听到大家对薪酬的抱怨和不满，这也是人才流失的重要原因。

面对这样严重的形势，人力资源部开始着手进行人力资源管理的变革，变革首先从进行职位分析和确定职位价值开始。职位分析、职位评价究竟如何开展，如何抓住职位分析、职位评价过程中的要害点，为公司本次组织变革提供有效的信息支持和基础保证，是摆在A公司面前的重要课题。

首先，他们开始寻找进行职位分析的工具与技术。在阅读了国内目前流行的基本职位分析书籍之后，他们从其中选取了一份职位分析问卷，来作为收集职位信息的工具。其次，人力资源部将问卷发放到了各个部门经理手中，同时他们还在公司的内部网上也上发了一份关于开展问卷调查的通知，要求各部门配合人力资源部的问卷调查。

据反映，问卷在下发到各部门之后，一直搁置在各部门经理手中，而没有发下去。很多部门直到被人力资源部开始催收，才把问卷发放到每个人手中。同时，由于大家都很忙，很多人在拿到问卷之后，都没有时间仔细思考，草草填写完事。还有很多人在外地出差，或者任务缠身，自己无法填写，而由同事代笔。此外，据一些较为重视这次调查的员工反映，大家都不了解这次问卷调查的意图，也不理解问卷中那些生疏的管理术语，如何为职责、工作目的，许多人对此并不理解。很多人想就疑难问题向人力资源部进行询问，可是也不知道具体该找谁。因此，在回答问卷时只能凭借自己的理解来进行填写，无法把握填写的规范和标准。

一个星期之后，人力资源部收回了问卷。但他们发现，问卷填写的效果不太理想，有一部分问卷填写不全，一部分问卷答非所问，还有一部分问卷根本没有收上来。辛劳调查的结果却没有发挥它应有的价值。

与此同时，人力资源部也着手挑选一些不同职位的员工进行访谈，但在试着谈了几人之后，发现访谈的效果也不好。因为，在人力资源部，能够对部门经理访谈的人只有人力资源部经理一人，主管和一般员工都无法与其他部门经理进行沟通。同时，由于经理们都很忙，能够把双方凑在一块，实在不易。因此，两个星期之后，只访谈了两位部门经理。

人力资源部的几位主管负责对经理级以下的人员进行访谈，但在访谈中，出现的情况却出乎意料。在大部分的访谈时间里，被访谈人几乎一直在发牢骚，指责公司的管理问题，抱怨自己的待遇不公，等等。而在谈到与职位分析相关的内容时，被访谈人往往又言辞闪烁，顾左右而言他，似乎对人力资源部这次访谈不太信任。访谈结束之后，访谈人都反映对该职位的了解程度还停留在模糊阶段。这样持续了两个星期，访谈了大概 1/3 的预定员工。王经理认为时间不能拖延下去了，因此决定开始进入项目的下一个阶段——撰写职位说明书。

可这时，各职位的信息收集却还不完全。人力资源部在无奈之中，不得不另觅他途。于是，他们通过各种途径从其他公司中收集了许多职位说明书，试图以此作为参照，结合问卷和访谈收集到的一些信息来撰写职位说明书。

在撰写阶段，人力资源部还成立了几个小组，每个小组专门负责起草某一部门的职位说明，并且还要求各组在两个星期内完成任务。在起草职位说明书的过程中，人力资源部的员工都颇感为难，一方面不了解其他部门的工作，且问卷和访谈所提供的信息又不准确；另一方面大家缺乏写职位说明书的经验，因此，写起来都感觉很费劲。规定的时间快到了，很多人为了交稿，不得不急急忙忙地东拼西凑了一些材料，再结合自己的判定，最后成稿。

最后，职位说明书终于出台了。然后，人力资源部将已成稿的职位说明书下发到各部门，同时，还下发了一份文件，要求各部门按照新的职位说明书来界定工作范围，并按照其中所规定的任职条件来进行人员的招聘、选拔和任用。但这却引起了其他部门的强烈反对，很多直线部门的管理人员甚至公开指责人力资源部，说人力资源部的职位说明书完全不符合实际情况。

于是，人力资源部专门与相关部门召开了一次会议来推动职位说明书的应用。人力资源部经理本来想通过这次会议来说服各部门支持这个项目。但结果却恰恰相反，在会上，人力资源部遭到了各部门的一致批评。同时，由于人力资源部对其他部门不了解，对于其他部门所提的很多问题，也无法进行解释和反驳。因此，会议的最终结论是，公司让人力资源部重新编写职位说明书。后来，经过多次重写与修改，职位说明书始终无法令人满足。最后，职位分析项目也就不了了之了。

人力资源部的员工在经历了这次失败的项目后，对职位分析彻底丧失了信心。他们开始认为，职位分析只不过是“雾里看花，水中望月”的东西，说起来挺好，实际上却没有什么大用，而且认为职位分析只能针对西方国家那些管理先进的大公司，用到中国的企业上，根本就行不通。原来雄心勃勃的人力资源部经理也变得灰心丧气，但他却一直对这次失败耿耿于怀，对项目失败的原因也百思不得其解。

那么，职位分析真的是他们认为的“雾里看花，水中望月”吗？该公司的职位分析项目为什么会失败呢？

【问题】

1. 该公司为什么决定从职位分析入手来实施变革，这样的决定正确吗？为什么？
2. 在职位分析项目的整个组织与实施过程中，该公司存在着哪些问题？
3. 该公司所采用的职位分析工具和方法主要存在着哪些问题？

扫二维码阅读更多案例

第 5 章

面　试

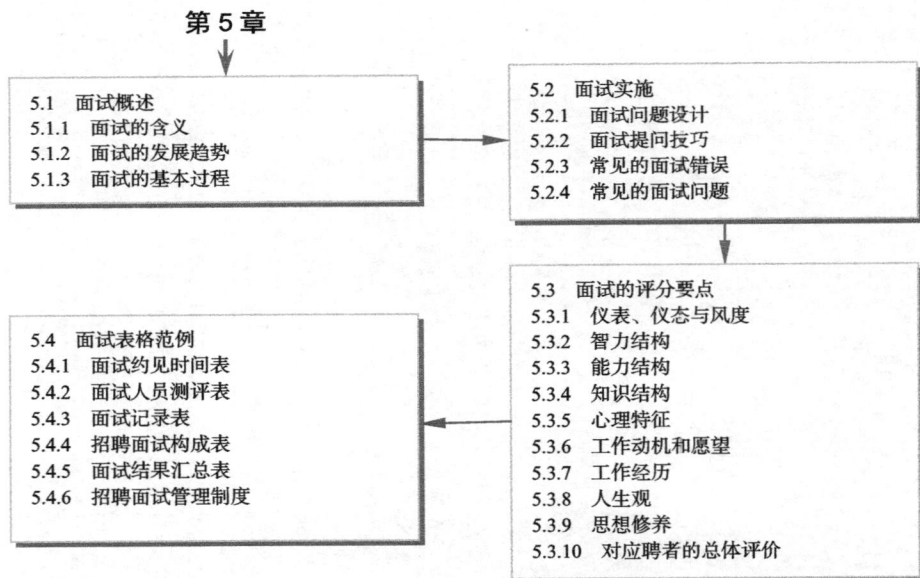

本章重点掌握

面试的含义和基本过程；面试问题设计、提问技巧和常见错误；面试的评分要点。

学习导航

第 5 章

5.1　面试概述
- 5.1.1　面试的含义
- 5.1.2　面试的发展趋势
- 5.1.3　面试的基本过程

5.2　面试实施
- 5.2.1　面试问题设计
- 5.2.2　面试提问技巧
- 5.2.3　常见的面试错误
- 5.2.4　常见的面试问题

5.3　面试的评分要点
- 5.3.1　仪表、仪态与风度
- 5.3.2　智力结构
- 5.3.3　能力结构
- 5.3.4　知识结构
- 5.3.5　心理特征
- 5.3.6　工作动机和愿望
- 5.3.7　工作经历
- 5.3.8　人生观
- 5.3.9　思想修养
- 5.3.10　对应聘者的总体评价

5.4　面试表格范例
- 5.4.1　面试约见时间表
- 5.4.2　面试人员测评表
- 5.4.3　面试记录表
- 5.4.4　招聘面试构成表
- 5.4.5　面试结果汇总表
- 5.4.6　招聘面试管理制度

5.1 面试概述

引导案例 5-1

意想不到的面试效果

有一个相貌平平的女孩子去应聘，顺利地通过了初试和复试，在决定能否聘用的面试中，招聘方的总经理当面告诉她不能被聘用，理由是她的形象不适合所应聘的公关业务。女孩觉得很伤自尊、很憋气。本来那扇门已经关闭了，她却头脑一热突然转回身又打开了门，对主持面试的老板说道："主动权掌握在您的手里，说起来我没有讨价还价的资格。本来，您不需要理由就可以决定我是否被聘用，但您给了，而且给我的理由恰恰是一个不能被我接受的理由。我可以用一分钟换一套衣服，用 30 分钟换一种发型，但我的学识和内涵才是真正可贵的。我具有头脑冷静、随机应变的特质，这些是公关职位真正需要的能力，也是我多年磨炼的结果，是无法用服装、发型这类因素改变的。"本来她这样做只是想出一口气，不料她恰恰用这种方式展现了自己的过人之处，第二天，公司和女孩联系，告诉她她被录用了。

后来，她总结这次应聘经历时说："如果把人和鸟儿放在一起做一个比较，人有那么发达的大脑，自然比鸟儿聪明得多，但人有一点比不上头脑简单的鸟儿：鸟儿可以把自己生命中最可贵的东西——美丽的羽毛，在最短时间内展示出来，引起异性的注意，通过求偶的'面试'，但人却不能。生活的节奏越来越快，竞争也越来越激烈，这个时代已经很难给人一种机会，能像泡工夫茶一样让一个人的优秀特质慢慢地显露出来。为了能够在竞争中更好地生存，人应该学一学鸟儿，学会在最短的时间内展示自己最优秀的一面。"到名企工作，如今已成为许多人的夙愿。作为应聘者，了解和熟悉名企的一些面试考核的基本方法，对顺利通过面试，实现自己的理想非常重要，正如兵书上所说"知己知彼，方能百战百胜"。

（资料来源：https://wenku.baidu.com/ 有改动）

思考题：结合该案例和本节的内容，谈谈你对面试的认识。

5.1.1 面试的含义

人们对面试的确切含义至今众说纷纭。有人认为，面试就是谈谈话、见见面而已；有人认为，面试就是口试，口试就是主考官与应聘者交谈，应聘者以口头答询问题的考试形式；有人认为，面试是通过外部行为（语言的与非语言的）的观察与评价，来实现对应聘者内在心理素质进行测评的目的；有人认为，面试即面谈加口试，是通过主考官与应聘者直接见面、边提问边观察、分析、评价应聘者的仪表气质、言谈举止、体质精力以及相关素质能力，权衡是否与职位要求相适应的考试方式。

事实上，面试与一般的谈话是不一样的：第一，如果把面试定义为面对面交谈，那么面试就无法与一般性的日常交谈区别开来，没有反映出面试的素质测评特点；第二，如果把面试定义为口试，虽然反映了面试是一种以口头语言交流为中介的考试，但没有反映出面试观察和推理判断的特点；第三，面试中招聘者起主导作用，应聘者起主体作用，而谈话中双方的地位是平等的；第四，大多数面试中的问题是预先设定的，而谈话的内容比较多样化，随机性很强；第五，面试的主要目的是甄选员工，详细地说就是应聘者能否担任某职，与其他应聘者相比，这个人如何，而谈话更强调双方的情感沟通。

由此可见，面试是测查和评价人员能力素质的一种考试活动。具体地说，面试是一种经过组织者精心设计，在特定场景下，以考官对考生的面对面交谈与观察为主要手段，由表及里测评考生的知识、能力、经验等有关素质的一种考试活动。

5.1.2 面试的发展趋势

（1）形式的丰富化。面试早已突破那种两个人面对面一问一答的模式，呈现出丰富多彩的形式。从单独面试到集体面试，从一次性面试到分阶段面试，从非结构化面试到结构化面试，从常规面试到引入了演讲、角色扮演、案例分析、无领导小组讨论等的情景面试。

（2）程序的结构化。以前，对面试的过程缺乏有效把握，面试的随意性大，面试效果也得不到有效保证。为了改进这一点，目前许多面试的操作过程已逐步规范起来。从主考官角度，面试的起始阶段、核心阶段、收尾阶段要问些什么，要注意些什么，事先一般都有一个具体的方案，以提高对面试过程和面试结果的可控性。

（3）提问的弹性化。以前许多面试基本等同于口试，主考官的提问问题一般都事先拟定好，应聘者只须抽取其中一道或几道回答即可，主考官一般不再根据问题回答情况提出新问题。主考官评定成绩仅依据事先拟定的具体标准答案，仅看回答内容的正确与否来评分。实际上这只不过是化笔试为简单的口述形式而已。现在则不同，面试中主考官问题的提出虽源于事先拟定的思路，但却是适应面试过程的需要而自然提出的，也就是说后一个问题与前一个问题是自然相接的，问题是围绕测评的情景与测评的目的随机出现的。最后的评分不是仅依据回答内容的正确与否，还要综合总体行为表现及整个素质状况评定，充分体现了因人施测与发挥主考官主观能动性的特点。

（4）结果的标准化。以前，许多面试的评判方式与评判结果没有具体要求，五花八门，可比性差。近年来，面试结果的处理方式逐渐标准化、规范化，基本上都是趋于表格式、等级标度与打分形式等。

（5）测评内容的全面化。面试的测评内容已不仅限于仪表举止、口头表述、知识面等，现已发展到对思维能力、反应能力、心理成熟度、求职动机、进取精神、身体素质等全方位的测评。且由一般素质为测评依据发展到主要以拟录用职位要求为依据，包括一般素质与特殊素质在内的综合测评。

（6）考官的内行化。以前的面试，主要由人力资源部门的人专门主持。后来实行人力资源部门、具体用人部门和人力资源测评专家共同组成面试考评小组。现在，许多企业实行用人部门人员培训面试测评技术，人力资源部门人员培训业务专业知识，并进行面试前的集中培训，面试考官的素质有了很大提高。"一流的伯乐选一流的马"，面试考官的素质对于提高面试的有效性、保证面试的质量起着极为关键的作用。

5.1.3　面试的基本过程

1. 热身

面试可能是主考官与应聘者初次见面，所以面试的开始通常围绕一般性社交话题，问题多为友善、客套、比较随便的，目的在于打破隔膜，使应聘者消除紧张等。例如：

"我们单位所在的地方难不难找？"（如果此处地址较偏远。）

"你从事××行业已经多年，必定很有经验吧？"（如应聘者属有工作经验者。）

2. 查明背景资料

这阶段的问题主要围绕应聘者所填报的各项资料。

先要了解应聘者提供的资料。如果面试时所提供的资料与简历上的不同，说明应聘者虚构资料，从而首先剔除。对没有虚构资料的应聘者来说，可以问及简历里提到的资料，看应聘者如何解释。

"请用三分钟时间做一下自我介绍。"

"简略介绍你的家庭成员。"

"你为什么时常换职业？"

"你有什么业余/课余活动？"

"在简历表中，你提到喜欢阅读，可否介绍一两本你喜欢的书籍或杂志？"

如果对这些看似简单的问题没有充分的心理准备的话，可能会不知所措，做出较为幼稚的回答。比如自我介绍，若事前没有准备，很可能再叙述一遍已列于履历表中的一些基本资料。实际上这是一个非常利于突出应聘者的机会。

3. 进入正题

这个阶段的问题主要针对应聘者关于企业的业务范围、岗位结构、工作方针、发展方向、政策，以及对所申请职位的认识（如工作性质、内容及职业范围）等。目的在于判断应聘者对该职业的兴趣及诚意。以下是一些常见的问题：

"你有没有看过我们单位出版的年报？对我们去年的业绩有什么意见？"

"你对这行业的看法如何？"

"照你看，我们单位最大的劲敌是谁？"

“你能否简略说明我们单位的业务范围？”

“你认为我们应该致力于发展什么系列产品？你是否认为这些产品在市场上仍有竞争能力？”

“你认为什么人才适合担任这项工作，应具备哪些资历及条件？”

“依你的看法，这职位最主要的责任是什么？”

这些问题如果想答好，需要多做准备工夫。试想，如果被问及“你为什么加入我们单位”时，答案只是“因为有规模、名气大……”等，却未能提供进一步的有关资料，一定很难令雇主相信你的诚意。确定应聘者对企业及职位的兴趣是大多数的雇主关心的问题，如果谁在面试时这部分问题应付不当，被主考官考虑录用的可能性便会大打折扣。

4．评审应聘者是否适合

这个阶段是整个面试过程中的最高潮，并具决定性的影响力。主考官一般从以下几个方面评判应聘者是否适合：

（1）应聘者的学历/资历。

（2）应聘者是否具备所需的技巧/知识等。

（3）应聘者是否有同一行业的工作经验。

（4）应聘者的个性能否符合工作需要。

（5）应聘者以往的工作表现及推荐者的评语。

这个阶段问题所涉范围广、不容易预测，而不同主考官亦因其阅历、背景不同自有一套评选的方法，挑选适合自己心意的应聘者。当然，“合心意”也包括双方交谈时投机，对事情的看法有共鸣。应聘者仍需注意所谓的“有共鸣”不等于要对主考官“唯唯诺诺”。完全没有自己的见解立场，将弄巧成拙，被主考官认为无主见或看风使舵。

5．讨论聘用条件

这个阶段的问题通常在初次面试时不会出现，但也有考官喜欢预先了解应聘者对这方面的期望。应聘者的回答既不能对薪水福利斤斤计较，也不能故作清高，说薪水无所谓。应预先了解本行业的薪水状况，被问及时，最好按市场同类职位薪金提一个范围，这样比较灵活；如果对工作颇感兴趣，待遇稍低也可以接受。或者你可以将现在职位的薪金提供给主考官作为参考，这样他便对你的期望有心理准备。

有些应聘者会在面试快要结束时主动向主考官打听该职位的薪酬福利等情况，结果是欲速则不达。具备人力资源专业素养的主考官是忌讳这种行为的。其实，如果招聘企业对应聘者感兴趣的话，自然会提及其薪酬要求。

5.2　面试实施

引导案例5-2

沈新物流公司是这样做面试问题设计的

1. 道德素质考察问题设计

一般而言，道德素质的考察以动机式问题或情境式问题+动机式问题的情况出现。举几个例子："您认为在您成长过程中对您影响最大的是谁？为什么？""您平时喜欢结交哪些类型的朋友？""在您的同事中，您最欣赏的是谁？认为最难合作的是谁？为什么？""您对您之前的（公司）上级有些什么样的评价？""您的毕业时间是2008年，可工作时间却是从2006年开始的，为什么？""从您的简历看，您在这家公司接受了很多培训，为什么想离开呢？""您当时那么处理是基于哪些因素考虑的？"

在这些问题中，有些容易发现直接的负面信息，有些却只能得到可以折射的信息。面试官通常需要对获得的信息进行互相验证，同时和整个面试过程得到的其他信息相验证才能做出更准确的判断。

2. 能力素质考察问题设计

能力素质包括通用能力和专业能力。而专业技能又是通用能力在实际工作中的具体应用。能力的考察主要用情境式问题，最好是招聘岗位容易遇见的典型情境。在考察过程中，人力资源部侧重于通用能力的考察，用人部门则侧重于专业能力的考察。人力资源部和用人部门都需要对应聘者的工作经验进行考察，人力资源部主要是验证应聘者做过什么、有哪些优势，考察其回答是否和简历中有矛盾之处。用人部门主要是验证工作经验积累的深度以及与招聘岗位的适合度，考察应聘者是否有培养潜质。人力资源部侧重以"What"与"Why"的形式提问，即从内容和动机两个方面进行考察，为用人部门深入提问提供基础信息，从而节省时间。如："您在这家公司的重点工作是什么？""在这么多年的销售工作中，您最有成就感的工作是什么？为什么？""您进这家公司的时候是什么职位？您认为公司在这么短的时间内将您提升到现在这个职位的原因是什么？""您现在的直接下属有多少人？是怎么分工的？"

在询问过程中，面试官关注更多的是应聘者的陈述是否坦然，神情是否自然，是否有"背书"的现象，是否有明显的前后矛盾，内容是否空泛，解决问题的思路是否清晰等。一般而言，对工作内容是否符合逻辑、工作业绩是否合理等只做记录不做评判。

用人部门侧重以"How""When""Where"的形式提问，即从完成任务的方式和环境进行考察，从而判断应聘者的专业性。如："你是怎么完成这项任务的？""是在什么时候？什么季节？""当时你负责的是哪个省区？"

在询问过程中，面试官更关注的是工作经验积累是否符合公司要求，工作业绩是否符合客观事实，是否具备培养潜质等。

总之，面试问题设计主要抓住三点：第一，动机；第二，经验；第三，能力。动机又包含两个方面，一是求职动机，二是简历中的疑点。这一点相对简单，面试问题几乎对于任何职位都可以通用。问题的设计依据则是招聘岗位的岗位职责，换句话说，需要做什么则重点问哪段经历。但不能以“是否式”封闭型问题询问，而应遵循STAR原则，从应聘者过去的经验判断与招聘岗位的匹配度。能力考察以情境式问题为主，用人部门以实际工作中容易碰到的典型情境设问为佳，人力资源部则可以能折射相关能力的情境设问，从而从不同角度验证应聘者的能力，避免在工作中应聘者碰到过类似情境则表现较好，没碰到过类似情境则表现较差。

（资料来源：http://www.xumurc.com/ 有改动）

思考题：结合该案例和本节的内容，谈谈你对面试问题设计的认识。

5.2.1 面试问题设计

面试提问的问题可以分为两类，一类是测试应聘者的综合素质，另一类是测试应聘者的专业素质。所谓“随意性很大”一般表现在进行综合素质测试阶段。因为测试的是综合素质，很多主考官认为可以海阔天空地聊，最后给出一个综合评价即可。这种看法是不对的，至少可以说是不科学的。

在综合素质测试中，主要了解应聘者以下一些综合素质：表达能力、概括能力、逻辑性、组织协调能力、责任心、自我认识能力、自信心、分析能力、心理承受能力和应变能力等。对于不同岗位的应聘者，对上述各能力的具体要求也不同。比如，对于销售人员，要侧重强调表达能力、自信心、心理承受能力和应变能力；对于技术开发人员要强调逻辑性、责任心和分析能力；而对于职能部门员工，则要注意责任心、组织协调能力、心理承受能力和应变能力等。

（1）测试表达能力、概括能力和逻辑性。让应聘者做一个自我介绍，或者讲述一下自己的主要工作业绩。通过表达的清晰性、流畅性可以看出应聘者是否善于表达，是否有逻辑性。如问题“你在以往工作中遇到过什么困难，你是如何解决这些困难的？”同样可以考察应聘者的逻辑性。

（2）测试组织协调能力。可以询问一些应聘者以前组织过的活动，如“你在单位（学校）经常组织活动吗？请具体描述你是怎样组织一次活动的，你在其中的职责是什么？”“在你主管的部门（项目）中，你是如何给每个人分派工作的，怎样协调他们之间的关系？”

（3）测试责任心。可以询问“你是否愿意向上级提出合理化建议？”“假如分配给你的一项任务眼看期限已到，难以完成，你怎么办？”另外可以让应聘者进行自我评价，来测评他的自我认识能力。比如，“请对你的优点和缺点做一个评价。”“请对自己的个性特征做一个评价。”要注意了解应聘者是否具有自我反省的能力，是否能够对自己进行客观的评价。

（4）测试应变能力。“假如分配给你一项全新的工作，你该如何入手？”“你怎样解决工作中的难题，请举例说明过程。”这些问题可以测试应聘者的分析能力。“我觉得你的谈话有些言过其实。”“你现在的公司对你相当不错，你要离开，你觉得合适吗？”

在面试提问过程中，还要注意应聘者的回答是否准确和真实。有些应聘者会有意无意地夸大自己的优点，忽略自己的缺点。如果主考官对应聘者所讲内容的真实性产生怀疑，则需要让应聘者举一些例子来证明他所讲内容的真实性。另外还可以问“为什么做？”“怎么做的？”“结果如何？”从而分析应聘者讲述内容的真实性。要注意留意应聘者所讲的内容前后是否一致。

另外，在面试提问中要注意应聘者的动机。首先是企业运作方式、价值观与个人愿望的吻合程度，其次是工作职责与个人愿望的吻合程度，最后是工作地点和个人愿望的吻合程度。如果这三项中有一项的吻合程度较差，则应聘者和企业的适合度就会下降，主考官要考虑该应聘者是否能够通过面试。

5.2.2 面试提问技巧

提问技巧的灵活性十分关键，必须做得很自然，除了自己没人能意识到主考官的意图。适合一种情况的提问方式在另一种情况下可能给出虚假、误导信息，更糟的是完全没有信息。以下 11 种技巧将帮助应聘者随机应变，提高面试的有效性。

1. 封闭式提问

这是面试中最常见的提问方式，也是最被滥用的。主考官在面试中经常提出这样的问题：“你是否能在压力下工作？”只有“是”或“否”两种可能答案。

主考官毫无信息可循，无从评估各个应聘者的不同之处。虽然封闭式提问最普遍的用法不适当，但当主考官寻求承诺（如“你可以周一来上班吗？”）或回想或证实先前面试中收集到的信息时，这是有用的提问技巧（如“你在××公司工作了 10 年？”）。主考官还可以运用它来继续话题，如果在同一个话题中有一连串的提问。

2. 开放式提问

这种提问方式逻辑上是与第一种方式相对的。应聘者不能以“是”或“否”来回答，而要进行解释。例如，“你如何做到在压力下工作？”这是个开放式提问，要求应聘者详细回答。这种方式优于封闭式提问，保证可以让应聘者讲话而主考官在旁聆听。

这些问题通常这样开头：“我想知道……”“你可以把……说来听听吗？”

3. 对以往行为提问

对以往行为的提问是基于以往行为可以预测未来行为的前提上。这些提问本质上是开放式，但着重于询问以往行为的具体例子。通常这样问：“说说在……时你的情况。”“给我一个……的例子。”在面试中询问以往行为，这样应聘者就会意识到他要讲出以往行为的详细例子。

4．负面协调提问

在面试中，主考官通常会相信在某个领域做得很好的一位应聘者在所有领域都会做得同样好。事情并非如此。当应聘者头上出现光环时主考官要控制住自己，寻找应聘者的弱点。可以试着问："十分让人钦佩。是否曾有些事情做得不太好？"或简单地问："现在你能否举个例子说说你不那么自豪的方面呢？"

5．负面确认

当主考官寻求和发现负面因素时，可能为自己仍保持客观而高兴，并继续面试下去，或者主考官所得到的答案糟透了，足以成为负面确认的根据。一方面，如果面试顺利，可以帮主考官避免聘用不合适的人；另一方面，主考官可能发现应聘者所说的负面情况是一次性行为，不足为忧。

6．反问

反问可帮助主考官冷静地控制谈话，无论应聘者如何健谈。例如，应聘者开始讲述自己的各种各样经验时，可以用反问来打断他，进入其他话题。例如，"时间很短，我想最好谈谈其他方面，好不好？"应聘者的反应将是"好"，于是谈话得以继续下去。

7．反射陈述

结合沉默这个最有效的工具来运用反射陈述是微妙的探究形式。这种技巧是将一个重要的陈述反射或变换措辞，然后闭上自己的嘴巴、点头和饶有兴趣地望着应聘者。

运用反射陈述来抓住应聘者答案的要领，并取得更多细节。重复重要陈述的内容（如"那么如果你迟到 2 小时，就会用早起 2 小时来补偿"），然后就坐着，等应聘者延续这个反射陈述。

8．哄骗性提问

哄骗性提问多被滥用，因为这可以让主考官玩弄权力游戏。这种提问方式要求应聘者在两难的选项中做决定。例如，"你认为盗用公款和伪造文件哪一种罪责轻点？"荒谬的哄骗性问题和要求小心做判断的问题之间有界线。对于大多数主考官，这个技巧在探究应聘者的决策方式时十分有用。最易和最有效的实施方法是想出现实生活中需要小心考虑的两种不同情况，然后以此作为提问的背景，问题可以这样开头："我有兴趣知道如果……你怎么做？"或"……的情况下你怎么做？"

主考官有时会考核应聘者的商业判断能力及商业道德方面的素养。比如，主考官在介绍诚实守信的企业文化之后或索性什么也不介绍，问："您作为财务经理，如果我要求您一年之内逃税 1 000 万元，那么您会怎么做？"如果您当场抓耳挠腮地思考逃税计谋，或者文思泉涌，立即列举出一大堆方案，都证明您上了圈套。实际上，在几乎所有的国际化大企业中，遵纪守法是员工行为的最基本要求。

9. 半正确反问

这种提问方式用于赶走唯唯诺诺的人、无可挽救的不合资格人选、拒绝提供信息的怪人和有能力但不肯开口的人。这种提问方式是做出正确的陈述，要求应聘者赞同。例如，“我总是认为为顾客服务只能在付清账单后才提供，你认为对不对？”这个半正确反问的例子总是产生吸引人的回答。

10. 引导提问

这是由主考官引导应聘者趋向一种特定的回答方式。这种提问方式通常是主考官解释应聘者将加入什么样的公司时偶然产生的结果。主考官可能自豪地解释道：“我们是家发展迅速的公司，总是有压力，经常要赶最后限期和满足不断增加的顾客需求。”然后问：“你如何应付压力呢？”应聘者知道要抓住机会，他必须以某种方式回答，然后就这样去做了。这不是说引导问题不可取，与封闭式问题一样，要运用适当。最好在求证信息时使用，让应聘者延续一个特定问题。例如，“我们公司认为顾客永远是对的。你怎么认为？”但主考官只能在应聘者在某特定领域已有经验或成绩时才能运用这个技巧。另外，引导提问不应在面试初期运用或混杂在一些复杂的半正确反问中。

11. 分层提问

好的问题若表达不佳会失去穿透力，给应聘者不完整或误导信息。分层提问可以探出完整和多层面的答案。让我们再举上面的例子：希望知道应聘者能不能在压力下工作。许多主考官只会简单地问：“你能在压力下工作吗？”虽然意图是好的，但提问方式错误。

主考官应该借鉴记者的提问方式。记者运用以上所有讨论过的方法，以不同角度探究真理，询问人、事物、原因、时间、地点五要素（5W）。在这里主考官也可以这样做，将封闭式提问与其他方式掺杂一起。

“你能在压力下工作吗？”（封闭式）

“说说你在压力下工作时的情况吧。”（开放式）

“那么，要赶在最后限期前完成很困难吧？”（反射陈述）

“谁负责呢？”

“为什么让这种情况出现？”

“问题源自哪里？”

现在同一个问题有8个不同角度，每个角度透出应聘者个性、成绩和行为的不同层面。事实上这种分层技巧使提问在理论上是无尽的，要看主考官想要多全面。

主考官提任何问题时，不应接受应聘者的第一个答案，主考官有权细查。如果发现答案里缺少了什么东西，用分层法继续提问。

5.2.3 常见的面试错误

1. 对于招聘方而言

面试准备不充分。据调查数据表明40%的企业在进行面试前都不做充分的准备，多是凭经验和拍脑袋决策。其主要错误表现和预防方法如下：

（1）面试目的不明确。通过本次面试，要达到什么目的，面试的重点是什么，要不要先向应聘者介绍工作岗位的真实情况，是否允许应聘者提问，其他面试考官会问一些什么问题等。

（2）面试缺乏系统性。面试的系统性要求设计出结构完整的面试流程，各个流程之间应密切联系起来。为了保证面试的系统性，主考官应事先根据招聘岗位的要求制定出完整的面试提纲。面试的流程应该有怎样的顺序，每个步骤要完成什么工作，获取什么信息，在制定面试提纲时都应该考虑到。

（3）面试问题设计不合理。面试问题的设计首先要确定岗位才能确定构成和比重，其次要根据才能和评价要素权重，准备问题形式和数量，并列出问题列表。

（4）面试主考官缺乏培训。面试是一项复杂的工作，主考官必须掌握一定的面试技巧，才能保证面试过程的有效实施，保证面试结果的科学性和客观性。其培训的内容一般包括提问的技巧、追问的技巧、评价标准的掌握等。

2. 对于应聘者而言

（1）不善于打破沉默。面试开始时，应聘者不善于“破冰”，而等待主考官打开话匣。面试中，应聘者出于种种顾虑，不愿主动说话，结果使面试出现冷场。即便能勉强打破沉默，语音、语调亦极其生硬，使场面更显尴尬。实际上，无论是面试前或面试中，应聘者主动致意并与主考官交谈，会留给主考官热情和善于与人交谈的良好印象。

（2）与主考官“套近乎”。具备一定专业素养的主考官是忌讳与应聘者套近乎的，因为面试中双方关系过于随便或过于紧张都会影响主考官的评判。过分“套近乎”亦会在客观上妨碍应聘者在短短的面试时间内，做好专业经验与技能的陈述。聪明的应聘者可以列举一至两件有根有据的事情来赞扬招聘企业，从而表现出对企业的兴趣。

（3）为偏见或成见所左右。有时候，参加面试前自己所了解的有关主考官或该招聘企业的负面评价，会左右自己面试中的思维。误认为貌似冷淡的主考官或是严厉或是对应聘者不满意，因此十分紧张。还有些时候，主考官是一位看上去比自己年轻许多的小姐，心中便开始嘀咕：“她怎么能有资格面试我呢？”其实，在招聘面试这种特殊的采购关系中，应聘者作为供方，需要积极面对不同风格的主考官即客户。一个真正的销售员在面对客户的时候，他的态度是无法选择的。

（4）慷慨陈词，却举不出例子。应聘者大谈个人成就、特长、技能时，聪明的主考官一旦反问："能举一两个例子吗？"应聘者便无言应对。而主考官恰恰认为：事实胜于雄辩。在面试中，应聘者要想以其所谓的沟通能力、解决问题的能力、团队合作能力，领导能力等取信于人，唯有举例。

（5）缺乏积极态势。主考官常常会提出或触及一些让应聘者难为情的事情。很多人对此面红耳赤，或躲躲闪闪，或撒谎敷衍，而不是诚实地回答，进行正面解释。比方主考官问："为什么 5 年中换了 3 次工作？"有人可能就会大谈工作如何困难、上级不支持等，而不是告诉主考官：虽然工作很艰难，自己却因此学到了很多，也成熟了很多。

（6）丧失专业风采。有些应聘者面试时各方面表现良好，可一旦被问及现所在公司或以前公司时，就会愤怒地抨击其老板或者公司，甚至大肆谩骂。在众多国际化的大企业中，或是在具备专业素养的主考官面前，这种行为是非常忌讳的。

（7）不善于提问。有些人在不该提问时提问，如面试中打断主考官谈话而提问。也有些人面试前对提问没有足够准备，轮到有提问机会时不知说什么好。而事实上，一个好的提问，胜过简历中的无数笔墨，会让主考官刮目相看。

（8）对个人职业发展计划模糊。对个人职业发展计划，很多人只有目标，没有思路。比如当被问及"您未来 5 年事业发展计划如何"时，很多人都会回答说"我希望 5 年之内做到全国销售总监一职。"如果主考官接着问"为什么"，应聘者常常会觉得莫名其妙。其实，任何一个具体的职业发展目标都离不开对个人目前技能的评估以及为胜任职业目标所需拟定的粗线条的技能发展计划。

（9）假扮完美。主考官常常会问："您性格上有什么弱点？您在事业上受过挫折吗？"有人会毫不犹豫地回答："没有。"其实这种回答常常是对自己不负责任的。没有人没有弱点，没有人没有受过挫折。只有充分地认识到自己的弱点，也只有正确地认识自己所受的挫折，才能造就真正成熟的人格。

（10）不知如何收场。很多求职应聘者面试结束时，因成功的兴奋，或者因失败的恐惧，会语无伦次，手足无措。其实，面试结束时，作为应聘者，您不妨表达对应聘职位的理解；充满热情地告诉主考官您对此职位感兴趣；面带微笑和主考官握手并谢谢主考官的接待及对您的考虑。

5.2.4 常见的面试问题

（1）我们为什么要录用你呢？
（2）你认为自己最大的弱点是什么？
（3）你最喜欢的大学课程是什么？为什么？
（4）你最不喜欢的大学课程是什么？为什么？
（5）你在大学期间最喜欢的老师是谁？
（6）你能为我们公司带来什么呢？

（7）最能概括你自己特点的三个词是什么？
（8）你为什么来应聘这份工作？
（9）你对加班有什么看法？
（10）你对我们公司有什么认识？
（11）你是怎么知道我们招聘这个职位的呢？
（12）除了工资，还有什么福利最吸引你？
（13）你参加过什么业余活动？
（14）你参加过义务活动吗？
（15）你心目中的英雄是谁？
（16）你有什么问题吗？
（17）你过去的上级是个怎么样的人？
（18）你为什么还没找到合适的职位呢？
（19）你最近看过的电影或小说是什么？
（20）你的业余爱好是什么？
（21）你怎么看待要向比你年轻的人或女性汇报工作呢？
（22）你现在能把过去做过的工作做得更好吗？
（23）我可以跟你的前任上司联系求证一下吗？
（24）想过自己创业吗？
（25）买这张桌子给我。
（26）作为被面试者给我打一下分。
（27）告诉我三件关于这公司的事情。

5.3 面试的评分要点

引导案例 5-3

公司企业面试评分标准

面试评分表样本（共100分）

<table>
<tr><td>姓名</td><td></td><td>性别</td><td></td><td>年龄</td><td></td><td>应聘职位</td><td></td><td>籍贯</td><td></td></tr>
<tr><td>毕业院校</td><td colspan="3"></td><td>专业</td><td colspan="2"></td><td>工作年限</td><td colspan="2"></td></tr>
<tr><td colspan="3">评分要素</td><td colspan="6">参考标准</td><td>得分</td></tr>
<tr><td colspan="3">举止仪表（8分）</td><td colspan="6">仪表端正、装扮得体、举止有度</td><td></td></tr>
<tr><td colspan="3">对本职位的欲望（8分）</td><td colspan="6">对本公司做过初步了解；面试经过精心准备；面试态度认真；待遇要求理性</td><td></td></tr>
</table>

续表

综合能力（25分）	自我认知能力(4分）	能准确判断自己的优势、劣势，并针对劣势提出弥补措施	
	沟通表达能力(6分）	准确理解他人意思；有积极主动沟通的意识和技巧；用词恰当，表达流畅、有说服力	
	分析能力(5分)	思路清晰，富有条理；分析问题全面、透彻、客观	
	应变能力(4分)	有压力状况下：思维反应敏捷；情绪稳定；考虑问题周到	
	执行力(6分)	在任何情况下都能服从领导的工作安排，全力以赴完成工作任务	
技术能力（35分）	可塑性（6分）	拥有较强的学习力；能理性接受他人的观点；对他人、他事无成见	
	专业知识(7分)	精通Java面向对象基本语法，能完成Java Web开发	
	性格（5分）	具有自信、谦和、积极乐观、心态成熟的性格，与岗位要求相匹配	
	团队意识(7分)	过去自认为骄傲的经历中有团队合作事项;能为团队做出超越期望值的付出	
评定总分			
评语及录用建议			
面试人	（签字）	日期：　　年　　月　　日	

（资料来源：https://wenku.baidu.com）

思考题：结合该案例和本节的内容，谈谈你对面试评分要点的认识。

5.3.1 仪表、仪态与风度

仪表即人的外表。一般来说，它包括人的容貌、服饰和姿态等方面，是一个人精神面貌的外观体现。

仪态是指人在行为中的姿态和风度。姿态是指身体呈现的样子，风度则属于气质方面的表露。

风度最早被用来形容文采出众，其含义后来延伸至礼数。风度的本意是指人的举止姿态，是一个人内在实力的自然流露，也是一种魅力。风度是指人的言谈、举止、神情、姿态等，它主要取决于人的气质、礼仪、口才、形象等这些最直观的素质。

我们这里讲的仪表、仪态与风度，是指应聘者的体格外貌、穿着举止以及精神状态等。仪表、仪态与风度相对比较重要，一般应五官端正、衣着整洁、举止文明、精力充沛、身体健康。一方面可给人以外在的好感，树立企业形象；另一方面只有精力充沛、身体健康才能承受大工作量的压力。另外，这些人一般具有较高修养、做事有规律、注意自我约束、责任心较强。

仪表、仪态与风度的评价要点是：① 穿着整齐、得体、无明显失误；② 沉着、稳重、大方；③ 走路、敲门、坐立符合礼节；④ 精力充沛；⑤ 口语文雅、礼貌。

对仪表、仪态与态度的测定没有专门的题目，而是由主考官在整个面试过程中通过观察给应聘者一个评定，所以就要求应聘者在整个面试过程中保持始终如一的仪表、仪态与态度。由于在应聘者进入考场后，主考官首先看到的是仪表、仪态与态度，这就使主考官在面试正式开始前就对应聘者有了个最初的印象，而这个最初的印象将给主考官留下很深的印象，并进而影响甚至控制着在正式面试中主考官对应聘者的评价。正如一位有经验的主考官所说，一个人能否被录用往往在他或她步入考场的那一瞬间就决定了，虽然此话对仪表、仪态与态度对面试的影响有些夸张，但其重要性由此也可见一斑。

5.3.2 智力结构

智力是指人认识和理解客观事物并运用知识、经验等解决问题的能力，包括记忆、观察、想象、思考、判断等。智力的因素包括观察能力、记忆能力、思维能力与想象能力。智力是人的各种能力的基础。智力因素在人的智能结构中分别起着不同的作用：观察能力是智能结构的眼睛，记忆能力是智能结构的储存器，思维能力是智能结构的中枢，想象能力是智能结构的翅膀，还要关注注意力。

智力结构指人们认识周围事物及解决实际问题的诸种能力的构成及排列组合，它可分为个人的智力结构和人才群体的智力结构。

1. 观察能力

员工的工作职责要求其必须对社会各个方面的情况有所观察了解：观察社会发展变化的形势，观察社会各个阶层的动态等。所以在面试时，主考官要测试应聘者的观察能力如何，考试方式可采取在黑板上贴一张图片或一幅画，让应聘者在限定时间内观察并描述出来。

观察能力的评分要点是观察的广度、精确度和整体性。

2. 记忆能力

记忆是把人曾看到的、听到的、想过的、做过的事物的印象储存在大脑里，以后把它再现或再认出来的过程。它包括识记、保持、再现再认三个阶段。检查一个人的记忆能力好坏的主要指标有：

(1) 记忆的敏捷性。记忆同样的材料，有的人需要花很长时间，有的人则可以迅速记住。这种记忆速度的快慢，即记忆的敏捷性。一名员工只有记得快，才有条件记得多。

（2）记忆的持久性。记忆同样材料，有的人能长久地保存在记忆里，而有的人则较快地把它忘记了。这种记忆保存时间的长短，即记忆的持久性。

（3）记忆的精确性。记忆的精确性可以保证员工将接受的各种信息资料准确无误地储存下来。如果一个人记忆的东西不精确，那么他所记的东西就没有价值。

（4）记忆的准备性。这是指能把记忆中储存的信息资料在需用时很快回忆起来，以解决当前的具体实际问题。员工记忆信息资料的目的是存以备用，如果不能及时地把工作中所需要的信息资料提取出来，那么即使掌握的信息资料再丰富，也不能有效地应用于工作中。

关于记忆力的测试方式可写出一组数字或单词，然后由应聘者默写出来，根据对错数量确定分数。记忆力的评分要点是记忆的敏捷性、永久性、精确性和准备性。

3．思维能力

思维是人脑对客观事物的间接概括反映，是人脑反映事物的高级形式，具有无限的广阔性、深刻性、独创性和灵活性，思维能力是智能结构的核心因素。人们借助思维能力，可以获得对于客观事物全面的、本质的与规律性的认识，从而预见未来，能动地指导自己的实践活动。员工由于工作的需要，必须强化思维系统功能，使思维的分析能力、综合能力、比较能力、抽象能力和概括能力得到全面、均衡地发展，以便更好地开展工作。

4．想象能力

想象能力是人的一种特殊的思维活动，它是通过对已有知识和已获形象进行加工制作，从而产生一种新的假定的知识和新的形象的能力。想象可以冲破时间和空间的限制，达到思接千载、视通万里的程度。想象既可以从已有的知识和形象出发，加以延伸、扩展，也可以产生全新的智慧火花，构筑全新的形象，从而引导人们去发展全新的事物，开拓新的知识领域。由此可见，想象能力是人的创造才能的基础，没有想象，就不会有新的思想产生，就不可能创造性地工作。

5．注意力

注意力是各种心理活动必不可少的特性。在人们感知、思考与记忆客观事物的过程中，都有一个注意或不注意的问题。所谓注意就是人的心理活动对某一客观事物的指向和集中。注意的指向性，即表现在对客观事物的选择上，还表现为在较长时间内能够保持这种选择；注意的集中性，既表现为对一切不相干的因素的排除，还表现在对所从事的活动的深入程度上。注意力就是一个人按照预定的目的，在特定时间内，把心理活动指向特定对象的能力。作为一名称职的员工，应具有良好的注意力，这样才能抓住所观察事物的本质和所要研究的问题的中心，避免注意枝节而忽视主干，得出错误的结论；也才能在出现新情况，遇到新问题以及其他突发事件时，思维反应敏捷，准确做出选择，迅速转移注意力。

关于注意力的评分要点是注意的指向性和集中性，还有稳定性、广阔性、转移性。

5.3.3 能力结构

能力是完成一项目标或任务所体现出来的素质，是指顺利完成某一活动所必需的主观条件，人们在完成活动中表现出来的能力有所不同。能力直接影响活动效率，是使活动得以顺利完成的个性心理特征。能力总是和人们完成一定的实践联系在一起的，离开了具体实践，既不能表现人的能力，也不能发展人的能力。能力是达成一个目的所具备的条件和水平。

能力结构是指一个人所具备的能力类型及各类能力的有机组合。从不同角度或不同层面，能力结构可以划分为不同的能力类型，且每个人所具备的能力结构也是不同的。能力不是某种单一的特性，而是具有复杂结构的多种心理特征的总和。

1．语文应用能力

（1）听。即听辨能力。听电话、听发言、听汇报、听指示，由于口语在空间传播时受到时间的限制和各种杂音的干扰，要在谈话的瞬间听得清、听得准是很不容易的。因而必须做到全神贯注，耳目并用，尽力捕捉对方的每句话，听清语音，辨明语意，抓住要点，领会实质，严防少头无尾、断章取义。

（2）说。即口头表达能力。汇报情况、提出建议、传达指示，要求员工有较强的口头表达能力，做到口齿清楚、简明扼要、有条不紊、富有逻辑性。不能吞吞吐吐、结结巴巴，也不能口若悬河、速度过快，一定要态度从容、言辞得体。

口头表达能力的测试一般从以下几方面进行。

1）交谈能力。由主考官与应聘者自由漫谈，由此判断应聘者的谈吐、语言风格等，注意应给应聘者更多的讲话机会。对胆怯、不善言谈、表达不清者应给低分。

2）交谈应变能力。对外联系中，谈话的内容千变万化，应聘者必须善于驾驭交谈内容，随机应变。主考官在与应聘者交谈中不断变换话题，或者有意避开话题，看其做何反应。反应迟钝者应打低分。

3）理解能力。只有理解对方的谈话内容和意图后，才能争取主动。主考官可用较长时间模糊地表达一个问题，看应聘者能否领会其实质内容，也可以让应聘者看一本书，然后让其表达书中的内容。

4）语言语调。主要测定应聘者的音色、音质、语速、语音大小等。测定方式主要是让应聘者朗诵一篇文章。

5）讲话表情。主要是看应聘者讲话时的神态和动作。主考官可提出各种问题，变换各种表情，与应聘者友好交谈或大声呵斥，以此看应聘者的表情。表情呆滞、讲话时自卑或有令人讨厌动作者应打低分，而表情生动活泼，具有感染力的应聘者应给高分。

（3）读。一是要有快速阅读能力。信息爆炸、文件堆积如山，没有快速阅读能力不行。这种读法要求把视力的速度与眼光的幅度结合起来，以词组和句子为整体一眼扫过，获得文面信息印象即可，不求逐字逐句地把握阅读对象。二是要有选读能力，即以明确的目的筛选阅读对象，根据工作需要分别处理。三是要有省读与点读能力。所谓省读，就是略去不重要的，自己已经熟悉的以及与目标无关的部分。所谓点读，就是钩玄提要、提纲挈领的读法，即抓住关键所在，以此捕捉文件中的有效节点，诸如时地、因果、观点、结论、价格、质量、数据、指标、方法、步骤、形体、特征、目的和趋势等。

（4）写。写作既是一门学科（或者说是语文学科的一个组成部分），也是一种技能，即综合运用语文知识及与文章内容有关的各种知识通过书面正确表达意思的一种技能。

2. 书写能力

有些员工常常要写文稿，做记录，并且写的东西传阅范围广，有的还要保存。如果书写不规范，不漂亮，不仅会影响文面美，而且会令人费解，使人厌恶，影响工作效率。所以在面试应聘者时，也要考察一下应聘者的书法，这一方面的测试一般无须单独设计题目，只要看一下应聘者的面试登记表就可以了。

3. 分析综合能力

这是衡量应聘者分析问题、判断问题、解决问题的能力指标。这种能力以智力水平为基础，反映出人的目光是否敏锐，思想是否严密，能否系统、全面、准确地进行分析事物、判断是非、解决难题。具体表现在三个方面：

（1）要能够在纷繁复杂的事物中透过现象看清本质，抓住主要矛盾，运用逻辑思维和全方位立体思维，进行科学的归纳、概括、判断和评价，找出问题的关键。

（2）要将上下、左右、内外、四面八方的信息资料进行综合、加工、整理，站在宏观目标和局部利益的角度，对分散的、零星的情况进行整理概括，找出这些信息资料中哪些是事关全局需要慎重对待的，哪些是影响面较小只须下级出面处理的，哪些是把握不定需要请示上级的。

（3）能够遵循事物的发展规律，根据综合、概括后的信息资料，预测事物未来的发展变化状况，并据此分析和判断所做的工作在整个宏观布局上的位置，以提高工作的主动性和有效性。

4. 处理人际关系的能力

由于在工作中要与不同的人打交道，是否具有较强的社交能力直接影响到员工的工作。

5. 创造能力

人的创造能力包括预见能力、评价能力、产生思想的能力和完成能力。

（1）预见能力。是通过分析判断并借助于想象来推测未来的一种能力。在收集信息的过程中，必须着眼于过去和现在的各种情况与经验，在头脑中建立起由因果联系构成的事件环链的模式，周密地研究各种情况以及相互影响和发展变化倾向，以便从定性定量分析中推测出事件发展演变的最后一环，做出预见。确立与选择发展目标、方向、重点，制订各种计划、预算及管理实施预选方案等，都必须借助于预见能力。即便执行政策与平时工作也都需要这种能力。一项重大政策的贯彻执行，不能照本宣科，盲目行动，而需要具体研究，深刻理解，了解政策形成的大体过程、客观条件、执行后果及发展变化趋势等，这样才能产生政治远见，做到主动行动。

（2）评价能力。是从许多可能的方案中选定一个的能力，它是运用分析比较的方法，从优选择的一种能力。评价能力是极为必要的。在决策和辅助决策中，方案的论证、选择、执行中的效益评价，都必须借助于这种能力。这里的评价不是主观唯心的臆断，也不是出于个人兴趣的偏见，而是实事求是地进行鉴别判断：一是看它自身有无矛盾之处，二是看它是否与客观实际相符合。没有正确的评价，就不可能做出正确的选择，就不可能修正方案，纠正错误。

（3）产生思想的能力。所谓产生思想的能力，不是我们平常所指的有思想，而是指产生深刻的见解，这种思想具有高度的概括性、深刻性和基本性。它能够概括和解释大量的各种各样的事实。深刻的思想所把握的对象或它的个别性质之间的关系不是表面的、直观的和显而易见的，而是要深入到现象的本质才能发现。最卓越的思想还要包含或预言新的还没有被发现的大量事实。所以，一般来说，这种思想也就是基本思想，是产生其他思想的基础和根据。这种产生思想的能力和语言代码的运用有着密切的关系，没有准确恰当的语言代码来描述，深刻的思想就不能得以具体体现。

（4）完成能力。是指把计划或已开始的创造性工作进行到底并使之完美的一种能力。它的突出特点是持之以恒，不畏艰辛，一丝不苟地进行下去，直到完美无缺为止。完成能力在成就事业中具有重要作用。卓越的设想，美好的计划，如果缺乏完成能力，也只能变为五光十色的泡影。完成能力不是孤立存在的，它与人的知识、智力与基本能力有密切关系。缺乏知识和才干，不可能有卓越的完成能力。完成能力是各种能力的综合体现。

面试中主考官对应聘者的创造能力的测定也要从其预见能力、评价能力、产生思想的能力和完成能力四个方面来评分。

6．理解能力

有些职位要求员工在日常的工作中要阅读大量文件，要接受上级领导口头或书面的指示，还要接待下级或同级单位的来访者，这就要求要有较强的理解能力，理解能力是从事一切工作的最基本的能力。

面试中测试应聘者的理解能力主要从洞察现状、把握未来的能力和对上级指示、指导的理解能力两方面入手。

7．判断能力

员工在实际工作中，常常要做出决定或协助领导做出决定，这就要求应聘者有较强的判断能力，即使面对突发事件也能迅速而准确地进行判断和做出决定。

面试中对判断能力的测试主要看应聘者能否注意观察事物，分析问题，并得出正确结论；是否具有对未来发展做出判断和估计的能力。

8．掌握现代化办公设备的能力

随着新技术革命的发展，许多企业都已使用自动化办公设备，如计算机、复印机、电传机、传真机、多功能电话等，使工作效率成倍提高。所以面试中主考官可考察一下应聘者是否具备这种能力，在其他条件相近的情况下，可优先考虑具有掌握现代化办公设备能力的应聘者。

9．应变能力和反应力

员工在工作中常常会遇到一些突发事件，如果缺乏必要的应变能力，就会在突发事件面前手足无措，不知如何处理。这些突发事件往往是重大事件，处理不好会造成很大影响。同时，员工只有具备了较强的应变能力和反应力，才能对工作中的问题迅速、准确地做出反应，进而提高工作效率。

在面试中，主考官测定应聘者的应变能力和反应力，从头脑的机敏程度，对突发事件的应急处理能力，对提出的问题能否迅速、准确地理解，并尽快做出相应的回答等方面考查。

10．自我认识能力

自我认识能力是一个人在生活、工作中必须具备的能力。只有具备了自我认识能力的人，才能够看清自己的优缺点，才能正确地评价自我，进而在此基础上发扬自己的优点，避开和弥补自身的缺点，能把工作做得更好。过低的评价会使自己的能力得不到充分发挥；而过高的评价又容易使人好高骛远，导致承担一些力所不能及的任务，这样不但会削弱自己的信心，同时也不利于任务的完成。

主考官在测定应聘者这方面的能力时，要看其是否能够通过经常性的自我检查，善于发现自己的优缺点。

11．自我控制能力

自我控制能力是衡量应聘者自我控制感情等心理意识的能力指标。

对员工来说，善于用理智控制感情，针对不同的场合、不同的事情、不同的对象，恰到好处地流露自己的情感，是尤为重要的。

在面试过程中，主考官要看应聘者在遇到批评、遭受挫折及工作有压力时，能否克制、容忍、理智对待。

12．支配能力

支配能力主要是指一个人支配时间的能力，这是衡量一个人合理利用时间、提高工作效率的能力指标。由于员工，尤其是基层员工日常任务多，活动范围广，所以怎样有效支配时间就成为面试的一个重要内容。一个具有较高时间支配能力的员工能有效地计划和组织各种活动，合理安排和办理繁杂事务。具有这种能力的人要抓住两个环节：一是仔细诊断自己的时间是怎样使用的，想办法用好时间的“边角料”，提高时间的使用率；二是果断消除浪费时间的各个“缺口”，分清工作的轻重缓急，集中精力办好最重要的事，忙里偷闲处理琐碎事务，力争工作有条不紊，从容不迫，做到疏密相间，忙闲适度。

主考官在考察应聘者这方面的能力时，可以提出一些应聘者在平时学习、生活或以前工作中如何支配时间的问题，或者假设一种情境，看应聘者在这种情境下如何支配时间。主考官评分时，首先要看应聘者是否具有较强的时间观念，只有具有较强时间观念的人，才会想方设法充分利用时间，合理安排，提高工作效率；其次要看应聘者是否具有一些支配时间的方法和技巧，这对很好地支配时间也是很重要的。

13．学习能力

所谓学习能力是指理解并接受新事物、新观念的能力。担任任何职位都必须具有良好的学习能力，因为世界每时每刻都在发生变化，不断有大量的新事物、新观念涌现出来，而要使自己跟上时代发展的步伐，必须及时地接受并理解与自己所任职务有关的新事物和新观念，只有这样才可能不断提高自己的工作水平，有创造性地完成职位规定的各项任务。对员工当然也是如此。

学习能力的测试可以通过测验，也可以在面试中做大体了解。面试中主试人评定应聘者的学习能力，可从以下几个方面：首先看应聘者是否具有掌握和学习新知识、新技能的强烈愿望和兴趣，只有这样，才能在一个人学习新知识、新技能时有巨大的推动力；其次看应聘者是否掌握了一些基本的学习技能、技巧和方法，只有具有良好的学习方法，才能在尽量短的时间内掌握尽可能多的新知识、新技能。

14．组织协调能力

对中高层员工来说，组织协调能力是必需的，而且是能否顺利开展工作的前提条件。只有具备了较强的组织协调能力，才能有效地安排各项工作，使每个下级都承担相应的工作。

主考官评定应聘者的组织协调能力可从以下几个方面：一是变通的能力，即在工作中坚持原则，按一定的政治原则、组织原则和工作原则办事；不机械地生搬硬套，而是审时度势，灵活运用这些原则。二是区别轻重缓急的能力，即在必须办理的各项任务中，分主次、分缓急、分轻重地，有条不紊地逐个处理，避免忙乱现象的发生。三是能更多地从他人的角度解释问题，考虑对方的处境。

5.3.4 知识结构

知识是符合文明发展方向的，是人类对物质世界及精神世界探索的结果总和。知识也是人类在实践中认识客观世界（包括人类自身）的成果，它包括事实、信息的描述或在教育和实践中获得的技能。知识是人类从各个途径中获得的经过提升、总结与凝练的系统的认识。知识的概念是哲学认识论领域中最为重要的一个概念。从类型学看，知识可分为简单知识和复杂知识、独有知识和共有知识、具体知识和抽象知识、显性知识和隐性知识等。

知识结构是指一个人经过专门的学习和培训后所拥有的知识体系的构成情况与结合方式。合理的知识结构是担任现代社会职业岗位的必要条件，是人才成长的基础。

应聘者应当具备T形知识结构，即广博的基础知识、实用的辅助知识和精深的专业知识的有机结合。现代社会的职业岗位，所需要的是知识结构合理、能根据当今社会发展和职业的具体要求，将自己所学到的各类知识，科学地组合起来的，适应社会要求的人才。

1. 基础知识

基础知识是知识结构中的根基部分，主要包括：

（1）政治哲学类。主要包括马列主义理论哲学、政治经济学、逻辑学知识等。

（2）语言文学类。主要包括现代汉语、文章写作等学科知识，重点是语言知识和基础写作知识，这是提高基本写作能力的需要。同时，还应学习掌握一些美学知识，树立审美观点，增强审美意识。这是观察社会、观察生活、加强自身品格和知识修养所不可缺少的知识。

（3）历史地理类。主要是中国近代史、世界近代史、中国地理等。这是增强文化知识素养的需要。

2. 专业知识

精深的专业知识是知识结构特色的标志。因为这种专业知识是在基础知识的根基上建立起来的具有较高层次的专门知识，是决定工作能力和水平的主要因素。缺乏这种专业知识，就不可能从事专业工作。

专业知识主要包括：

（1）员工知识。应聘者要对员工知识有精深的研究，要具备员工的职责、权限等最基本的员工方面的知识。

（2）写作知识。应聘者必须精通公文写作和机关应用文写作知识，这是从事工作的主要资本。

3. 辅助知识

辅助知识虽然不像基础知识那样起根基作用，也不像专业知识那样起标志作用，但也是员工知识结构中不可缺少的组成部分。有了这些辅助知识，就能弥补缺漏，工作起来才能得心应手，纵横捭阖。

辅助知识主要包括：

（1）外语知识。随着改革开放的深入，参与外事活动的机会越来越多，同时，还常常需要阅读一些外文资料。

（2）地方知识。这是熟悉地方历史和特点，根据地方具体情况办事的需要。

（3）管理知识。中高层员工担任领导职务，自然必须掌握有关行政管理的知识，低级员工虽不直接用到管理知识，但为了以后的发展还是应该掌握这方面的知识。

主考官在面试应聘者时，要从以上三个方面来考查其知识结构，同时要重点测定应聘者知识结构的博、深程度。

5.3.5 心理特征

心理是指人内在符号活动梳理的过程和结果，具体是指生物对客观物质世界的主观反映。心理的表现形式叫做心理现象，包括心理过程和心理特性，人的心理活动都有一个发生—发展—消失的过程。人们在活动的时候，通过各种感官认识外部世界的事物，通过头脑的活动思考着事物的因果关系，并伴随着喜、怒、哀、惧等情感体验。这折射着一系列心理现象的整个过程就是心理过程。按其性质可分为三个方面，即认识过程、情感过程和意志过程，简称知、情、意。心理是大脑对客观现实的主观反映，意识是心理发展的最高层次，只有人才有意识。心理现象又可分为两大类，即心理过程和人格。认知、情绪、情感和意志是以过程的形式存在的，它们都要经历发生、发展和消失的不同阶段，所以属于心理过程。人格也称个性，是指一个人区别于他人的，在不同环境中一贯表现出来的，相对稳定的影响人的外象和行为模式的心理特征的总和，包括：需要、动机、能力、气质、性格等。在一定意义上，人格不是独立存在的，而是通过心理过程表现出来的。

心理特征是指心理活动进行时经常表现出的稳定特点。如有的人观察敏锐、精确，有的人观察粗枝大叶；有的人思维灵活，有的人思考问题深入；有的人情绪稳定、内向，有的人情绪易波动、外向；有的人办事果断，有的人优柔寡断，等等。这些差异体现个体在能力、气质和性格上的不同。

1．兴趣

兴趣在心理学上的含义是指一个人对一定事物所持的积极探索的认识倾向，它促使一个人对一定事物优先发生注意。兴趣对一个人活动的影响可从以下几方面来分析：

（1）兴趣是从事活动的推动力之一。就以一名员工来说，如果他对从事的活动发生了浓厚的兴趣，那么他身上的意志、毅力和顽强精神定会集结起来，融为一体，产生一种推动力。他就会以百倍的精神、满腔的热情去从事工作和活动，积极汲取员工工作的专业知识，熟悉有关部门的业务，掌握比别人更多的知识；他就会以旺盛的求知欲、强烈的好奇心去从事本职工作，深入钻研，于平淡中见出不平淡，于平常中发现不平常，在平凡的工作中做出不平凡的贡献。这种带着浓厚兴趣从事工作的人，在旁人看来似乎既苦又累，但兴趣使他乐于吃苦，甘于受累，在他看来苦中有乐，其乐无穷。因此，一个人事业上的成功往往是兴趣的副产品。

（2）兴趣有助于培养自身的职业素质。一个员工对工作兴趣越浓，则积累的知识就越广博，越深厚。兴趣可促进员工知识的积累，而知识的积累是员工素质提高的基础。员工有了良好的兴趣，就能培养和提高自身的职业素质。

（3）兴趣能促进一个人掌握与工作相关的技能。兴趣是一个人主动性和创造性的原动力。尽管兴趣并不一定都会发展成为能力，但有兴趣为基础的能力显然比没有兴趣为基础的能力更容易掌握。

（4）兴趣可以减轻人在活动中所受挫折的压力。实践证明，人们对失败和挫折的感受往往带有很大的主观性，事业和工作中的一个挫折，如果排除其他诸如情绪等原因，仅从兴趣角度分析，兴趣同样能影响人的感受。也就是说，对事业和工作有兴趣的人和对之没有兴趣的人所产生的感受是大不一样的。员工在工作中总会遇到挫折，但如果对工作有浓厚兴趣，挫折仅仅意味着需要再试一次，再做一次努力。当受挫时，他们的主观感受不是沮丧和懊恼，而是如何采取有效的方法去预防下一个失败，争取下一次的成功。因此，兴趣对人活动的另一个作用表现在，它可以减轻人在活动中所受挫折的压力与分量。

2. 情感

情感作为一种非智力因素对人活动的成败、优劣起着重要作用。强烈、稳定的情感可以提高人认识事物、钻研问题的积极性和创造性，提高认识效果，从而促进人的智力和能力的发展，达到更好地认识事物、熟悉情况、分析问题、解决问题的目的；可以增强人开展活动的信心和力量，提高战胜困难、排除障碍的毅力，还可以激励人自觉地从事各项工作，实现工作和活动目标。

员工工作中的情感内容，大体可分为以下两种：

（1）道德感。所谓道德感是人根据一定社会或阶段的道德需要和规范评价自己或别人的行为时，所产生的态度体验。人的行为举止符合社会道德行为标准，就会产生积极的、肯定的情感，并感到心安理得；反之，则会产生消极的、否定的情感，并感到痛苦、内疚。由于员工工作的特殊性，对其道德感的要求也有特定的内容。

（2）理智感。理智感是指人认识和追求真理的需要能否得到满足而产生的情感体验。理智感是在人对客观事物的认识过程、科学探索和智力活动中产生的情感，它与人的求知欲、认识兴趣及追求真理的渴望是相联系着的。一个人的理智感直接影响着他的求知欲和认识兴趣。在新事物、新问题、新情况和新环境面前，一个人如果被好奇心和探索心占据了情感体验，他总会想方设法了解更多的情况，充分认识新事物、新情况的价值，清晰地意识到新问题的性质，从而牢牢地把握工作的主动权；在分析问题中，如果发现以往的结论与自己的认识不一致时，他会有所怀疑；在解决了一个问题后，渴望已久的愿望实现之时，他又会感到无比的喜悦。一个人只有具有旺盛的求知欲和认识兴趣，才能找出自己在工作、活动习惯和行为方式上的缺陷，才能找到符合自身特点和专业特色的解决问题的新途径和新方法。才能把自己的创造精神激发出来。另外，一个人的理智感还直接影响着其政治上的坚定性。

在面试时，要评定应聘者的理智感，看其是否具有强烈的求知欲和认识兴趣。主考官评定应聘者的情感首先要看其道德感和理智感如何，同时还要评定应聘者情绪的稳定性和自我调节的能力。因为只有具备了这二者，一个人才能在紧急突发事件面前保持镇静，进而有效地处理这件事；才能在遭受挫折时及时调节自己的心态，采取正确的态度自我解脱。

3. 意志

意志是人们自觉地确定目的，根据目的支配调节行动，克服各种困难，从而实现目的的心理过程。意志体现出人的心理活动的能动性。人有了意志就能够积极地改造客观现实。面试中，主考官评定应聘者的意志时应考虑以下几个方面。

（1）自觉性。自觉性是指一个人对于自己的行动目的的正确性和重要性有充分的认识，并充分认识到自己的行动对社会的意义。自觉性能促使人们正确发挥主观能动性，减少行动的盲目性，具有自觉性意志的人常有以下一些特点：① 能够独立支配自己的行动，既不轻易接受外界影响，也不拒绝有益的意见，能自觉排除各种干扰和诱惑，独立完成任务。表现在工作中是，从不推卸责任，也不依赖别人，从不避重就轻，不管领导是否在场都能认真地做好本职工作。② 有自知之明，能正确地估计自己，对待自己，虚心听取别人的意见，遇事公正无私，不拿原则做人情。③ 遇到困难和挫折不逃避，不灰心丧气，不怨天尤人，而是信心百倍，勇于承担责任，有战胜困难和挫折的勇气。④ 决不盲目服从或附会领导的意图，而是在不超越职权的前提下，充分发挥自己的主观能动性，客观地估计实际情况，正确领会领导的意图。

与自觉性相反的是意志的动摇性和独断性。动摇性是指极易轻信别人，受外界干扰，轻易改变自己原来的正确决定，甚至采取违反自己原来的观点和信念的行动。独断性是指一个人毫无理由地拒绝考虑别人的意见，固执己见，顽固地坚持并执行自己的决定，一意孤行。

在面试中，主考官要注意看应聘者是否具有意志的动摇性或独断性，如果有，评定时要给予低分。

（2）果断性。果断性是指一个人善于明辨是非，迅速地估计情况，适时地做出并执行决定。员工在日常工作中，偶发和突发事件是常有的。当一名员工有了果断性意志之后，就可以在紧急情况下，保持清醒的头脑，正确处理事情。具有果断性的员工一般有三大特点：① 在非常情况下，当断则断，敢作敢为，决不犹豫；② 工作作风雷厉风行，讲究快速高效，决不拖拉误事；③ 当情况有了变化，或发现自己的工作方法、采取的措施有错误时，能够迅速停止行动，改变已做出的决定。

与果断性相反的是寡断性和武断性。具有寡断性的人在决断中思想、情感不集中，面对紧急情况犹豫不决，束手无策，迟迟做不了决定，总是顾虑重重，左右徘徊，患得患失，怕担风险，不敢决断。具有武断性的人往往懒于思考而轻易做出决定。这种人虽然能够迅速做出决定，但不考虑客观条件，不考虑后果，做出的决定是虚妄的、主观的。

（3）坚持性。坚持性是指一个人在自己的行动中坚持已做出的决定，长时间地保持充沛的精力和坚韧的毅力，并百折不挠地克服困难，达到既定的工作目标。意志的坚持性表现在两个方面：一是善于抵制不符合工作目的的主客观的干扰，不为工作中暂时出现的一些困难、阻力所屈服；二是善于长期坚持已经开始了的符合工作目的的行为，做到锲而不舍，善始善终。

与意志的坚持性相对的是顽固性。顽固性的人往往只承认自己的意见、自己的论据，并以此作为自己行动的证据，尽管他们有时也知道这些依据是错误的或不好的。坚持性的另一个对立面就是见异思迁和虎头蛇尾，不能坚持克服困难，将工作进行到底。

（4）自制性。自制性是指在行动中善于控制自己的情绪，约束自己的言行。具有自制力的人有以下表现特点：① 善于控制自己的情绪。在工作中因为某个问题处理不当而受到领导批评或指责时，应诚恳接受批评，不可产生抵触情绪；当受到领导表扬时也不忘乎所以，自以为是，骄傲自大；当遇到困难和挫折时，应该保持清醒的头脑，认真总结经验以更大的毅力克服困难。② 善于约束自己的言论。平时撰写公文，发表言论都要注意政策规定，严格约束自己，讲究分寸，并保守机密。③ 善于节制自己的行为。工作中要虚心接受各种正确的意见，“上交不谄，下交不骄”，对于同事的误会或不礼貌的言行能够忍让、克制；举止文雅，在举手投足之间给人留下美好的印象。

以上有关意志的四个方面是在面试中主考官评定应聘者相关方面的评分要点。

4．气质

心理学上的气质是指人典型的、稳定的心理特征，它突出表现为人在心理活动方面的动力过程。它反映了一个人心理活动过程进行的速度、强度及稳定性和指向性。

人的气质可以分为以下四种类型：

（1）多血质。其特点是活泼好动，反应灵活，行动迅速，办事快；情绪兴奋性高，变化性大，外部表现明显，对人热情友好，善于交际，富有感染力，容易适应环境变化；脾气急躁，平时不甘寂寞，但坚持性差，容易出现厌倦和消极情绪；在认识上对新鲜事物敏感，理解较快，心理外向，语言表达能力强，但认识不深刻，容易受暗示，意志较薄弱，注意力不稳定，容易见异思迁，显得轻浮不踏实。

（2）胆汁质。其特点是兴奋性很高，脾气暴躁，情绪热烈，态度坦率，个性爽直，易受感染，心境变化剧烈，容易与人发生冲突；意志坚定，办理果断，做事倾向于一干到底；精力旺盛，性格外向，认识问题快，但不够准确。

（3）黏液质。其特点是心绪平静，善于克制忍让，生活有规律，不为无关的事情分心；埋头苦干，有耐久力，态度持重，不卑不亢，不尚空谈，富有实干精神，不轻易与人发生冲突；但不够灵活，注意力不易转移，认识不敏感，对事情缺乏热情，沉默寡言，不善辞令，性格内向不外露。

（4）抑郁质。其特点是稳静深沉，情感体验深刻，善于觉察别人觉察不到的细节；容易多心，神经过敏，感情脆弱；性情孤僻、羞怯、腼腆，脾气古怪；认识问题慢，缺乏自信心，有严重的自卑感，性格内向，喜欢沉溺于内心体验之中，在困难面前容易优柔寡断。

气质是个性的生理基础，它直接影响着一个人的性格、兴趣、能力和活动效果。不同气质类型的人，对待同一件事情的态度和处理方法可能迥然不同，但气质类型绝没有好坏之分。

多血质的人能主动承担工作任务，但不能善始善终，所以在重大工作的安排中就必须慎重考虑；胆汁质的人，工作认真、细心、专注，能比别人有条不紊地完成任务，但因神经系统的不平衡性，往往会惹是生非，与别人找麻烦，对方稍有不慎或语言不当，就能使他暴跳如雷，反应激烈，这势必影响工作的顺利开展；黏液质的人沉着镇静，这是好的一面，可是他那迟缓的动作和无动于衷的表情，往往也易激起服务对象的不满意；抑郁质的人耐性不足，行动缓慢爱生闷气，不利于完成紧急任务，但在实际工作中，一个抑郁质的人会躲避冲突，并能对服务对象的需求表现出很大的同情心，在与同事的交往中一旦发现困难或麻烦，他也能顺利解决好。

正由于气质本身没有好坏之分，在从事某一具体活动时各有优劣，所以在面试中，主考官无法针对应聘者的气质类型给出一个分数，而只能是大体估计一下他的气质类型，以便在

以后的工作中人尽其才，各得其所。

5. 性格

性格是个性的核心，是一个人对现实的比较稳固的态度和习惯化的行为方式。性格不是某种个别的心理特征，而是某些心理特征在一个人身上的有机结合，体现出个人的独特风格。性格一般有四大构成部分：

（1）态度特征。这主要表现在人对待社会、他人、工作和自己等方面所持的肯定或否定、接近或背离的稳定的、概括的倾向性。

（2）意志水平。这是一个人在认识世界、改造世界的活动中表现出来的性格特征。表现为一个人自觉确定目的，克服困难，以实现目标的心理过程。包括自觉或盲目，坚定或动摇，沉着或鲁莽，勇敢或怯懦，独立或易受暗示，果断或优柔寡断，散漫或遵纪守法等。

（3）情绪因素。这是指人在活动中对客观事物所持的态度的体验，是一种心理状态。它表现为乐观或悲观，抑郁或开朗，情绪起伏或是平和宁静，情绪镇定或是易于冲动等。

（4）理智部分。这是指人感知、记忆、认识及其思考事物的方法。人在感知、认识和思考事物时的特征常表现为：主动或被动，严谨或草率，深入精细或是肤浅粗略。

面试中主考官要从以上四个方面来评定应聘者的性格，同时又着重要考察其责任心、纪律性和工作态度。有较强的责任心、纪律性，有积极、认真的工作态度，有自信心和为人处世实在，是一个人顺利开展工作所必须具备的条件。

5.3.6 工作动机和愿望

有些应聘者应聘某一职务是为了发挥自己的才能，实现自己的价值；而有些应聘者是为了获得更好的工作条件和待遇；有些应聘者仅仅是不安于现状，频繁更换工作只是为了寻求新鲜感。只有那种为了实现自己价值的应聘者才能在工作中努力奋进，以工作为乐，才能获得成功。所以应聘者的工作动机与愿望直接决定了他在工作中所采取的态度，进而决定其能否在工作中取得成绩。所以，在面试中主考官要评定应聘者的工作动机和愿望。评定时可从以下几方面考虑：过去和现在对工作的态度如何；更换工作与求职的原因是什么；对未来是否有追求和远大的抱负；本企业所提供的岗位或工作条件能否满足其工作要求和愿望。

5.3.7 工作经历

对个人来说，工作经历是自己拥有的最珍贵的财富之一，同时也是一种重要的任职资格。而在招聘企业看来，应聘者的工作经历是一种值得重视的个人条件。因为如果应聘者具有一段时间的工作经历，任职后就能较快地适应职位规定的职务，另外还能使招聘企业节省一笔可观的培训费用。否则，不仅于工作不利，经济上也得多支出一笔费用。因此许多企业在招聘时明确要求应聘者必须具备一定的工作经历，或者声明在同等条件下优先录取具有一定工作经验的应聘者。但对绝大部分职位来说，工作经历并不是决定性的因素。面试中也会涉及这方面的问题，这样做更多地只是为了加深对应聘者的了解和使以后的工作分配更合理，如对那些需要经验的工作可让有工作经历的人来承担，但不是用工作经历来决定是否录用，工作经历只是一个参考因素。评定时可看一下应聘者曾从事过什么工作，工作成绩如何等。

5.3.8 人生观

人生观是世界观的一部分或一方面。人们在社会生活的实践中，逐步产生了对世界的本质以及各方面的联系和关系的一些根本看法，形成一定的世界观。人们用这样的世界观去观察和对待人生问题，便对人生产生了一定的感受和认识，并据此产生对生活的根本看法和态度，这就形成了所谓人生观。

正因为人生观支配着一个人的思想和行为，所以面试中也必须评定应聘者的人生观。主考官评定时，要看看应聘者是否以积极的态度看待人生，看待生活和工作中的挫折等。

5.3.9 思想修养

思想修养是指思想觉悟和政策水平，思想修养的内容主要包括提高政治觉悟和加强职业道德修养两方面。

1. 政治觉悟

在面试中，主考官评定应聘者的政治觉悟时要看其是否有原则性；是否敢于同违反原则的行为做斗争；是否具有民主性，能否正确对待批评，及时反映群众要求，善于集思广益；是否具有较高的政策理解和执行水平。

2. 职业道德

在面试中，主考官无法对应聘者评定其作为一名员工职业道德如何，而只能大体了解一下应聘者是否具有一名员工应有的职业道德。主考官可从以下几个方面来观察。

（1）忠于职守，忠诚可靠。员工应该脚踏实地，有实干精神，实事求是，认真做好自己的每项工作。同时，员工在工作中可能要接触一些机密文件和资料，这就要求员工忠于本职工作，严守秘密。

（2）埋头苦干，任劳任怨。这是做好任何工作所需的前提条件，尤其是基层员工，工作琐碎繁杂，也没有出头露面的机会，所以他们的埋头苦干、任劳任怨的奉献精神就显得尤为重要。

（3）秉公直言，实事求是。员工在工作中要了解、传递、综合多种信息，这就要求他们能够做到实事求是地向上汇报和向下传递，反映情况要准确，不夸大不缩小。传达领导意见要确切，不掺杂个人意见。同时，员工还应能做到秉公直言，在发现领导的见解与事实有出入时，要能够勇敢地提出来，而不是随声附和。总之，员工在工作中要能够尊重事实，一切从实际出发。

5.3.10　对应聘者的总体评价

在面试过程结束之后，主考官要总结一下应聘者在整个面试过程中的表现，先给其具体方面打出分数或写出评语，然后再从总体上评价应聘者是“可以录用”“不可以录用”或“有条件录用”。

5.4　面试表格范例

5.4.1　面试约见时间表

姓　名	电　话	面试时间	通知结果	复试时间
A				
B				
C				
D				

5.4.2　面试人员测评表

岗位：________主考官：________时间：________年________月________日

姓　名	测评内容				是否转入其他岗位面试（若转，请具体注明）	是否通过面试		备　注
	1	2	3	4		是	否	

续表

姓　　名	测评内容 1	测评内容 2	测评内容 3	测评内容 4	是否转入其他岗位面试（若转，请具体注明）	是否通过面试 是	是否通过面试 否	备　　注

注：（1）主考官应在面试前填写“测评内容”的具体项目。

（2）“是否通过面试”只表明是否通过本次面试，不表明通过面试者一定会被录用。

（3）请将通过面试的应聘者直接介绍到办公室谈待遇问题。

（4）面试结束后，请及时将此表随应聘者资料送交办公室，以免延误招聘进程。

（作用：记录应聘者的面试表现，在面试结束后可以将各面试测评表进行比较而决定何人比较胜任。）

5.4.3　面试记录表

姓　　名		申请职位				
评分项目		配分 5	配分 4	配分 3	配分 2	配分 1
仪容、礼貌、精神态度、整洁、衣着		极佳	佳	平实	略差	极差
体格、健康		极佳	佳	普通	稍差	极差
领悟、反应		特强	优秀	平平	稍慢	极劣
对其工作各方面及有关事项之了解		充分了解	很了解	尚了解	部分了解	极少了解
所具经历与本公司的配合程度		极配合	配合	尚配合	未尽配合	未能配合
前来本公司服务的意志		极坚定	坚定	普通	犹疑	极低
外语能力	区分	极佳	好	平平	略通	不懂
	英语					
	日语					

续表

评语	初试	签名：______	
	复试	签名：	
总评		□ 拟予试用 □ 列入考虑	面试人：
提示：请主考官在适当的格内画√，无法判断时，请免打√。			

5.4.4 招聘面试构成表

姓名：______申请职位：______

（1）工作兴趣。

1）你认为这一职位涉及哪些方面的工作？

2）你为什么想做这份工作？

3）你为什么认为你能胜任这方面的工作？

4）你对待遇有什么要求？

5）你怎么知道我们公司的？

（2）目前的工作状况。

1）如果可能，你什么时候可以到我们公司上班？

2）你目前的工作单位是哪里？工作职务是什么？

（3）工作经历。

1）目前或最后一个工作的职务（名称）？

2）你的工作任务是什么？

3）在该公司工作期间你一直从事同一种工作吗？（是或不是）

4）如果不是，说明你曾从事过哪些不同的工作、时间多久及各自的主要任务。

5）你最初的薪水是多少？现在的薪水是多少？

6）你为什么要辞去那份工作？

（4）教育背景。

1）你认为你所受的哪些教育或培训将帮助你胜任你申请的工作？

2）对你受过的所有正规教育进行说明。

（5）工作以外的活动（业余活动）。

1）工作以外你做些什么？

2）这些活动对你有哪些帮助？

（6）个人问题。

1）你愿意出差吗？

2）你最大限度的出差时间可以保证多少？

3）你能加班吗？

4）你周末可以上班吗？

（7）自我评估。

1）你认为你最大的优点是什么？

2）你认为你最大的缺点是什么？

（8）你希望的薪水是多少？

（9）你为什么要换工作？

（10）你认为你上一个工作的主要工作成绩是什么？

（11）你对你上一个工作满意的地方在哪里，还有哪些不满意？

（12）你与你的上、下级及同事的关系怎么样？

（13）你认为你有哪些有利的条件来胜任将来的职务？

（14）你对我们公司的印象怎样？包括规模、特点、竞争地位等。

（15）你对申请的职位的最大兴趣是什么？

（16）介绍一下你的家庭情况。

（17）对你的工作有激励作用的因素有哪些？

（18）你更喜欢独自工作还是协作工作？

5.4.5 面试结果汇总表

应 聘 者：________________ 面试日期：________________

应聘职位：________________ 主 考 官：________________

个人情况：________________________________

主考官意见：______________________________

过去工作经历：____________________________

过去重要成就：____________________________

其他因素

□仪表

□适应力

□稳定性

□领导能力

□创造力

□智力
□体力
□沟通能力
□自信力
总评
应聘者优点：____________________
应聘者弱点：____________________
□建议可予录用，还应施予训练
□建议不予录用，理由
其他意见：____________________

5.4.6 招聘面试管理制度

第一条　总则

（1）本企业为招聘人才，为企业的发展服务，特制定应聘面试管理制度。

（2）有关应聘员工面试事项，均依本制度处理。

第二条　面试考官应具备的条件

（1）本企业人力资源部门工作人员为面试考官，面试考官本身需要给人一种好感，能够很快地与应聘者交流意见，因此面试考官在态度上、表情上必须表现得十分开朗，让应聘者愿意将自己想说的话充分表达出来。

（2）面试考官自己本身必须培养极为客观的个性，理智地去判断一些事务，绝不能因某些非评价因素而影响了对应聘者的客观评价。

（3）不论应聘者的出身、背景之高低，面试考官都应设法去尊重应聘者所表现出来的人格、才能和品质。

（4）面试考官必须对整个企业组织情况、各部门功能、部门与部门间的协调情形、人力资源政策、薪资制度、员工福利政策有深入的了解，才能应对应聘者随时提出的问题。

（5）面试考官必须彻底了解该应聘职位的工作职责和必须具备的学历、经历、人格条件与才能。

第三条　从面试中应获得的资料

（1）观察应聘者的稳定性。应聘者是否无端常换工作，尤其注意应聘者换工作的理由，假如应聘者从学校毕业，则要了解应聘者在学校中参加哪些社团，稳定性与出勤率如何。另外从应聘者的兴趣爱好中也可以看出应聘者的稳定性。

（2）研究应聘者以往的成就。研究应聘者过去有哪些特殊工作经验与特别成就。

（3）应付困难的能力。应聘者过去面对困难或障碍是否经常逃避，还是能够当机立断挺身而出解决问题。

（4）应聘者自主能力。应聘者的依赖心是否极强，如应聘者从学校毕业，则可观察他在读书时是否一直喜欢依赖父母。

（5）对事业的忠心。从应聘者谈过去主管、过去部门、过去同事及从事的事业，就可判断出应聘者对事业的忠诚度。

（6）与同事相处的能力。应聘者是否一直在抱怨过去的同事、朋友、企业及其他各种社团的情形。

（7）应聘者的领导能力。当企业需要招聘管理者时，特别要注意应聘者的领导能力。

第四条　面试的种类

根据本企业状况，面试可分为下列两种：

（1）初试。初试通常在人力资源部门实施，初试的作用无非是过滤那些学历、经历和资格条件不合格的应聘者，通常初试的时间约15～30分钟。

（2）评定式面试。经过初试，如果发现有多人适合这项工作，这时就要由部门主管或高级主管做最后一次评定式面试，这种面试通常为自由发挥式的面谈，没有一定的题目，由一个问题一直延伸到另一个问题，让应聘者有充分发挥的机会，这类面试通常是30～60分钟。

第五条　面试的地点及记录

（1）面试的地点最好在单独的房间，房间只有面试考官与应聘者，最好不要装电话，以免面试时受到电话的干扰。

（2）从事面试的时候，必须准备面试表格。通常初试表格最好是对钩方式的。在评定式面试中，最好用开放式的表格，把该应聘者所说出来的一切当时就记下来。

第六条　面试的技巧

（1）发问的技巧。好的面试考官必须善于发问，问的问题必须恰当。

（2）学会听。面试考官要想办法从应聘者的谈话里找出所需要的资料，因此面试考官一定要学会听的艺术。

（3）学会沉默。当面试考官问完一个问题时，应学会沉默，看应聘者的反应，最好不要在应聘者没有开口答时，或者感觉不了解你的问题时，就解释你的问题。这时你若保持沉默，你就可以观察到他对这个问题的反应能力，因为应聘者通常会补充几句，而那几句话通常是最重要的也是最想说的几句。

第七条　面试的内容

（1）个人的特性。应聘者的资格包括应聘者的体格、外表、举止、健康状况、穿着、语调、坐和走路的姿势。应聘者是否积极主动、是否为人随和、是否有行动及个性内向或外向，这些要依靠面试考官对应聘者的观察。

（2）家庭背景。家庭背景资料包括应聘者小时候的家庭教育情形、父母的职业、兄弟姊妹的兴趣爱好、父母对他的期望及家庭的重大事件等。

（3）学校教育。应聘者就读的学校、科系、成绩、参加的活动，与老师的关系，在校获得的奖励，参加的运动等。

（4）工作经验。除了应聘者的工作经验外，更应该从问题中观察应聘者的责任心、薪酬增加的状况、职位升迁的状况和变化情形，以及变换工作的原因。从应聘者的工作经验里，可以判断出应聘者的责任心、自动自发的精神、思考力、理智状况等。

（5）与人相处的特性。从应聘者的结交来了解与人相处的情形，包括应聘者的兴趣爱好，喜欢的社团及所结交的朋友。

（6）个人的抱负。包含应聘者的抱负、人生的目标及发展的潜力、可塑性等。

本章习题

一、名词解释

1. 面试
2. 智力
3. 能力
4. 知识
5. 心理特征

二、选择题

1. 面试的基本过程主要包括：热身、查明背景资料、进入正题、评审应聘者是否适合、（　　）。

A. 应聘者自述　　B. 提出面试问题
C. 讨论聘用条件　　D. 最后宣布面试结果

2. 面试提问的问题可以分为两类，一类是测试应聘者的综合素质，另一类是（　　）。

A. 测试应聘者的专业素质　　B. 测试应聘者的道德素质
C. 测试应聘者的业务素质　　D. 测试应聘者的能力素质

3. 面试的发展趋势，主要表现为：形式的丰富化、程序的结构化、（　　）。

A. 提问的弹性化　　B. 结果的标准化
C. 测评内容的全面化　　D. 考官的内行化

4. 应聘者常见的面试错误，主要有：不善于打破沉默、与面试官“套近乎”、为偏见或成见所左右、慷慨陈词，却举不出例子、缺乏积极态势、丧失专业风采、（　　）。

A. 不善于提问　　B. 对个人职业发展计划模糊
C. 假扮完美　　D. 不知如何收场

5. 能力结构主要包括：语文应用能力、书写能力、分析综合能力、处理人际关系的能力、创造能力、理解能力、判断能力、掌握现代化办公设备的能力、应变能力和反应力、自我认识能力、（　　）。

A. 自我控制能力　　B. 支配能力
C. 学习能力　　D. 组织协调能力

三、判断题

1. 反问可帮助主考官冷静地控制谈话，无论应聘者如何健谈。(　　)

2. 所谓学习的能力并不是指理解并接受新事物、新观念的能力。(　　)

3. 分层提问可以探出完整和多层面的答案。(　　)

4. 所谓道德感是人根据一定社会或阶段的道德需要和规范评价自己或别人的行为时，所产生的态度体验。(　　)

5. 果断性指一个人善于明辨是非，迅速地估计情况，适时地做出并执行决定。(　　)

四、简答题

1. 简述面试的含义。
2. 简要回答面试的提问技巧有哪些?
3. 简述招聘方常见的面试错误。
4. 简述面试仪表、仪态、风度的评分角度与要点。
5. 简述智力结构。

五、案例题

【案情】

几年前，刚刚踏出医学院大门的小A到现在上班的这家医院应聘。经过笔试、初试，小A顺利过关。最后的综合面试是由该院的技术权威孙教授主持的临床治疗问答，小A却败下阵来。

失败的原因不是面对多么扑朔迷离的疑难病症，而是一个小小的问题：在海拔5 000米以上的高原，病人由病毒引起的重度呼吸感染，出现发烧流涕、咳嗽、血压低的症状，还伴有一些阳性体征，该怎样处理?

小A的回答是：采用常规疗法。可孙教授给判了个不及格，还补充道："需要用抗菌素。"

回到自己的座位，小A迫不及待地翻阅随身携带的书籍，心想：自己的回答没错啊！孙教授补充的加用抗菌素，是禁用的。

面试结束后，其他应聘者或带喜悦或带沮丧离去，小A走到医院大门前却停下了。这时，一个奇怪的想法在小A心头出现：这次应聘虽然失败了，自己为何不当作一次学习的机会呢?把疑问弄清楚，如果在以后的应聘中，再出现类似问题岂不迎刃而解?

下班时间到了，孙教授偕同一位50余岁的先生走出医院，两人一边走，还一边聊着什么。

"孙教授，您好!"小A迎上去礼貌招呼。"是你?"孙教授看看小A说，"有事?"小A把自己的想法说了出来。

孙教授有几分意外，接下来侃侃而谈："你的回答，在常规情况下没错。但我问的是海拔5 000米以上高原。常规情况下，抗菌素是禁用的，一是浪费，二是造成抗药，三是无指征滥用。但在5 000米以上的高原就不同了。高原气候恶劣，病员抵抗力下降，很可能会感染细菌，所以明知抗菌素无效，也要加大剂量使用。”

听过孙教授的解释，小A茅塞顿开，如获至宝。正所谓“与君一席言，胜读十年书”。这个“书”是书本上永远读不到的。如果没有渊博的知识、丰富的临床经验、几十年智慧的结晶，是难以达到这一步的。

小A谢过孙教授正要离去，一直默默站在一旁的那位先生忽然开口：“等等！”对方上下打量了小A一番，露出赞许的神情，“不错，落了聘不沮丧，还当成一次学习的机会。如果每个年轻人都能这样，假以时日，一定青出于蓝而胜于蓝。”谈到这里，对方停顿一下说：“这样吧，你明天来上班。”

小A简直不敢相信自己的耳朵，看着孙教授。孙教授忽然哈哈大笑了起来：“小伙子，你运气来了，这位就是我们的院长。”

那一刻，小A的惊喜、意外不言而喻，同时脑子里浮现这样一个问题：如何面对失败？这不仅是一次经历，更是一种技巧、方法、态度。处理得当，可能腐朽化为神奇，出现意想不到的结果。反之，失败也就永远失败了。

【问题】

1. 从小A的经历看，我们应该怎样正确地面对失败了的面试？

扫二维码阅读更多案例

第 6 章

人力资源配置

本章重点掌握

人力资源配置的内容、原则和原理；人力资源结构；就业结构；跨国公司的人员配置。

学习导航

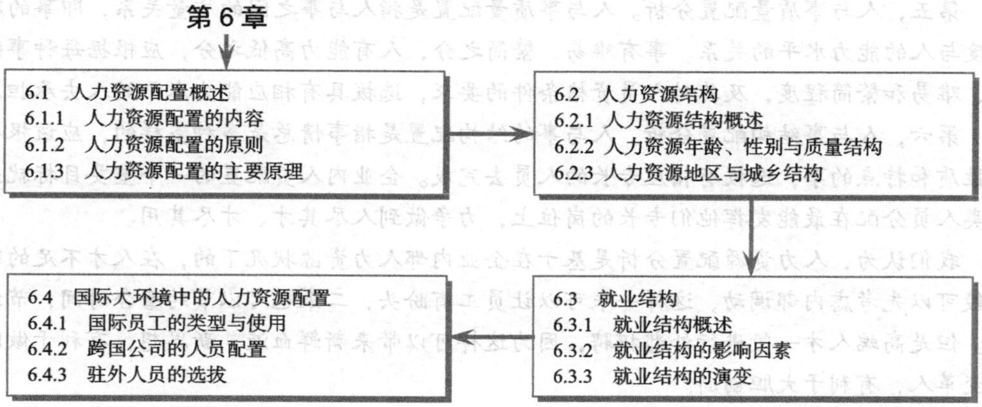

6.1 人力资源配置概述

引导案例 6-1

如何进行有效的人力资源配置

人力资源管理要做到人尽其才，才尽其用，人事相宜，最大限度地发挥人力资源的作用。那么我们怎么才能进行有效的人力资源配置呢?

第一，企业竞争力的核心是企业资源配置力。众所周知，企业在本质上是一定资源的集合体，离开了一定的资源及其有序而动态地组合，企业就不可能存活和运作。

第二，着眼人才的梯级转化，努力建设学习型机关。

第三，工作的报酬与个人的动力要匹配。可以这样讲，招聘和配备职员的所有活动，都是要实现这两个层面的匹配，而且不能偏颇。

第四，人与事总量配置分析。人与事的总量配置涉及人与事的数量关系是否对应，即有多少事要用多少人去做。在分析出当期人力过剩或人力不足或两者兼而有之的情况之后，应该更关注如何合理配置人力供给与需求。

第五，人与事质量配置分析。人与事质量配置是指人与事之间的质量关系，即事的难易程度与人的能力水平的关系。事有难易、繁简之分，人有能力高低之分，应根据每种事的特点、难易和繁简程度，及其对人员资格条件的要求，选拔具有相应能力水平的人去承担。

第六，人与事结构配置分析。人与事的结构配置是指事情总是多种多样的，应该根据不同性质和特点的事，选拔有相应专长的人员去完成。企业内人员配置的一个重要目标就是把各类人员分配在最能发挥他们专长的岗位上，力争做到人尽其才、才尽其用。

我们认为，人力资源配置分析是基于在企业内部人力资源状况下的，在人才不足的时候一般可以先考虑内部调动，这样一来可以让员工有盼头，二来也可以节约磨合时间，节约成本。但是高端人才一般进行外部招聘，因为这样可以带来新鲜血液、新思想，有利于做时代的变革人，有利于大胆创新。

（资料来源：http://c.360webcache.com）

思考题：结合该案例和本节的内容，谈谈你对人力资源配置的认识。

6.1.1 人力资源配置的内容

1. 什么是人力资源配置

配置是一个汉语词汇。配：把缺少的补足；置：设立。配置就是把缺少的补足并设置好。人力资源配置就是指在具体的组织或企业中，为了提高工作效率、实现人力资源的最优化而实行的对组织或企业的人力资源进行科学、合理的配置。

2. 人力资源配置的主要内容

（1）地区配置。所谓地区配置，是以一个地区人口和人力资源现状为基础，以该地区的物质资源与经济发展规划为依据，通过地区间的人口和劳动力迁移以及不同地区的人口与劳动力政策的调解予以实现的。对于人力资源的地区配置，必须有利于经济发展和充分发挥各地区经济资源优势，以实现宏观、长期的综合效益。就我国情况来看，占国土面积 60%的西部地区，蕴藏着丰富的物质资源，是 21 世纪经济发展战略的重点区域。但是，由于西部属于地广人稀区域，只占全国人口的 10%左右，并且经济发展缓慢，科学文化比较落后，不能适应未来时期快速发展的要求，需要积极地为其创造必要条件。西部大开发，其必要条件可概括为“三力”：人力、智力和财力。在“三力”中，人力资源开发是重中之重。为此，必须从战略的高度出发，根据需要和可能，采取行之有效的政策和措施，通过人力资源的地区配置予以解决。

（2）部门（行业）配置。对人力资源部门（行业）配置，要以经济发展重点行业为主要目标，根据投入产出表中各部门之间的关系进行综合平衡后予以确定。一般来说，一个部门（行业）的新兴与发展必然伴随着大量的资金和劳动力的投入，并且往往比传统部门（行业）的人均资金占有量要高得多。因此，这些部门（行业）需要配置较高素质的劳动力。对于那些产品生产技术工艺简单，甚至以手工为主的部门（行业），其投入的单位劳动力所伴随的资金就会少得多。就我国目前情况而言，一方面是人力资源丰富，但素质较低；另一方面是资金紧缺，且生产力水平不高。因此，人力资源部门（行业）配置应该从国情出发，选择适当的产业结构与技术结构，使人力资源部门（行业）配置获最佳效益。

（3）职业配置。人力资源职业配置是极为重要的内容，它反映着人力资源质的规定性。其差别主要包括两个方面：一是水平等级方面；二是职业种类方面。对人力资源进行职业配置时，必须从水平等级与职业类别方面加以区别，然后对各种职业岗位需求分别投入适合该水平等级和职业类别的人力资源，使其达到最优组合。同时，还要考虑在可能条件下的职业替代，以此来弥补某种职业的供不应求现象。要实现人力资源职业合理配置，其根本办法在于科学地预测职业需求。在此基础上，科学安排各级各类教育规划，适时和适量地培养出各类人力资源，以满足各种职业岗位的需求。上述内容，是仅从各自的范围进行论述的。

3. 人力资源配置需注意的问题

（1）人力资源配置必须符合国家及地区、部门的总体经济、社会发展战略的要求，把握好中长期规划中人力资源的内涵。

（2）人力资源配置必须处理好同物质资源的关系，选择符合国情的产业结构和技术结构，强化对自然资源的深度开发与多次利用，以保持生态环境的平衡。

（3）人力资源配置必须把握好其追加的投向，保证经济重点项目的人力资源供给，并兼顾一般；注意各地区自然资源、现有生产能力和发展潜力等诸方面的差异，使各区域均衡发展又各具特色；重视国民经济重点行业、带头行业和新兴行业的发展，并为其提供人力资源保证。

（4）人力资源配置必须保证一定区域内人力资源的合理流动与地区间人力资源的迁移，以改善人力资源同物质资源的结合状况。

此外，对于大于需求的人力资源供给部分，除了将其部分转化为非可供资源外，还必须注意继续投入部分的投向，使其达到对全局效益影响最小。

4．人力资源配置的途径

人力资源供给，从与其共同运行的经济关系上看，大致可以分为两个部分，即在业人员和求业人员（也就是追加的人力资源）。人力资源配置主要是通过对最佳人力资源投向的调控来实现的。当然，原有在业人员的岗位转换和作为经济持续运行基础的非转换岗位的在业人员，也是人力资源配置的起点与重要组成部分，由此，可以将人力资源配置的途径归纳为四个方面。

（1）既定配置。在业人员中，发生转换岗位的部分可以称为前期“既定配置”的途径。随着经济体制改革的深化，导致产业结构与技术结构发生变动，使得一部分在业人员难以适应这种变化，从而出现转换岗位的现象，这是其一。其二，还有其他一些因素，诸如现有岗位不能发挥自己的特长，人际关系不融洽，对工资福利待遇不满意等实际问题，亦会诱发转换岗位现象。前者属于正常行为，符合社会化大生产的客观要求；后者则需采取相应的措施，在可能的条件下予以调整与疏导。

（2）计划配置。计划配置可分两种情况：一是在业人员通过经济发展规划安排，有计划、有组织调配的部分，它直接构成现实配置的内容之一。无论是地区、部门，还是行业、职业，都可以采取这种“计划调配”的途径。二是求业人员，按照国民经济计划的安排，进入某种重要行业、职业岗位。这种类型的大多数是在其原居住地就业，也有一些到其他地区就业，可称之为“计划就业”的途径。需要指出的是，在传统的计划经济体制下，对社会劳动力实行的是“统包统配”制度，把计划就业作为唯一的途径，其结果是大大束缚了生产力发展，尤其是束缚了作为生产力主体的劳动者积极性的发挥。但是，实行改革并不意味着要把计划就业的途径统统废除。人类社会越是向前发展，人们调控自身的能力也会越来越强，而计划是实现自身调控的一种不可缺少的手段。即使在市场经济体制下，在某些领域、行业、职业方面，仍然存在计划配置就业问题。从这个意义上说，它仍然是人力资源配置的途径之一。

（3）自动配置。具有劳动能力而又要求就业的求业人员自行就业和在业人员受各种因素（既有主观因素，也有客观因素；既有社会因素，也有经济因素）影响而自由流动的过程，称为人力资源的自动配置途径。这是人力资源能动性的体现，它可以带来较大的经济效益与社会效益。需要指出的是，在业人员的自由流动就一般而言都可以取得社会效益，但若规模过大，过于频繁和集中，则有可能产生负效应，也就是说，人力资源流动存在着一个“合理性”的数量限度。因此，对人力资源的自动配置，要从宏观上调控其流量、流速和流向，使其尽可能趋于合理。否则，许多社会问题就会相伴而来。

（4）市场配置。以市场为基础配置人力资源，使现代经济生活中的人力资源同其他生产要素（资金、技术、信息等）相互结合的方式，称为市场配置途径或市场就业途径。市场配置要以劳动力市场作为基础，即市场对人力资源的配置起基础性作用，属于枢纽地位。它既是社会化大生产和市场经济发展的必然结果，又是重要的前提条件，相互制约，相互促进。

5．我国人力资源配置的变化

（1）市场成为人力资源配置的主渠道。在我国走向市场经济的过程中，个人的就业选择权和用人单位的择员权得到承认和落实，计划分配人力资源的体制得到改变。随着各地公立职业介绍机构和人才交流中心机构的兴起与发展，我国的人力资源市场配置局面已经形成。

（2）人力资源自由流动的局面基本形成。改革开放以来，人的职业流动大大增加。同时，我们大力发展劳动市场，大力推进市场就业机制。随着体制改革的全面深化，人力资源流动的障碍已经大大减少。除大中城市对农民尚有一定的户口控制外，我国人力资源的自由流动局面已经基本形成。20 世纪 90 年代后期以来，随着我国经济的增长和竞争的加剧，更增加了人力资源的流动。

（3）知识成为人力资源配置的核心。未来劳动的知识含量将进一步增加，这就要求人们具有相当高的知识水平。知识越来越受到重视，拥有高水平并得到充分发挥的人才可以得到相当高的人力投资回报，“知本家”正在成为经济发展和技术进步的中坚力量。随着科技的进步和经济竞争的激烈化，人才的社会价值越来越得到体现。

（4）职业模式与国际接轨。国际经济一体化是不可逆转的趋势。随着我国经济的增长和加入 WTO，国际经济合作大大增加，经济发达国家的职业种类、职业劳动手段、职业技能、职业规范、职业管理模式等会大量渗透进来，对我国的社会职业将产生巨大的示范作用。随着国际经济一体化，跨国公司、合资企业在我国的大量增加，为我国直接提供了许多国际规范的职业岗位；此外，出国就业和国外专家来工作的数量也会有较大的增加。

6.1.2 人力资源配置的原则

人力资源管理要做到人尽其才，才尽其用，人事相宜，最大限度地发挥人力资源的作用。但是，对于如何实现科学合理的配置，这是人力资源管理长期以来亟待解决的一个重要问题，人力资源配置必须遵循下列原则：

1．充分就业原则

充分就业既是一个重要的经济目标，又是一个重要的社会目标。可以说，这是当今世界不同经济体制与经济水平的国家共同追求的目标。

从经济学的一般原理出发，充分就业应当是人力资源供给能够基本上被需求所吸收，既有劳动能力又有就业要求的经济活动人口都能够获得社会劳动岗位。但是，由于经济活动的复杂性，从而引起就业现象的多样性。为此，对充分就业这一概念，还需要做深层次的分析。① 充分就业作为一个目标值，不是一个“点”，而是一个区间值。② 充分就业并不意味着经济人口全部就业。因为人们择业需要花费一定的时间，若将人们择业周期累加起来，则相当于一部分人处于非就业状态。这样，即使在充分就业的条件下，就业率也会小于100%。③ 充分就业作为决策的目标值，即一定时期的理想目标，它可能随着社会经济条件的变化而发生波动，从而导致在一定程度上偏离区间数值。

需要指出的是，在人力资源供不应求与供求基本平衡的条件下，充分就业就容易实现；在人力资源供过于求的条件下，则应当通过各种措施扩大需求并减小供给，以求达到基本平衡。若经过平衡后仍然供过于求，这时未能就业人员的生活来源只能从社会保障费用中取得。

2. 合理使用原则

人力资源的合理使用是指其投入的最高产出率。广而推之，还应当包括经济上的投向及配置的合理，以及更为广泛的社会方面的内容。例如，生产效率与分配平等、经济产出与社会安定、社会与家务劳动等诸种关系的协调。一般来说，经济指标是显性的、直接的，社会效益则是隐性的、非直接的。因此，对人力资源使用的合理性，必须正确理解，全面掌握，使其在运用中符合最大的经济—社会效益。

3. 良性就业结构原则

进行人力资源配置，调节各地区、各部门和各行业的人力资源，并将追加的人力资源投入不同的方向，以便形成一种良性的人力资源使用结构，即就业结构。

在良性就业结构条件下，人力资源的投放合理与否，其标志在于：一是要适应全社会经济发展水平的要求；二是要能够满足国民经济建设主要部分的需要；三是要能够取得较大的经济效益；四是要能使国民经济各部门在较长时间内保持协调。从我国的情况来说，良性就业结构则主要表现在四个方面：其一，农业同非农业之间关系协调；其二，第一部类同第二部类之间关系协调；其三，生产性行业同非生产性行业之间关系协调；其四，各地区之间经济发展协调。

4. 提高利用效率原则

经济学中的一项重要原则就是提高利用效率。由于人力资源在经济运行中具有特殊地位，因此，提高人力资源利用效率就尤为重要。

人力资源利用效率从总体上说，可以分为有效劳动和无效劳动两大类。前者指人力资源投入取得了经济效益，后者是指人力资源投入未取得经济效益。具体分析，有效劳动又可以分为高效劳动和低效劳动两类。前者是指产出大大高于投入，后者是指产出在一定程度上大于投入。无效劳动亦可分为零效劳动和负效劳动两类。前者是指产出等于投入，等于做了“无用功”，后者是指产出小于投入，其效益为负数，即资源浪费。改善人力资源利用不充分的问题，是提高国民经济效益的根本途径之一。从上述分类情况看，较理想的状况是高效劳动，它可能接近或达到“充分利用”人力资源的程度；低效劳动尤其是零效劳动和负效劳动，则是人力资源利用不充分的表现。为了改变这种局面，应当分析研究人力资源利用不充分的原因，并采取相应的措施，使其逐步向高效劳动转化。

5. 内部为主原则

一般来说，企业在使用人才，特别是高级人才时，总觉得人才不够。其实，每个企业都有自己的人才，问题是“千里马常有”，而“伯乐不常有”。因此，关键是要在企业内部建立起人才资源的开发机制，使用人才激励机制。这两个机制都很重要，如果只有人才开发机制，而没有激励机制，那么企业的人才就有可能外流。从内部培养人才，给有能力的人提供机会与挑战，造成紧张与激励气氛，是促成企业发展的动力。但是，这也并非排斥引入必要的外部人才。

6.1.3 人力资源配置的主要原理

1. 要素有用原理

人力资源配置过程中，应首先要遵循一个宗旨，即任何要素（人员）都是有用的。换言之，没有无用之人，只有没用好之人，而配置的根本目的是为所有人找到和创造其发挥作用的条件。

对于那些没有用好之人，问题之一是没有找到他的可用之处，没有正确的识别人。这是因为人往往表现出矛盾的特征，或者呈现非常复杂的双向性，优点和缺点共生，失误往往掩盖着成功的因素。这为我们了解人并用其所长，以及发现和任用人才增加了许多困难。因此正确的识别人是合理配置人员的前提。

对于那些没有用好之人，问题之二是没有创造人员可用的条件。只有条件和环境适当，人员才可能有用，如双向选择、公开招聘、竞争上岗等政策，为许多人才提供了选择合适岗位的机会，为许多人走上更高的职位提供了机会。

过去我们经常强调知遇之恩、伯乐相马、萧何月下追韩信，这说明伯乐式领导者对人员识别和配置所发挥的关键作用。但现在我们更强调创造良好的条件和环境，建立动态赛马的机制，让更多的人能够在这一制度中脱颖而出，避免被动和需要伯乐的局面。可见，识才、育才、用才是管理者的主要职责。

2. 系统优化原理

系统优化原理指人力资源系统经过组织、协调、运行、控制，使其整体动能获得最优绩效的理论。

系统是由两个以上元素组成的，相互联系又相互作用的向同一目标引动的有机综合体。人力资源系统具有独特的系统特征。其一是关联性，即人与人相互关联，每个个体影响集体，这种影响的方式和途径受其他个体的制约。人力资源系统的组成要素是人，它与其他任何系统的关联性不同之处就在于其关联程度是不均匀、不固定、不统一的。其二是目的性，即人集合而成系统，人参加这一集合或那一集合是有目的的，这种目的与系统的总体目标具有相关关系。其三是社会性，人力资源系统的构成要素是人类社会的主体部分——人，因而它具有较强大社会性。其四是多重属性，即人可以同时属于若干个系统，这是其他任何系统的要素无法达到的。例如，人可能从属于某一正式人力资源系统——某公司或某企业，同时又属于某一家庭，或者又属于某一党派、团体等。其五是有序性，自古以来，人之序超过物之序，如男女有别、长幼有序、职位高低、能力大小、工作先后等。其六是环境适应性，是人力资源系统生存和发展的关键特征，人可以适应自然环境和社会环境，并在这种适应过程中改造环境和被环境改造，适者生存，不适者流动和迁徙。其七是资源余性，煤燃烧后留有煤渣，石油产品有中游、下游产品。人力资源系统也有余性，主要表现在人的潜力及其发挥时的余地，以及这种潜力发挥程度与个人兴趣偏好、领导方法、环境状况有关。根据以上特征和系统理论，人力资源系统优化原理的基本要点是：

（1）系统的整体功能不能等于部分功能的代数和，而必须大于部分功能的代数和。人力资源系统的整体功能可出现以下三种情况：① $1+1>2$；② $1+1=2$；③ $1+1<2$。

第一种情况符合系统优化原理，整体功能大于部分功能之和。第二种情况是整体功能与部分功能之和相等。第三种情况是人力资源内部消耗、摩擦，使彼此能量抵消所出现的负效应。

（2）系统的整体功能必须在大于部分功能之和的各值中取最优，系统内的各要素（人力资源各部分）必须充满和谐、和睦和合作，整体有奋发向上之力，转向能力达到最强。

（3）系统内部的消耗必须达到最小。系统优化原理要求在人力资源管理中使人的群体功效达到最优，这是人力资源管理中最主要的原因。

3. 能级对应原理

能级指人的能力大小分级。能级大表示能力强，办事本领大。不同行业能级的标准也不一样，科学研究有能级，管理也有能级，企业中的不同工种也有不同的能级。

能级对应，指在人力资源管理中，要根据人的能力安排工作、岗位和职位，使人尽其才，物尽其用。因此，能级原理要求建立一定的秩序、一定的规范和一定的标准。

能级对应原理的基本内容包括：承认人具有能力的差别；人力资源管理的能级要求按层次建立和形成稳定的组织形态；不同能级应表现为不同的权力、物质利益和荣誉，人的能级必须与其所处的管理级态对应；人的能级不是固定不变的，能级原理承认能级本身的动态性、可变性与开放性；人的能级与管理级态相互之间的对应程度，标志着社会进步和人才使用的状态改变。能级对应原理揭示了人力资源能级结构必须是一个稳定的结构。这种结构上小下大，呈正三角形。从某一人力资源系统来看，稳定的能级结构如图6-1所示。

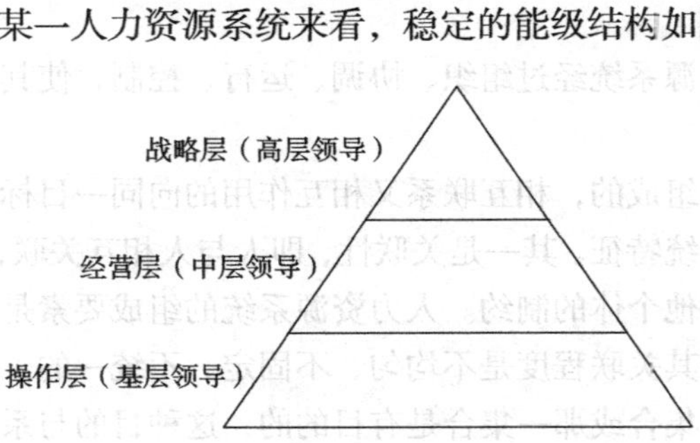

图6-1　稳定的能级结构

图 6-1 中处于操作层的人数最多，随着层次上升，管理人员逐步减少。最高层必须有定点，即要有权威的个人或小组，具体决策权、财权和人权，以指挥全系统的高效运行。非稳定型的能级结构在人力资源管理中也有表现，如图 6-2 所示。

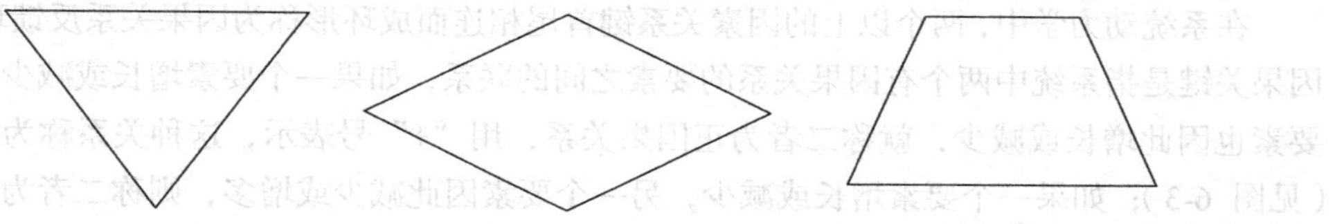

（a）倒三角形　（b）菱形　（c）梯形

图 6-2　不稳定的能级结构

图 6-2 中的（a）是倒三角形结构。由于上大下小，极不稳定，没有基础，缺乏权威，官多于民，政出多门，有将无兵，将多令多，因而是最基本、最典型的不稳定结构。（b）为菱形结构。这种结构中间大，两头小，说明中层比上层大是稳定的，然而中层比低层大就不稳定了。（c）是梯形结构。看上去似乎是稳定结构，但由于上、中、下三层机构失调，缺少“顶点”，无最高决策机构，平行的若干“点”会使下级无所适从，因此也是一种不稳定结构。

4．系统动力原理

在人力资源管理活动中，通过物质的、精神的或其他方面的鼓励和褒扬，激发员工的工作热情的系统理论被称为系统动力原理。它包括以下内容：

（1）物质动力原理。人们所从事的活动均与物质利益有关。“物质动力”是指人类对基本物质需要和物质享受的追求性。在人力资源管理中，物质利益包括工资、奖金、保险、住房、医疗、卫生、退休等和其他一切福利在内。从人类的需要层次来看，有生存需要、享受需要和发展需要，所有这些可以通过金钱、物质来满足。物质动力理论就是用物质鼓励的方法，满足员工对物质的追求，以激发员工工作的积极性。

（2）精神动力原理。人类活动除了物质需求以外，还有精神方面的追求。人力资源管理中的所谓“精神”，指友爱、表扬、职位、职称、信任、尊敬等各种非物质性的激励。精神动力就是用表扬、精神鼓励、提职、提干等各种手段，表达管理者的友爱、信任和对其能力、工作业绩的肯定，达到激发员工内在的工作动力，促其朝着管理者所期望的目标努力的目的。

（3）信息动力原理。信息动力就是指一切美好的、给人以期望或人们感情满足的各种信息。由于信息增强了人们的希望与追求，激发了人们的工作热情和动力，使人们不怕困难、不怕牺牲、努力奋斗、积极向上，从而提高经济活动的效率。信息动力不是直接加于员工本人身上的“激励”，而是来自环境的“消息”。如大至国家的形势、民族的自豪感，小至企业、家庭或亲友的佳音，均可诱发员工的愉快、顺畅的心情，从而以间接的方式对生产效率产生影响。

5．反馈控制原理

将系统动力学反馈理论运用于人力资源管理，被称为人力资源管理的反馈控制原理。在人力资源管理过程中，各环节、各要素或各变量形成前后相连、首尾相顾、因果相关的反馈环。其中一个环节或要素的变化，引起其他环节或要素发生变化，最终又使该环节或要素进一步变化，形成反馈回路和反馈控制运动，称为反馈控制原理。

在系统动力学中，两个以上的因素关系键首尾相连而成环形称为因果关系反馈环。其中，因果关键是指系统中两个有因果关系的要素之间的联系，如果一个要素增长或减少，另一个要素也因此增长或减少，就称二者为正因果关系，用“+”号表示，这种关系称为正关系键（见图 6-3）；如果一个要素增长或减少，另一个要素因此减少或增多，则称二者为负因果关系，用“–”号表示，这种关系称为负关系键或负键（见图 6-4）。

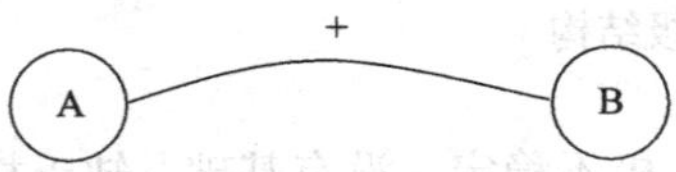

图 6-3　正关系键

图 6-4　负关系键

因果关系反馈环分正反馈环和负反馈环。正反馈环是指一个反馈环节中任意一个变量的变化最终导致该变量原变化趋势加强，具有自我强化效果的因果关系反馈环。负反馈环是指一个反馈环中任一变量最终导致该变量原变化趋势减弱和自我调节、自我控制并使原变化渐趋稳定的因果关系反馈环。

正反馈环和负反馈环在人力资源管理中具有重要意义。以职工培训与企业经济效益的正环关系为例：

A——职工培训投资　　　　A——企业科技生产力

B——职工文化素质　　　　B——企业经济效益

如果一个企业注重人力资源开发，大力投资于职工培训，就会提高职工文化素质，形成企业科技生产力，导致企业经济效益的提高，最终有更多的资金用于职工的人力资源开发，形成良性循环。

6. 弹性冗余原理

弹性冗余原理要求在人与事的配置过程中，既要达到工作的满负荷，又要符合员工的生理和心理要求，不能超越身心的极限，保证对人、对事的安排要留有一定的余地，既带给员工一定的压力和紧迫感，又要保障所有员工的身心健康。

7. 互补增值原理

这个原理强调人各有所长也各有所短，以己之长补他人之短，从而使每个人的长处得到充分发挥，避免短处对工作的影响，通过个体之间取长补短而形成整体优势，实现企业目标的最优化。这是因为，当个体与个体之间，个体与群体之间具有相辅相成作用的时候，互补产生的合力要比单个人的能力简单相加而形成的合力大得多，群体的整体功能就会正向放大；反之，整体功能就会反向缩小，个体优势的发挥也受到人为的限制。因此，按照现代人力资源管理的要求，一个群体内部各个成员之间应该是密切配合的互补关系，互补的群体必须有共同的理想、事业和追求，而互补增值原理最重要的是“增值”。

由于人力资源系统每个个体的多样性、差异性，因此存在着人力资源整体中的能力、性格、见解等多方面的互补性。发挥每个个体的优势，扬长避短，人力资源系统的功能方为最优，这就是互补增值原理。其基本内容是：

（1）知识互补。不同知识结构互为补充，取长补短。因为不同知识结构的人考虑问题的思想方法不同，容易引起思想火花的碰撞，从而获得最佳方案。

（2）气质互补。在人力资源系统中，应有“管家型”的踏踏实实做工作的人才，也应有有魅力、敢闯敢冲的人才；需要温和善协调的人才，也需要刚强、顶住风浪的人才。

（3）能力互补。要使一个系统有效运转，必须集中各种能力的人才，形成综合实力和优势。例如，一个企业中应有善于抓生产、抓管理者，也要有善于搞销售者；有适宜办公室工作的人，也应有做公关工作的人。

（4）性别互补。不同性别有不同的长处。女性细心、耐心，男性粗犷、坚强。男女性别互补，可各展其优，发挥其所长。

（5）年龄互补。年龄的差别体现了精力、知识、经验、处理问题的方式、社会关系等方面的差别。老年人经验丰富、稳重；中年人有一定的经验，精力充沛，处理问题果断，反应快速；青年人有闯劲，敢于开拓和创新。只有年龄段之间的互补，工作才能做得更好。

（6）技能互补。运用互补原理要注意消除内耗。要求管理者在选人、用人、协调人、管理人的过程中注意理想、事业、气质、品德和修养等方面的和谐，形成最佳组合和重新组合，以达到互补的目的。

8. 利益相容原理

一个系统内两个群体或若干个体之间，发生一方利益影响另一方利益时，双方则产生利益冲突，这时应寻求一种方案，使之在原来的基础上，经过适当的修改、让步、补充，为双方所接受，从而获得相容，称为利益相容原理。

利益相容原理认为，利益冲突的各方，可以因处理不好而导致对抗性矛盾难以调和，也可因处理得当而获得相容；利益相容必须有一方或多方的让步、谅解和宽容；利益相容的处理方法必须是矛盾的各方都经过协商以求得解决；利益相容要求原则性和灵活性相统一。

9. 动态适应原理

动态适应原理指的是人与事的不适应是绝对的，适应是相对的，从不适应到适应是在运动中实现的，随着事业的发展，适应又会变为不适应，只有不断调整人与事的关系才能达到重新适应，这正是动态适应原理的体现。

从企业内部来看，员工个人与工作岗位的适应不是绝对和一定的，无论是由于岗位对人的能力要求提高了，还是人的能力提高要求变动岗位，都要求我们及时地了解人与岗位的适应程度，从而进行调整，以达到人适其位，位得其人。

10．竞争强化原理

竞争乃普遍规律，优胜劣汰，适者生存是自然法则。自然界、人类社会无处不有竞争。人力资源管理中的竞争强化原理是指通过各种有组织的非对抗性的良好竞争，培养和激发人们的进取心、毅力和创新精神，使他们全面施展自己的才能，达到服务社会、促进经济发展的目的。

竞争强化原理的基本内容是：组织同类系统的竞争，从而发现能主持全局工作的战略性人才；通过组织系统内管理人才的竞争，以发现和选拔各层次的优秀管理人才；通过组织本系统内各类技能竞争，以便发现技术人才；通过组织开发新产品的竞争，以发现创造型和开拓型人才。

无论公开竞争，或者用比较缓和的招聘、考核、评比等竞争方式，都必然会涉及许多矛盾。因此，管理者必须统观全局，运筹帷幄，坚持竞争的公开性、公平性；强调竞争手段的合法性；鼓励员工对竞争过程的参与；提倡、支持、引导员工向竞争对手学习，以共同前进，实现落后员工的转化；及时发现、合理解决竞争过程中产生的矛盾。

6.2 人力资源结构

引导案例 6-2

优化调整人力资源结构

实施人力资源结构优化调整只有以市场需求为参照物，把优化调整的要素放到市场的大环境中进行对焦，才能找准企业自身在人力资源结构上存在的“短板”，才能对优化调整的重点进行准确定位，才能增强优化调整的针对性。我们主要在“四个方面”与市场进行对焦。

（1）在员工总量上与市场对焦。员工总量与市场需求不适应。主要表现在：一是员工总量过多，在市场竞争中缺乏灵活性；二是能够独当一面的复合型人才较少；三是劳动力的价格逐年上涨，人力成本过高。

（2）在专业人才上与市场对焦。专业人才与企业发展规模不匹配。主要表现在：具有丰富实践经验的项目经理人队伍总量不足；具有创新能力和研发能力的技术骨干较少；在各专业领域的拔尖人才和复合型人才不足；技能人才队伍略显单薄。

（3）在员工新老接替上与市场对焦。新老接替与企业发展速度不同步。主要表现在：员工老龄化比例较高，中青年比例较低；新老置换的机制不健全，老同志退不下来，年轻同志顶不上去。

（4）在管理层与操作层的人员比例上与市场对焦。现有比例与企业发展需求不协调。主要表现在：由于历史原因遗留下来的从事传统产业的混凝土工、架子工、瓦工、井工等工种富余人员多，不适应现在的需要，造成现有操作层人员与管理层比例倒挂。

（资料来源：http://www.chinacem.com.cn/ 有改动）

思考题：结合该案例和本节的内容，谈谈你对人力资源结构的认识。

6.2.1 人力资源结构概述

1. 人力资源结构的含义

人力资源结构是指一个国家或地区的人力资源总体在不同方面的分布或构成。它主要包括年龄结构、性别结构、质量结构、地区结构、城乡结构等内容。

人口是人力资源的基础。人口的结构及其变动，是决定人力资源结构及其变动的基本因素。此外，经济发展水平、结构、关系、教育程度、自然地理条件等诸方面的因素，也在不同程度上影响着人力资源结构及其变动。人力资源结构的不同，反映着人力资源总体及其内部的不同性质与状况，于是就构成了社会对于人力资源使用的基础条件。

2. 人力资源结构的层次

人力资源作为经济活动的重要因素分三个层次：一是人力资源总体层次。它包括全部有劳动能力的人口。二是“可供状态”层次。人力资源是特定时期的具体投入要素，处于一种“可供状态”层次，它包括就业和求业人口两部分，即经济活动人口或可供劳动力人口。三是在业人口层次。这是指现实正在运用着的人力资源，即已进入劳动岗位，同其他生产要素结合了的就业人口。

人力资源结构的层次，从宏观配置角度看，最主要的是第二层次，即经济活动人口或可供劳动力人口。其理由在于：第二层次是配置的对象。但是，现实的可供人力资源会随着时间的推移而发生变化，使人力资源之中的非经济活动人口的一部分，尤其是在业人口，有可能转化为经济活动人口，从而构成未来年代的人力资源供给。因此，从动态的角度考察，对于非经济活动人口必须予以重视与关注。

6.2.2 人力资源年龄、性别与质量结构

1. 人力资源年龄结构

人力资源年龄结构是指同一总体内不同年龄的人力资源的比例构成。人力资源年龄结构取决于人口年龄构成，尤其取决于劳动适龄人口年龄构成。在分析人口数量与劳动力资源量的关系时，是假定人口年龄不变的。实际上，人口年龄构成是可变的，不仅每个国家、地区的人口年龄构成不同，就是同一国家或同一地区的不同时期里，其人口年龄构成也在不断变化。即使在人口总量不变的情况下，只要年龄构成发生了变化，也会引起劳动力资源量产生变动。

（1）劳动力年龄组人口比例的变化，对劳动力资源量的影响。少年年龄组人口、劳动力年龄组人口和老年年龄组人口构成的变化，会使劳动力资源量和社会经济效益产生不同的变

动。如果在人口年龄构成中，劳动力年龄组人口的比例提高，同等数量总人口所提供的劳动力资源量就大；反之，如果劳动力年龄组人口的比例降低，则同等数量总人口所能提供的劳动力资源量就少。

如何正确规定劳动力年龄（包含上下限在内）？科学规定劳动年龄的根据应是：适应劳动力生理上的要求，即在这个年龄内要具有足够的精力、体力去从事经常性的社会劳动；适应现代化生产发展对劳动力素质上的需要；同国家普及义务教育的年限规定相适应，并同有关政策、法令和制度的规定相衔接。这样，劳动力年龄上下限的规定就是发展变化的。

我国现行劳动力年龄规定是男性16~60岁，女性16~55岁，在计算劳动力资源量时，不妨把男性和女性的劳动力年龄均定为16~60岁。据此，则0~15岁为少年组人口，16~60岁为劳动力组人口，60岁以上为老年组人口。

应当看到的是，这三组人口（劳动力组人口、少年组人口和老年组人口）对经济发展所起的作用是大不相同的。虽然，人是生产者和消费者的统一，但刚生下来的人不能成为生产者，必须经过婴儿、儿童、少年几个生长发育阶段以后，才能成为劳动力。因此少年人口只是消费者，最多只能视为潜在的生产者，人老了退出生产过程以后，就变为纯消费者了。只有劳动力人口才是真正的生产者和消费者的统一，他们是全社会财富生产的承担者。因此，劳动力组人口在全部人口中具有特殊重要的地位，是处于核心和支配地位的人口。

（2）劳动力年龄组人口内部年龄构成的变化，对劳动力资源内部结构及社会经济效益的影响。上面分析了劳动力年龄组人口、少年年龄组人口和老年年龄组人口的构成变化，对劳动力资源量和社会经济效益的影响。还应看到的是，即使劳动力年龄组人口的比例不变，由于其内部年龄构成发生变化，将会使年轻劳动力、中年劳动力和年纪偏老的劳动力所占的比例产生变动，从而对社会经济发展产生的作用也会出现明显的差别。因为年轻劳动力的优点是身强力壮、精力充沛，能担负体力消耗特别大的繁重体力劳动，对新技术的接受和适应能力较强，发展前途较广阔，其不足之处是劳动经验和熟练程度较差。年纪偏老的劳动力特点是，劳动经验和熟练程度较强，专业知识也较丰富，但其缺点是精力、体力不如年轻劳动力，对新技术的接受和适应能力一般较差，不适宜从事要求反应敏捷和消耗精力、体力较大的劳动。而中年劳动力则不存在上述两种劳动力的缺点，并在相当大的程度上具有两者的优点，是劳动力中骨干力量。因此，在分析劳动力资源是否适应经济发展要求时，不仅看劳动力人口数量的多少，还要看其内部的年龄构成是否合理。如果劳动力年龄组人口内部的年龄构成过于年轻或偏老，就会出现某些工种或部门的劳动力不足，而另一些工种或部门的劳动力出现过剩的情况，这将会造成劳动力资源不能得到合理的开发和利用，从而导致劳动生产率和经济效益的降低，影响经济的发展。所以，从理论上讲，在人口的年龄构成上，最好使其保持在一种既不过于偏老，又不过于年轻，并与经济发展所需要的劳动力相适应的最佳状态上。

但是，由于人口年龄构成是变化的，即使现在是成年人口型，且中年劳动力占的比例大，如果人口出生率过慢，少年人口增长过少，经过一定时期以后，成年人口型也会转化为老年人口型，使社会赡养的老人和年纪偏老的劳动力增多，劳动力资源量就会出现逐步减少的趋势。这对人口和劳动力资源量不富余的国家来说，是不利于社会经济发展的。因此，为了使劳动力资源量尽可能适应劳动力需要量，必须对人口生产及其年龄构成进行调节。

（3）人口年龄构成的调节。人口年龄构成，可以是自发形成的过程，也可以通过自觉地进行调节去实现。对人口年龄构成实行自觉地调节，使之较好地适应经济发展和人民生活改善的需要。人口年龄构成的自觉调节，实质上是有目的地实现人口再生产形态的转化过程。这种转化的条件，主要是根据国家不同时期的情况，通过调节生育率、出生率和自然增长率来实现的。如果是老年人口型向成年人口型、成年人口型向年轻人口型转化，主要是通过提高生育率、出生率和自然增长率的办法。相反，如果是年轻人口型向成年人口型、成年人口型向老年人口型转化，则主要是通过降低生育率、出生率和自然增长率的办法，来逐步提高成年人口和老年人口在总人口中的比重。

在我国人口再生产形态转化的过程中，已经开始出现人口老化的现象，这是大力降低出生率、增长率难以避免的问题，可通过适当提高出生率、增长率去加以调节，这是长远的战略任务。

2. 人力资源性别结构

人力资源性别结构，是指同一总体内不同性别的人力资源的比例构成。在正常情况下，人口总的性别比例和各年龄组的性别比例，尤其是劳动年龄组的性别比例，基本上是均衡的。但是，在某些特殊情况下，如战争等，则可能导致性别比例失调，从而影响人力资源的性别结构和社会劳动力的供给，特别是男性劳动力的供给。

一般来说，男性人口在成年以后，几乎都要参加社会经济活动，而成年女性的从业状况，在不同国家、不同时期则存在着差异。因此，研究人力资源性别结构，应侧重于研究女性劳动力供给与女性就业问题。

（1）女性劳动力的特点。从生理角度考察，男性劳动力同女性劳动力是存在差别的。因此，在从事社会经济活动方面与对不同职业的适应能力方面呈现出不同的特点。一般来说，女性同男性相比，其劳动能力较弱，参与率稍低，适应性要小，参加社会劳动的年限要短，家务劳动相对较重，流动性要小一些。可见，性别结构不同，必然影响社会人力资源供给与使用状况。

（2）影响女性劳动力参与率的因素。女性劳动力的参与率和就业率的高低程度取决于多种因素，其中主要是：社会对劳动力需求的总量和具体的劳动岗位；女性的生理特点、受教育的程度；男性劳动力的供给量及社会风俗习惯、政治因素等。需要指出的是，“家务劳动”并不等于“女性从事家务劳动”。当然，社会上从事家务劳动的人口中女性要多于男性。研究女性就业的一个相当重要的方面就是要研究家务劳动及其社会化的问题。现阶段，我国社会生活服务事业还不发达，且夫妻双方都参加就业。在这种情况下，势必使他们参加社会劳动以外的“自由支配时间”的大部分被家务劳动所占用。这样，就不利于他们的休息、学习与抚育子女，从而就不利于人力资源的再生产。

3. 人力资源质量结构

人力资源质量结构一般是指劳动力人口，尤其是经济活动人口达到不同层次文化程度的比例构成。通常来说，人力资源质量结构就是以文化程度划分的文盲、小学、初中、高中（中专）、大学及大学以上程度几个层次劳动力人口比例。此外，社会劳动者达到的职业技能不同等的比例，也是体现人力资源质量结构的一个重要方面。

（1）人力资源质量结构总体处于较低水平。据 2010 年人口普查资料，全国（大陆地区）31 个省、自治区、直辖市和现役军人的总人口为 133 972 万人。全国人口中，具有大学程度（指大专及以上）的人口为 11 964 万人，占全国总人口的比重为 8.93%。高中程度（含中专）的人口为 18 799 万人，占总人口的比重为 14.03%。全国高中程度（含中专）以上的人口占总人口的比重为 22.96%。

（2）人力资源质量结构的效应。不同的社会经济状况和生产力发展水平，要求有不同的劳动力质量与之相适应。经济越发达，生产力水平越高，所需要的高质量人力资源数量就越多，其比例也就越大。这样，就可以充分发挥人力资源的质量效应作用，从而取得较高的经济效益。但是，不能脱离现实的生产力水平简单地认为高质量劳动力数量越多越好、比例越大越好。因为，超越了社会经济发展客观需要的过多的高质量人力资源，则不能充分发挥其效应功能。这样，势必有一部分高质量人力资源去从事质量要求较低的社会劳动，从而就会降低高质量人力资源的效应，导致社会与个人智力投资的浪费。

（3）人力资源质量结构的配比。由于高质量人力资源不同类别之间存在着替代性较差的特点，因此，合理的人力资源质量结构不仅要求不同等级、不同层次的人力资源处于一种适宜的配比，而且要求各个等级、各个层次的人力资源内部从事不同性质劳动、不同职业类型的人力资源配比也要协调。否则，就可能影响其使用效益，甚至可能造成结构性失业。从我国的现实情况看，这方面的问题还比较突出。其表现在：一方面是专业技术人员培养的数量还不多；另一方面是专业技术人员培养不配套，导致不少企业存在几个工程师才摊上一个技术员这样一种配比倒置现象。

6.2.3 人力资源地区与城乡结构

1. 人力资源地区结构

人力资源地区结构是指其在不同地区的分布比例构成。这种分布可以从地理区划、经济区划、行政区划等不同方面加以区分，它是地区生产力配置的基础。人力资源地区结构基本上取决于人口地区分布。研究人力资源的总体状况及其年龄结构、性别结构和质量结构等，不仅需要以人力资源的一定的地区分布为基础，而且实现人力资源年龄、性别和质量结构合理化，也离不开人力资源的地区合理分布。

实现人力资源地区合理分布的目标在于：其一，必须根据各地区的经济发展的短期需求与长期需求同人力资源的现实状况，对人力资源进行科学的规划；其二，必须考虑人口与人力资源在总量方面同地区之间分布的变动，从而对人力资源进行合理的配置。

2. 人力资源城乡结构

人力资源城乡结构是指人力资源在城镇与乡村的分布比例构成。它是由人口的城乡分布所决定的，且受城乡之间人口流动的影响。其体现着社会经济发展的总水平，反映了农业与非农业部门的发展状况。

众所周知，农村以从事第一产业（广义的农业）经济活动为主，而城镇则是以从事第二产业（广义的工业）、第三产业（广义的服务业）经济活动为主。城市与农村的人力资源供给是满足城市与农村经济活动所必需的条件；人口在城乡之间的流动则是调节人力资源在城乡分布的途径。农村剩余劳动力向城市和边际生产效益高的地区转移，是生产要素和人力资源的重新组合及优化配置的表现，是现代经济运行规律的客观反映。西方各国在自己的发展历史上，都经历了一个劳动力从农村流向城市的过程，劳动力从传统的农业部门释放出来，重新配置到城市的工业部门和非农业中，从而促进了工业化和城市化。例如，美国 1930—1974 年，农业人口由 3 050 万人下降到 1 760 万人，那么实际脱离农业的人口便达到了 1 290 万人。这种变动被认为是现代最大的人口迁移之一。

在我国，20 世纪 80 年代中期以来，农村剩余劳动力以开闸放水之势冲向城市，涌入发达地区。究其原因，是由于长期实行城乡封闭体制，把农民限制在农村，滞留了大量的剩余劳动力。尽管改革开放以后，乡镇企业有了长足的发展，但地区之间极不平衡，特别是内地乡镇企业发展不快，小城镇建设速度较慢，吸纳农村剩余劳动力有限，因此，在比较利益机制的驱使下，数千万剩余人力资源流向发达地区，流向大城市。

应当看到，这种趋势冲破了我国多年形成的城乡分割、区域封锁及就业制度等旧的经济管理体制，实现了人力资源的城乡沟通、优化配置和组合，是社会发展和进步的表现之一。另外，过快、过多、过头的农村剩余人力资源向城市和发达地区自由转移，也会从供需两方面加剧农村和城市发展的不平衡，且无疑会给交通运输、城市基本建设、生活服务、就业管理、社会安定带来极大的压力。因此，农村劳动力流入城镇，必须注意两个方面的问题：其一，要考虑城镇经济发展的需要与可能条件；其二，要以农业劳动生产率提高为前提。否则，过多的农村劳动力流入城市，不仅会造成城市就业的压力，加剧城市的失业与隐性失业状况，而且可能造成农业劳动力供给不足。这样，对城乡经济的发展和人力资源的合理利用，都是有害无益的。为此，必须在宏观上对农村劳动力的流量、流速、流向进行疏导与调控，从而实现其合理有序的流动。

上述内容分别论述了人力资源结构的不同方面，这些并非是孤立的。因此，具体研究人力资源结构问题，应当把它们结合起来，又不排斥有一定的侧重点。

6.3　就业结构

引导案例 6-3

今年以来我国就业总量持续增长，就业结构不断优化

央广网北京 9 月 26 日消息（记者何源　张明浩）据中国之声《新闻和报纸摘要》报道，

就业是民生之本，是宏观经济的“晴雨表”。人力资源和社会保障部数据显示，今年以来，我国保持了就业总量持续增长，就业结构不断优化，成为宏观经济发展一大亮点。数据显示：我国上半年全国城镇新增就业735万人，同比增加18万人，就业规模持续扩大。尤其是二季度末全国城镇登记失业率为3.95%，达到近年来最低水平，就业形势持续稳定。

人社部新闻发言人卢爱红说，近几年，第三产业快速发展，新业态、新就业方式的出现，使我国经济增长对就业的拉动能力不断增强，拉动效应在今年明显显现。2013—2016年服务业就业累计增加6 067万人，高出全国就业人员年均增速的4.8个百分点。2016年，分享经济平台就业人员约为585万人，比上年增加85万人。

除了就业结构不断优化外，创业带动就业成果突出。

中国劳动保障科学研究院院长刘燕斌表示：为劳动者创业创造条件，激发劳动者创业创新的积极性，进而创造更多的就业机会，带动更多的劳动者就业。今年高校毕业生人数再创历史新高，达到795万人，几乎占到城镇新增劳动力的一半；钢铁、煤炭等过剩产能行业的职工安置工作也到了重要关口期。

国家发展改革委就业司副司长哈增友说，继续把高校毕业生就业摆在首位，促进农村劳动力转移就业，强化困难群体就业援助，高度重视化解过剩产能职工安置工作等一系列前瞻性举措，为今年上半年稳就业保驾护航。《“十三五”促进就业规划》进一步指出，保就业的同时，提升劳动者的素质将成为接下来一个时期就业工作一大着力点，到2020年要实现全国技能劳动者总量达到约1.7亿人，高技能人才5 500万人的目标。

中国劳动学会副会长苏海南分析，研究建立终身职业技能培训制度实际上是从经济产业结构调整等多角度部署就业创业。把产业结构调整与就业、创业结合起来，把共享经济、用工等制度的改革创新与创业、就业结合起来，对共同推进就业、创业的服务工作，非常有新意。

（资料来源：央广网）

思考题：结合该案例和本节的内容，谈谈你对就业结构的认识。

6.3.1 就业结构概述

1. 就业结构的含义

就业结构亦称人力资源就业结构，它有两个方面的含义：其一，是指一个国家就业人员总体之中不同年龄、性别、文化程度和技能水平的人员比例；其二，是指一个国家就业人员在不同部门、产业、职业、生产单位类型等方面的分布。前者反映了人力资源本身的状况，上面已经论及；后者体现了其在社会经济中的作用。人们所谈论的就业结构，通常是指的后者，而最狭义的就业结构，则又是指其中的“就业人员在产业之间的分布”。

2. 就业结构的作用

就业结构是社会经济结构的重要组成部分。其是否协调、合理，对于社会经济和产业结构能否协调发展具有举足轻重的作用。

（1）就业结构是一个国家（或地区）经济发展的综合反映。一般来说，从其数据指标，可判断其基本经济类型、现实生产力水平、主要经济部门发展状况等；同时，也可以看出一个国家（或地区）人力资源及其使用情况。

（2）就业结构是影响国民经济发展的一个重要因素。在社会经济诸种结构中，就业结构占有特别重要的位置。因为劳动力是最活跃、最富有主观能动性的因素，又是价值增值的唯一源泉。如果就业结构不合理或比例失调，造成一些部门劳动力不足或多余，则各个部门中所有构成生产力的诸要素都无法充分发挥作用，从而影响国民经济顺利发展。

（3）就业结构合理化是改善生产力布局的重要内容。所谓合理化，是指各个部门的就业量基本上能够与社会对劳动力的需求相吻合。通过对劳动力的统筹配置，促进劳动力多余的部门或地区向不足地方合理流动，实际上就是按照社会发展的需要调整和改善生产力布局，使宏观经济效益充分发挥出来，最大限度地满足整个社会日益增长的物质和文化需要，达到使人民生活得到不断改善的目的。

6.3.2　就业结构的影响因素

1. 基本经济状况

一般来说，一个国家（或地区）的基本经济状况，是其社会经济长期发展尤其是人口、自然资源、资金、科学技术、社会制度等因素长期综合起作用的结果。这种情况反映到现实条件下，体现了其生产力与劳动生产率水平，从而决定了从事第一、第二、第三产业相应的劳动者数量，即决定了就业结构的最基本方面。世界各国经济发展的历史表明：按人口平均国民收入为标准，越贫穷的国家（或地区）在第一产业和第二产业，尤其是在第一产业的就业人数比例就越大，而在第三产业的就业人数比例就越小；反之，越富裕的国家（或地区），在第一产业和第二产业中，尤其是在第一产业的就业人数比例就越小，而在第三产业的就业人数比例就越大。据美国经济学家西蒙·库兹涅茨所著《各国经济增长》一书中提供的资料，分析和整理后如表 6-1 所示。

表 6-1　59 个市场经济国家就业结构状况

序　号	1	2	3	4	5	6	7	8
国家数（个）	5	6	6	18	6	6	6	6
人均收入（美元）	72.3	107.0	147.0	218.0	382.0	588.0	999.0	1 501.0
第一产业（%）	79.7	63.9	66.2	59.6	37.8	21.8	18.9	11.6
第二产业（%）	9.7	14.7	15.4	19.7	29.3	39.5	46.4	46.7
第三产业（%）	10.6	21.4	18.4	20.7	32.9	38.7	34.7	41.7

2. 人口与人力资源状况

人口与人力资源状况是形成就业结构的直接因素。众所周知，人口需要消费的状况会影响各种消费品（包括物质产品和劳务）部门的生产，从而影响就业结构。前述的就业具有双方性，即个人对职业的选择和劳动岗位对人的要求都会影响就业结构。尤其在生产岗位的数量与质量有限制的条件下，其影响会更大。

人口总量越大，需要的基本生活消费品数量就越多，在生产总量有限的条件下，高级消费品只能让位于食品、衣服、住房和燃料等这类基本生活资料的生产；人力资源数量过大，经济活动人口数量过多，则会造成对生产资料的压力，乃至形成简单产品行业与服务业就业人数的膨胀。人力资源的质量类型与水平同劳动岗位的需要不相适应、人口与人力资源在城乡与地区之间分布、年龄与性别结构不同等，都在一定程度上对就业结构产生着影响。

3. 经济类型

在经济发展水平基本一致的条件下，确定一个国家（或地区）的经济是属于农业型还是工业型，是属于封闭型还是开放型，是属于产品出口型还是资源出口型，是属于劳动密集型还是知识、技术、资金密集型，就显得极为重要。其原因在于：这些不同的经济类型，会导致社会劳动力分布的不同，从而对现实的就业结构产生重大影响。

4. 经济发展目标

一定时期的经济、政治形势和各方面的条件，决定着一个国家（或地区）的经济发展目标。这个目标是制订短期与长期经济计划的依据。一般来说，经济发展目标的确定和计划的安排，决定了国民收入的积累额及其投资方向，从而明确了不同部门新增就业人员的数量。与此有关的经济政策亦可指导和调节经济活动并影响劳动力这一要素。在国民经济运行中，有一些重大政策还直接针对劳动力问题提出来，如我国过去的“低工资高就业”“广开门路扩大就业”政策等，对于人力资源的就业及其结构有着更为直接、巨大的影响。

6.3.3 就业结构的演变

1. 就业结构演变的趋势

对就业结构演变的研究，首先，要把整个社会的经济结构和产业结构作为一个大系统，而把就业结构作为子系统。其次，把就业结构分为三个层次：① 农业与非农业部门占用劳动力的数量与比例。② 第一、第二、第三产业部门占用劳动力的数量与比例。③ 三大产业内部各部门所占用劳动力数量与比例。从理论上说，必须把这三个层次的问题弄清楚，才能真正掌握就业结构演变的规律，从而为人力资源配置提供可靠的依据。

世界各国，尤其是经济发达国家演变的实践表明，就业结构演变的总趋势是：从产业方面看，是由第一产业向第二产业和第三产业流动；从职业方面看，是由体力劳动逐步流向脑力劳动。

2. 产业就业人数的演变

（1）第一产业就业人数逐渐减少。纵观世界 100 多年，尤其从 1950 年以来，美国、日本、德国等国家农业部门的就业人数，无论是绝对数还是相对数均逐年减少。据统计，美国农业部门的就业人数由 1950 年占全国就业人数的 12%，降至 1983 年占全国就业人数的 2.6%；日本农业部门的就业人数由占全国就业人数的 48.6%，降至 1983 年占全国就业人数的 9.7%；德国农业部门的就业人数由 1950 年占全国就业人数的 23.2%，降至 1985 年占全国就业人数的 5%。这种情况，不仅是经济发达国家，全世界绝大多数国家的第一产业部门的就业人数都呈下降趋势。据统计，这个人数由 1950 年占就业总数的 59%，降至 1985 年的 45.5%，35 年共减少了 13.5%。

农业劳动力出现减少的主要原因是：科学技术不断进步，现代化生产设备武装了农业部门，劳动生产率大幅度提高；除了满足人们生活改善和新增人口对农产品的需要以外，还可以节省大量的劳动力向非农业部门转移。

我国第一产业就业人数在就业总人数中的比例有所减少，第一产业劳动就业人数从 20 世纪 90 年代开始大幅度下降，由 1991 年的 39 098 万人下降到 2005 年的 33 970 万人。这主要是由我国生产力水平落后的基本国情所决定的。今后，随着农业现代化的实现，劳动生产率的迅速增长，我国第一产业部门的就业人数不但将继续相对减少，并且将出现就业人数绝对下降。

（2）第二产业就业人数呈增长趋势。首先，从经济发达国家来看，第二产业就业人数经历了相对数与绝对数同时增长时期，到 20 世纪 70 年代，则出现了相对数停止或下降，但绝对数仍然呈继续增长的趋势，如美国、日本、德国、英国、法国、苏联等经济发达国家均属这种类型。其次，从发展中国家来看，第二产业就业人数的相对数除个别收入较高的国家处于停止状态外，大多数国家第二产业就业人数的相对数正处于增长状态之中。据世界银行 1984 年世界发展报告中提供的数字，在 1960—1980 年的 20 年间，世界上所有低收入国家的第二产业就业比例，由 9%增至 13%，增长了 4%；中下等收入的国家由 11%增至 16%，增长了 5%；中上等收入的国家由 20%增至 28%，增长了 8%。并预测在 21 世纪内，大多数发展中国家，尤其是中下等收入以下的国家，第二产业的就业人数，无论是相对数还是绝对数都将继续呈增长趋势。

我国属于发展中国家。第二产业就业人数不但相对增加，而且绝对数迅猛增长。据统计，我国第二产业就业人员由 1978 年的 6 945 万人增加至 2005 年的 18 084 万人，增加了 2.6 倍。今后，随着农业劳动生产率的大幅度提高，特别是随着农业、工业和城镇集体经济的不断发展，第二产业部门在 21 世纪内将继续呈现绝对增加和相对增加同时并行的趋势。

（3）第三产业就业人数比例呈上升趋势。不论是经济发达国家，还是发展中国家，第三产业部门的就业人数在整个就业人数中的比例，除战争时期以外，一直处于增长状态，而且生产力发展水平越高，第三产业增长越快，占整个就业人员中的比例越大。据世界银行 1984 年世界发展报告中提供的数字表明，所有低收入国家，第三产业就业人口不仅比例低，而且发展缓慢，如尼泊尔、坦桑尼亚等国家都在 10%以下，20 年间只增长了 1%；中等收入以上国家，在同一时期都增长了 10%～11%。

据统计，当一国人均国民收入为 500～1 000 美元时，第三产业在就业人口中的比例约为 25%～35%；当一国人均国民收入超过 3 000 美元时，第三产业在就业人口中的比例就会有更快的增长，并逐步超过第一、第二产业之和。目前，第三产业就业人数中所占的比例超过 60%的国家，如美国、瑞典、加拿大、比利时等，人均国民收入都高于 5 000 美元。

与第一、第二产业相比，我国第三产业呈现出就业增长迅速且发展潜力巨大的特点，第三产业的就业人数由 1978 年的 4 890 万人增加至 2005 年的 23 771 万人，增加了 4.86 倍，是整个经济转型期间就业人数增加最多的部门。随着经济结构、产业结构和就业结构的调整，我国第三产业就业人数将进一步增长，它的快速增长，将为第一产业所富余的劳动力创造大量就业岗位。

综上分析，产业就业人数的演变过程，是符合社会经济发展规律的。其一，产业就业人数的变动，实质上是社会劳动力在各产业之间配置的数量与比例在理论上的概括。而社会劳动力有着怎样的配置，归根结底是由生产力发展水平的“自然规律”所决定的。其二，不同社会制度下生产力发展水平相同，则产生同样的就业结构；而社会制度相同，但生产力发展水平不相同，就业结构可能全然不同。这一事实充分说明就业结构的演变，是不以社会生产关系为转移的客观规律。

3．职业就业人数的演变

职业就业人数的演变是由职业结构的变化所决定的。这种变化，实际上是一种脑力劳动性职业比例不断加大，而体力性劳动内容逐渐减少的过程。这是因为：① 由于科学技术的发展及其在生产中的应用，使体力性劳动的内容大量减少，同时技术、管理人员的比例大大提高；② 由于社会经济活动的加强，各种经营人员、公关人员的数量大为增加；③ 由于工业部门结构的演变，即从传统的重工业向军事、宇航等尖端工业和电子计算机行业发展，吸引了更多的科学家、工程师；④ 由于经济技术竞争，导致了各级各类教育事业的蓬勃发展等。如此众多的原因，使国家职业结构变化较为迅速。美国和日本两国 1960—1978 年职业结构演变情况的统计资料，充分反映了这种演变趋势（见表 6-2）。

表 6-2　美日两国职业结构演变趋势

年　份		1960	1965	1970	1975	1980
美　国	体力劳动者（%）	54.6	55.7	52.1	51.3	49.3
	脑力劳动者（%）	40.1	43.4	47.3	47.8	47.8
日　本	体力劳动者（%）	71.8	66.6	63.3	58.1	58.0
	脑力劳动者（%）	28.2	33.1	36.6	41.9	41.9

同时，体力劳动者与脑力劳动者内部也产生了一些变化。脑力劳动者中的教授、工程技术人员、律师、医师、高层行政管理人员等高级部分比低级部分的增长更快些。例如，美国高级脑力劳动者 1960 年为 19.2%，1978 年为 24.4%，增加了 27.1%；而一般脑力劳动者 1960

年为 20.9%，1978 年为 23.4%，增加了 12%。日本高级脑力劳动者 1960 年为 7.2%，1978 年为 11.2%，增加了 55.6%；一般脑力劳动者 1960 年为 21%，1978 年为 30.7%，增加了 46.2%。从体力劳动者内部看，服务性人员比例有所增加，生产性人员逐步减少；一些简单、繁重的工种日益被淘汰，体力劳动中的技术性、"脑力性"成分呈增加趋势，并出现了一些工人承担技师性的工作，所谓蓝领的"颜色正在逐步变浅"。可见，职业结构的演变，反映着人类劳动方式的进步历程。这种由体力劳动向脑力劳动演变的趋势，在我国近年来亦表现较为明显。

6.4 国际大环境中的人力资源配置

引导案例 6-4

当前跨国公司人力资源配置的主要趋势与特点

1. 人力资源配置理念由以民族为中心转向以全球为中心

地区中心主义体现了跨国公司地区人才战略管理的特点，人员可以到外国任职，但只能在一个特定的区域内，地区经理不可能被提拔到总公司任职。而全球中心主义的配置方式是从世界范围看待它的经营管理，无论是总公司还是子公司，它们的每个部分都在运用本身的竞争优势做出贡献。采取全球中心主义人才配置方式的典型代表——可口可乐。可口可乐公司的全球中心模式是在世界范围内招聘和选拔雇员，满足当地对高管人员的需求，同时在全球范围内培养和配备人才。公司将人力资源管理的重点放在协调全球目标与当地反应能力上，将文化差异转化为企业经营的机会，使用不同国家的高管人员来提高企业的创造力和灵活性，并为有潜质的管理人员提供成长的机会。

2. 先进的薪酬制度成为人力资源配置的重要激励机制

跨国公司制定国际薪酬政策具有激励性、调动性、公平性。而这种薪酬激励机制在总经理的报酬上体现得最为明显。以美国企业为例，大多数企业会以高工资和认购股权两种做法来提高 CEO 和其他高层管理者的报酬。统计数据显示：通用电气首席执行官的年总收入高达 1.6 亿美元。此外，认购股权也成为一种提高高层管理者报酬的重要方式。

3. 培训与开发成为优化人力资源配置的重要方式

许多跨国公司都有自己的培训理念和战略，其培训与开发的主要方式：

（1）建立专业学校进行培训。摩托罗拉大学、麦当劳大学、迪士尼大学、爱立信管理学院等都是专为母公司培训各种国际化人才的场所。

（2）送出去培训。跨国公司定期将公司员工送到母公司或世界著名院校接受培训。2000 年以来，雀巢公司陆续将雀巢（中国）有限公司的重要骨干送到世界著名的瑞士洛桑国际管理学院参加特别培训。

（3）储备新生力量。微软公司为了保持人才战略的可持续性，注重在大量优秀高校毕业生中选拔人才。

（4）设立奖学金制度。如联合技术公司根据奖学金计划负责支付员工的全部学习费用，并向完成学业获得相应文凭的员工赠送一定额度的公司股票。

（资料来源：http://www.baywatch.cn/ 有改动）

思考题：结合该案例和本节的内容，谈谈你对跨国公司人力资源配置的认识。

6.4.1 国际员工的类型与使用

1．国际员工的类型

（1）驻外人员，指那些在一家机构或工厂工作却并非该机构或工厂所在国的公民，而是这家机构或企业总部所在国公民的被雇人员。

（2）当地国民，指在一家机构或工厂工作并为该机构或工厂所在国公民的被雇人员，但其所在机构或工厂的总部却在另一个国家。

（3）第三国公民，指那些身为某一国公民，但在另一个国家工作，并且是被总部在第三国的企业所雇用的人员。

这些类别的员工对人力资源管理提出了特别的要求。这是因为，这些员工分属不同的国家，而这些国家的税收法律和其他有关因素都不尽相同。针对这种情况，人力资源专业人员就不得不了解每个有关国家的法律和习俗。除了其他的工作外，人力资源管理部门还必须确定工资发放和记录保持的适当程序，以确保有关工作符合各国不同的规定和要求。

2．国际员工的使用

（1）驻外人员的使用。跨国公司驻外人员的任务之一，是使驻外公司与母公司保持有效的联系。另外，驻外人员还常常须承担在所在国之外的其他国家开展业务的责任。各种富有经验的驻外人员形成了一个智囊团，随着公司业务的不断扩展并延伸到更多的国家，这个智囊团就可以被用来发挥更大的作用。

（2）当地国民的使用。几方面的原因，使得聘用当地国民十分重要。首先，如果公司希望向其分支机构的所在国表明，它在该国的投资不仅仅是建立了企业，同时也是对所在国承担了某些义务，那么，雇用当地国民就是一种十分重要的姿态。其次，与其他国家的人们相比，当地国民通常更了解该国的文化、政策、法律及经营之道。此外，当地有影响力的非官方“权威人士”往往可对业务的发展起到重要的作用。

（3）第三国公民的使用。使用第三国公民，是公司国际化进程的组成部分和标志之一。第三国公民通常被雇来负责某个大洲或某个区域的业务工作。

6.4.2 跨国公司的人员配置

跨国公司是指由两个或两个以上国家的经济实体所组成，并从事生产、销售和其他经营活动的国际性大型企业。跨国公司主要是指发达资本主义国家的垄断企业，以本国为基地，通过对外直接投资，在世界各地设立分支机构或子公司，从事国际化生产和经营活动的垄断企业。联合国跨国公司委员会认为跨国公司应具备以下三要素：第一，跨国公司是指一个工商企业，组成这个企业的实体在两个或两个以上的国家内经营业务，而不论其采取何种法律形式经营，也不论其在哪一经济部门经营；第二，这种企业有一个中央决策体系，因而具有共同的政策，此等政策可能反映企业的全球战略目标；第三，这种企业的各个实体分享资源、信息，以及分担责任。

跨国公司的管理人员不仅需要了解本公司组织结构和要求，而且要理解所在国的文化，并且具有管理技能。但因为受文化、素质等因素的影响，配备一名理想的管理人员实在不易。为了准确估计公司所需管理人员供应情况，不但要对东道国和国际劳动力市场进行分析，还要对公司内部及各子公司的劳动力状况进行了解，最后挑选出合适的人员。

1. 跨国公司人员的来源

一般来讲，跨国公司主要从以下三方面来挑选所需的人员：第一，经过本国母公司教育和培训，并且取得经验的本国公民；第二，经过东道国的分公司教育和培训，并取得经验的东道国的人才；第三，从第三国选拔。多数情况是跨国公司的上层主管由母公司派出，中下层管理者是从东道国或第三国中选拔，其他人员，尤其是工人则从东道国中配备。当然从不同渠道选择人才各有利弊，每个公司具备的人员配备比例，应根据实际情况来决定。

（1）从母公司派驻外人员。由母公司派出驻外管理人员到子公司工作，这在国外开设分公司的初期非常重要，也是最理想的，因为其对母公司的意图和了解，若从东道国或第三国中选拔，就很难做到这一点。如果所有驻外人员都从母公司派出也有困难，一方面，不可能有那么多人才，尤其是母公司在国外发展了许多子公司或分公司，更满足不了这一需求；另一方面，成本也高，倘若未加培训，盲目地将本国管理方法搬到子公司去实践，更会误事。

选拔到跨国公司工作的人员不仅要有专业技术，而且要有了解所管理的复杂组织和不同文化环境的人，且派出之前要进行岗前培训，使其了解要去国家的语言、文化、风俗习惯、政治经济体制、管理方式等。

（2）从第三国选拔人员。使用第三国人才的好处是，其精通外语，了解其他国家的文化，因此从一个国家到另一个国家工作不受多少影响。从第三国或其他国家招聘管理人员，也符合跨国公司的经营原则。但是，这种招聘方式需要支付大笔费用和大量的时间，公司还要对其进行培训，并且要对经理们及他们的经营业务采取一些集中控制措施，以便对分公司进行有效管理。

随着世界市场和跨国公司规模的扩大，其高层管理人员也越来越国际化，不少公司的无国界化趋势更加明显。因此，许多跨国公司在招聘总公司经理人员时，更多考虑的是经营管理能力和创新精神，而不是其国籍。一些管理专家认为，采用这样的政策是与跨国公司的经营优势相一致的，跨国公司不但应该在全球范围内合理地利用自然资源、技术等，更应该合理地调配和使用人力资源。这样做能克服公司内过分注重经理人员国籍的现象，避免近亲繁殖和高层管理者的狭隘，从而使公司更好地挖掘其跨国经营的潜能。

（3）从东道国招聘人员。人才本土化策略是跨国公司最主要的人事行为，各国为了抵制跨国公司对本国经济的消极影响，实现经济独立，维护民族利益，几乎都规定了在本国经营的跨国公司的子公司中本国人员所占的比例。例如，墨西哥明文规定，在本国的跨国公司中，90%的员工必须从墨西哥公民中招聘。同时为了改变东道国对本国经营的跨国公司民族本位主义的看法，发达国家跨国公司都积极开发和使用东道国当地人才。另外，人才本土化策略，对跨国公司实现经营目标具有重要的意义。

1）提高公司的国际化形象，增强东道国的信任感。大量的东道国人员进入国外子公司担任管理工作，他们带着本民族的感觉，必将使跨国公司执行任何损害东道国利益的行为受到遏止。同时，其摒弃民族偏见的做法，将会取信于东道国政府和国民。公司结构和运作上的高透明度，也有利于树立良好的国际化形象。

2）减少因文化差异造成的经营管理上的矛盾和低效率。派本国人员到国外从事经营管理，面对文化差异常常无所适从，而人才本土化策略能在很大程度上克服这方面的不足。东道国国民担负管理职能，消除了语言和文化上的障碍，而且熟悉本国法律制度，深知本地的市场需求信息和劳动力的供应状况，有多年形成的人际关系，能够深入当地各界和各个层次中去，交往方面较易沟通，因此提高了在东道国经营管理的效率和准确性，有助于形成适应东道国国情的经营管理方式。

另外，实行人才本土化策略成本较低。通常，一个派驻国外的管理人员，必须经过公司投入大量经费，进行较长时间的、全面深入的、有关东道国知识的培训，还要享受高额的津贴、补助，并支出一定的差旅费用。而直接聘用公司所在国人员，一方面免除了上述支出，另一方面可以充分利用东道国低工资的优点，以远远低于本国工资标准却明显高于东道国的水准，吸引东道国高质量人才。

3）有利于公司管理人员队伍的相对稳定。本国人员进入异国工作，由于文化差异、家属不适应，容易造成思想上的波动，甚至会使管理人员在东道国履行管理职责时半途而废；这些都会影响管理人员的稳定。而在东道国招聘当地管理人员，则可减少这种负面影响。同时，本土化的高层管理人员更善于以当地文化习俗来消化公司的经营理论，并凝聚各层次的当地员工，其关键是沟通和价值观的共识。

2. 跨国公司人员的选择标准

（1）个性指创造性、韧性、耐性及灵活性。其候选人除了要有熟练的工作技巧外，还应同时具备下列能力：沟通能力、人际交往能力、承受压力能力和不同文化冲击带来的困难及挫折、忧虑和孤独等。

（2）态度即对待他人的方式。一个人要在跨国公司中获得成功，就得宽宏大量，以容忍的态度对待那些在种族、肤色、价值观、个人习惯及社会风俗习惯等方面与自己截然不同的人。

（3）动机即人们从事某一工作的原动力。公司在招聘跨国公司人员时，应选拔那些动机纯，能为公司在国外扩大市场、增强竞争力的员工。

（4）行为即关心他人、尊重他人及一些不属于个人判断能力方面的行为。

在挑选跨国公司人员时，除了注重上述几个方面的标准外，特别要注意各国不同的文化背景这个因素，如有些国家只注意一个人的能力，而有些国家优先考虑部落和家庭成员，而不是应聘者本人的技术水平。例如，美国就很注重雇员的技术能力，非洲的经理就常常雇用其亲属和部落成员。在印度、韩国、拉丁美洲等国家和地区常常出现重裙带关系、轻技术的现象。

目前跨国公司在挑选海外高层管理人员时，呈现的一种重要趋势是越来越重视海外工作经验和跨国经营管理的才能。因此，许多跨国公司把有培养前途的年轻管理人员派遣到国外工作，使他们及时获得跨国文化的经营理念，以便其在年富力强时就能担任需要这种经验的高级管理职务。

3．跨国公司人员招聘方法

跨国公司招聘人才的方法很多，较常见的是采用测试或面试的方法进行。只不过在具体操作时，要注意考虑所在国的文化特点。

在确定招聘方法时，跨国公司应注意不同国家对人力资源制度的法律规定。例如，在西欧的一些国家里，由政府负责公民的职业介绍事务，不允许私人机构插手。而在波兰、荷兰及瑞典等一些国家里，应聘者有权知道心理测试的结果。如果有必要的话，他们还可以要求不向任何一位雇主透露这一结果内容。实际上，在瑞典，无论是雇主、工会、同事还是下级人员，都参与人力资源招聘的全过程。像这样的人力资源招聘方法和法律规定，跨国公司必须根据各国的情况采取不同的招聘方法和劳资关系政策，这是其能否在海外取得成功的基础条件之一。

4．跨国公司人员配置的模式

在不同的国际化经营阶段，跨国公司人员配置有以下几种模式。

（1）第一种模式，母国化。

这一模式的特点是把跨国公司母国人员安置在海外各分支机构的各主要职务上，现实中许多企业选择这一模式以显示其国外分公司中母公司的“存在”。以美国公司为例，很多美国跨国公司愿意任用母国公司人员担任分公司的总经理或总会计师。特别是在企业国际化经营的早期阶段，使用母国人员作为分公司的高级管理人员是最有效的人事安排。

（2）第二种模式，本土化。

这一模式的特点是任用东道国的人员管理当地的公司，以当地利益为前提，开发当地人才资源；总公司则由母国人员管理。

（3）第三种模式，全球化。

人才资源开发与管理的决策主要从公司的全球利益出发，一般不分人员国籍，只要能胜任工作，符合公司的用人标准就可以，目的是组建具有国际性的管理班子。这一模式的指导思想是，既然跨国公司有能力在全球范围内合理地利用自然资源、财政资源和技术，就没有理由怀疑它能在国际市场上合理地利用人力资源。随着经营的国际化，人才资源开发管理全球化是必然发展趋势，同时相应地造就和涌现大批世界性管理人员。

一般来说，跨国公司会根据其发展的不同阶段采取不同的人员配置方式。跨国公司人员配置的母国化和全球化，都属于母国人员外派的范畴；人员本土化则是更多地开发和利用东道国人员。不论是实行人员外派还是启用东道国人员，都有其缺点。在不同的阶段跨国公司采取的不同模式，无一不是能在当前的国际经营背景下化解其缺点，同时又充分体现其优势的。

6.4.3 驻外人员的选拔

在选拔赴海外工作的人员时，管理者必须认识到，没有一种领导模式在所有国家都适用，不同国家的人有着完全不同的背景、学历、文化和宗教信仰，且生活在各种社会条件、经济和政治制度中。赴海外工作的员工必须考虑到所有这些因素，因为这些因素可能对其工作环境有相当明显的影响。

在驻外人员的选拔过程中，企业应向派驻人员提供关于派往地之生活、工作和文化方面的符合实际的“全景图”。人力资源管理人员应向派驻人员全面介绍其将要从事的工作，特别应详细介绍那些不同于在本国所从事的工作任务。这些特别工作任务通常包括与当地政府官员谈判，把握当地的工作法规，处理诸如宗教禁律和个人自由等民族、道德或个人问题等。

1. 文化适应能力

企业在外派人员方面的人力资源安排上的“失败”，大多不是因为工作太难或被选人员缺乏所要求的技术能力，而是因为文化适应方面的问题。在这方面，公司对员工予以支持是非常重要的。一旦员工被选派到国外从事工作，公司就应持续不断地为他们提供各种必要的协助。有关的研究发现，驻外人员到底是放弃国外的工作还是坚守对公司的承诺，在很大程度上取决于公司的支持和协助是否得力。另外，在整个选拔过程中，特别是在面试时，公司必须准确地分析判断应聘者是否有能力去接受和适应不同的风俗习惯、管理方式、法律规则、宗教观念和基础生活设施条件。

2. 语言交流能力

能够用所在国的语言与人进行口头的和书面的交流，是驻外人员所应具备的最基本的能力之一。无法用当地语言与人们进行交流，将会影响业务的开展和取得应有的成功。有鉴于此，许多跨国公司在按技术和管理能力选拔了合适的人选后，通常尽早安排这些人员进行必要的外语培训。

3. 家庭因素

在选拔驻外人员时，公司还必须考虑候选人的配偶和其他家庭成员的偏好和态度。随着双职业型夫妇数量的增加，向外派遣人员的难度也随之加大。目前，各国大多对外国人在本国就业采取限制的态度。而当驻外人员的前往国对外国人就业限制较严时，配偶在前往国就

业的可能性就很小，这通常就使得选择驻外人员的难度增加。为了解决这方面的问题，一些跨国公司采取了职业安排服务措施，协助驻外人员的配偶在前往国的其他外国公司谋取职务。

4．女性员工海外就业问题

多年来，美国公司很少考虑派遣女性员工去海外工作。在海外一些国家，由于文化观念和历史传统方面的原因，女性即使可以从事专业性工作，实际从事者也往往是凤毛麟角。对美国的职业女性来说，如非与配偶结伴而行，则往往很难获得前往国的签证，尤其难以获得中东和远东国家的签证。另外，在有些国家，男权主义文化会使那些希望在该国担任美国公司主管的女性在多方面陷入困境。

公司在派驻人员方面可能遇到的另一个问题是，当驻外人选涉及那些受平等就业机会法律保护的女性和少数种族时，如果处理不当，将有可能被卷入法律纠纷。

本章习题

一、名词解释

1. 人力资源配置
2. 人力资源结构
3. 人力资源年龄结构
4. 就业结构
5. 跨国公司

二、选择题

1. 人力资源配置的途径，主要包括：既定配置、计划配置、自动配置、(　　)。

A. 资金配置　　B. 市场配置　　C. 培训配置　　D. 技术配置

2. 人力资源结构的层次，主要有：人力资源总体层次、“可供状态”层次、(　　)。

A. 在业人口层次　　B. 人口素质层次

C. 人口教育层次　　D. 人口经济层次

3. 人力资源配置的主要原理包括：要素有用原理、系统优化原理、能级对应原理、系统动力原理、反馈控制原理、弹性冗余原理、(　　)。

A. 互补增值原理　　B. 利益相容原理

C. 动态适应原理　　D. 竞争强化原理

4. 就业结构的影响因素，主要有：基本经济状况、(　　)。

A. 人口与人力资源状况　　B. 经济类型

C. 经济发展目标　　D. 劳动力市场分布

5. 跨国公司人员的选择标准，主要有：个性指创造性、韧性、耐性及灵活性；(　　)。

A. 态度即对待他人的方式

B. 动机即人们从事某一工作的原动力

C. 行为即关心他人、尊重他人及一些不属于个人判断能力方面的行为

D. 学历即取得的各种毕业证书

三、判断题

1. 人力资源质量结构一般是指劳动力人口，尤其是经济活动人口达到不同层次文化程度的比例构成。(　　)

2. 职业就业人数的演变是由职业结构的变化所决定的。(　　)

3. 第三国公民，指那些身为某一国公民，但在另一个国家工作，并且是被总部在第三国的企业所雇用的人员。(　　)

4. 跨国公司驻外人员的任务并不是使驻外公司与母公司保持有效的联系。(　　)

5. 跨国公司招聘人才的方法很多，较常见的是采用测试或面试的方法进行。(　　)

四、简答题

1. 简述人力资源配置的主要内容及注意的问题。
2. 简述人力资源配置的原则。
3. 简述人力资源城乡结构。
4. 简述就业结构的作用。
5. 简述跨国公司人员配置的模式。

五、案例题

【案情】

那家跨国公司开始在媒体上大肆做招聘广告时，我便有了怦然心动的感觉。坦白地说，我跟每个大学刚毕业的女生一样，跨国公司的写字楼，是我梦寐以求的工作场所。

反复地研究了招聘启事，我的条件还算符合，只是有一个致命的缺陷：我没有英语四级证书。想加入跨国公司，却没有基本的英语四级证书，我自己都在心底嘲笑自己的荒谬。

不过，到了面试那一天，我还是按捺不住对那家公司的向往，孤身来到了招聘的现场。招聘启事上说，只需要2名文员，想不到守在那家公司门前等候面试的人密密麻麻的，少说也有300多人。有工作人员要我们先对照自己的条件，如果不符合招聘条件就不要浪费公司的时间。话一落音，就有一些不符合条件的人自觉地离开了现场，有的埋怨，也有的叹息。工作人员依旧不放心，挨个检查应聘者的证件和简历。或许是工作人员的疏忽，或许是我刻意地回避，没有带英语四级证书的我“蒙混过关”了。

我被排在第95号，轮到我需要一个漫长的等待过程。不过，我自己为自己打气，95号不就意味着最后的胜利者“就是我”吗？和一些等待的应聘者闲聊，看到他们捧着四级甚至六级的英语等级证书，我稍感有些自愧不如……

竞争真的异常激烈，应聘者进去的时候都是满怀信心、雄赳赳气昂昂的，仿佛获得应聘的职位易如反掌。但是，从总经理办公室出来后，个个都垂头丧气的，显然未能闯关成功。

轮到我了，我的心七上八下，对是否能够面试成功一点把握也没有。外籍总经理翻看着我递过去的简历和各种证书，用汉语奇怪地问我：“小姐，你的英语等级证书忘了给我看啊？”

我老实地对总经理承认，其实我是没有英语四级证书的，我的等级考试没有顺利过关。等我说完，这位总经理像看天外来客一般，用怪异的眼神盯着我看。然后，大声叫工作人员过来。我想，他一定是要责怪工作人员，由于工作人员的疏忽让我滥竽充数进了面试的办公室。

此时，已容不得有更多考虑，我礼貌地制止了总经理，然后用英语说：“我没有通过大学英语四级考试，但如你看到的，我能用英语和外籍人员进行有效的交流，我想你需要的是一位能干的雇员，而不是一纸四级证书，那些考试注重于书面，而不是口头表达。”

当我一气呵成地说出这段话，我也为自己感到骄傲起来。在那一刻，我对自己说：“你努力了，不管成功与否都没有遗憾了。”外籍总经理的脸上绽放出温暖的笑容，他用汉语对我说：“不错不错，你真的很棒，虽然你是今天唯一没有英语等级证书的应聘者，但你是最勇敢的，也是最优秀的。”

在走出总经理办公室的时候，我已经成功地加盟了这家跨国公司。

【问题】

1. 你从该女大学生的成功录用中得到哪些启示？
2. 你认为应如何展示自己的实力？

扫二维码阅读更多案例

第 7 章

人事匹配与劳务外派和引进

本章重点掌握

人事匹配；岗位分类；工作设计和定员管理；劳务外派与引进。

学习导航

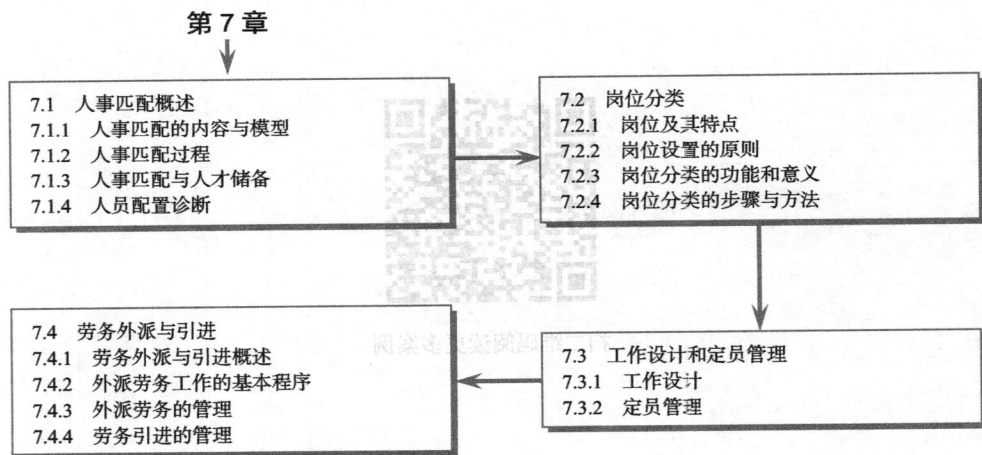

第 7 章

7.1 人事匹配概述
- 7.1.1 人事匹配的内容与模型
- 7.1.2 人事匹配过程
- 7.1.3 人事匹配与人才储备
- 7.1.4 人员配置诊断

7.2 岗位分类
- 7.2.1 岗位及其特点
- 7.2.2 岗位设置的原则
- 7.2.3 岗位分类的功能和意义
- 7.2.4 岗位分类的步骤与方法

7.3 工作设计和定员管理
- 7.3.1 工作设计
- 7.3.2 定员管理

7.4 劳务外派与引进
- 7.4.1 劳务外派与引进概述
- 7.4.2 外派劳务工作的基本程序
- 7.4.3 外派劳务的管理
- 7.4.4 劳务引进的管理

7.1　人事匹配概述

引导案例 7-1

既要人事匹配，又要人岗匹配

人事匹配的本质是将合适的人安排到合适的岗位上工作，合理配置资源，并使之效益最大化。为了保证在岗位上的人与岗位要求时刻匹配，就需要薪酬、业绩、人力资源开发等方面工作的支持。“量体裁衣”，典出《墨子·鲁问》，意为按照身材裁剪衣服，比喻按照实际情况办事。裁衣如此，用人亦如此。人有所长，必有所短。选用人才时，就要用人所长，避人所短，量才适用，各得其所，使各类人才的才能与智慧真正用在刀刃上，充分发挥其应有效能。坚持“让合适的人做合适的事，让优秀的人有更大的舞台”的原则，不断挖掘人的优点和长处，促使人的最大优势与相关岗位相匹配，促使人的优势能得到最大限度的发挥，创造出高价值。

人岗匹配是指尽力让所有的员工在相应的、合适的岗位上，燃烧激情，挥洒才华，成就梦想。把人才错放岗位，就等于对人才的糟蹋。用人中，若“揠苗助长”，不但没有促进企业的发展，而且员工因能力有限，胜任不了岗位，背着超负荷的压力，变得郁郁寡欢，难以找到工作的乐趣；若“高能低用”，则会使得人才“身在曹营，心在汉”，另辟蹊径，谋求高就，导致人才流失；而“舍长用短”，就是浪费人才、浪费资源。只有做到人岗匹配，发挥人之所长，找到人之所在，才能创造出非凡的成绩。你能翻多大的跟斗，就能给你多大的舞台。不断革故鼎新，穷思竭虑地为人才创造发展的机遇，搭建发展的舞台，就是为了加速人才的成长，以人才激发企业的活力，促进共同发展、共同繁荣。

（资料来源：http://blog.sina.com.cn/　有改动）

思考题：结合该案例和本节的内容，谈谈你对人事匹配的认识。

7.1.1　人事匹配的内容与模型

人事匹配是个人与岗位之间的匹配。这种匹配要求把个人特征同岗位特征有机地结合起来，以取得理想的人力资源管理效果。

1. 人事匹配的内容

日常生活中经常听到这样的议论：“张三不适合在公共关系部工作，他对同事和客户总是爱答不理，拉着长脸。”“李四做质量检验科科长真是人尽其才，此人不仅技术过硬，而且对待工作一丝不苟。”“王五说他应聘推销员的主要原因是报酬方式具有吸引力，劳动报酬与努力程度直接挂钩，推销得多挣得也多。”“赵六觉得上海证券营业部经理的位置极具挑战性，而且有较大自由度，很适合自己干一番事业的雄心。”这些评论说明，人事匹配至少有 4 个方面的重要内容：

（1）每个工作岗位都有特殊要求，如做公共关系工作要善于待人接物。

（2）个人想胜任某一工作岗位，必须具备一定的知识、技能和才干，还要有动力。

（3）如何把工作岗位的特征同个人优势对接，有一个匹配适宜度的问题。

（4）对每个人事匹配来说，都意味着某种结果。比如，李四的雇佣关系肯定能维持很长，而张三则相反。

2. 人事匹配的模型

以上提到的 4 个方面，可以用一个人事匹配模型来表示（见图 7-1）。

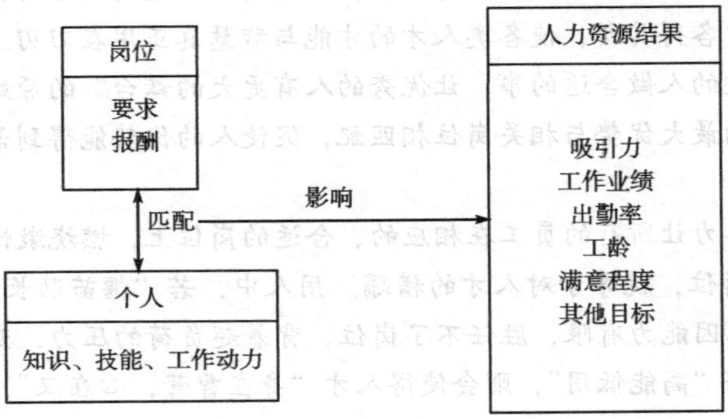

图 7-1　人事匹配模型

（资料来源：Herbert G.Heneman Ⅲ and Robert L.Heneman、Staffing Organization.Mendota House, Inc, 1994 p.8.）

从模型中可以看到，工作岗位有其特定的要求和相应的报酬，个人有其特定的素质和相应的动机。个人和企业之间进行双向选择，以实现人事匹配。匹配得好坏，视其如何影响人力资源管理的后果而定。如果二者匹配得好，就能把合格的应聘者吸引过来，员工积极肯干，工作出色，为企业创造较好的效益，自己也感到满意，雇佣关系得以长期维持。

实际上，个人与岗位相匹配包含两层意思：一是岗位的要求与个人的素质相匹配；二是工作的报酬与个人的动力相匹配。如果“既要马儿跑，又要马儿不吃草”，就难以实现人事的合理匹配。

7.1.2　人事匹配过程

人事匹配是人力资源管理要遵守的基本原理之一，人事匹配原理要求根据人的才能和特长，把人安排到相应的职位上，保证工作岗位的要求与人的实际能力相对应，相一致，做到人尽其才，故也称能位匹配。

日常人们所说的人事匹配通常是一种狭义的概念，指的是发生在人员入职之前的人与事的匹配，具有一定的前瞻性。其实，人事匹配是相对的、动态的过程。一个组织的结构会根据外部环境的变化而调整，那么职位的责、权、利也会相应发生变化；各个职位上人的能力和素质也在不断发生变化。因此它们的对应关系是相对和动态的。

对于组织而言，由于条件与环境的变化，组织在运行一段时间后，会发生人员需求的变化，这是招聘或晋升员工的基础。什么职位需要补充员工？什么样的员工才能符合职位的要求？对此必须具体分析。这时，职务分析具有重要意义。组织是按照职务分析去选择员工的。

对于个人而言，工作是每个人生命中的重要组成部分和基本的生存手段。当一个人从校园走向社会，或者从某个工作岗位中退出时，都有寻找新的工作岗位的需要。这时，求职者要对自己的知识水平、技术能力、经验习惯及个性特征有较准确的把握，以确定自己所能胜任的工作。如果求职者对这方面缺乏足够的认识，即使找到工作，也会在工作中遇到重重困难，不仅影响企业的工作效率，也会影响自身的职业发展。

7.1.3　人事匹配与人才储备

目前不论是国企、民企还是外企，都在不同程度上存在着人才资源后备不足的状况，外企的情况相对要好得多，因为管理理念比较先进，不少外企都已采用人才储备制度。而国企和民企由于受到传统体制的影响，在过去的许多年里，一个职位一个人甚至可以终身到老，人才储备问题始终备受冷落。即使在经济全球化的今天，众多的企业管理者依然十分关注企业在人才评估、绩效考核、招聘用人等方面的问题，很少有人将目光投向人才储备体制。这就是我们的差距，人才后备资源缺乏已经到了刻不容缓的地步。

首先，要明确用人的根本目的是什么。从人力资源管理的角度讲，企业选拔、使用人才的根本目的是为了实现企业目标。从这一角度讲，企业用人应该是选择最适合岗位需求的人，即追求合理的人事匹配。人力资源管理部门应当根据企业发展战略，以及内部工作岗位的设计与分析，决定需要多少人员和需要什么样的人员。也就是说，用人规划是由企业的工作岗位和实际需要来确定的。

其次，要重视人才的战略性储备。人才的战略性储备是为企业的持续发展而储备的。所谓战略性人才储备，是指根据企业发展战略，通过有预见性的人才招聘、培训和岗位培养锻炼，使得人才数量和结构能够满足企业扩张的要求。

目前，影响人才储备的主要原因有：① 思想落伍不愿储备；② 资金短缺无法储备；③ 企业改制难以储备。

在新经济阶段，经济发展的重要特征是知识化、网络化、信息化、全球化。为适应这一发展趋势，充分的人才储备已成为企业发展的必不可少的战略目标。企业要实现这一目标，可通过以下三个途径：

① 通过培训开发企业人力资源，把企业各类人员的智慧和潜能挖掘出来，加以发展、利用，尤其是对具有创造性和创新能力的人才的培养，将为企业的发展打好智力基础。

② 逐步建立起能进能出、更加开放的人才调节机制，通过不断引进、招聘，建立起企业广泛的人才网络。

③ 转变观念，逐步抛弃传统的国籍、户籍、人事档案的束缚，只要是适合企业的人才，就拿来我用。同时，企业一方面实行竞争上岗、下岗分流、优化组合，让不适合企业的人员流出去，参与人才市场的再分配，使企业机构始终保持精简和高效；另一方面不断招纳新人，使适合企业的高素质人才流进来。在企业内部打破部门之间的界限，企业中的人才可以跨专业、跨职能互用，只有这样，才能适应全球化的市场经济发展需要。

7.1.4 人员配置诊断

人员配置诊断时，注重企业在人力资源战略规划中动态计划与当期人力资源需求的匹配情况，以及是否有效地从企业内进行适合的考虑，即先内后外、内外置换。

1. 人员配置诊断应把握的要点

（1）根据人力资源规划及其阶段性企业人力资源需求类别和预计项目；企业招聘所规定的入职程序与工作说明书和岗位描述的匹配性，综合技能与素质评估及专业特长等。

（2）应聘者了解企业目前状况、应聘岗位信息和人力资源政策等情况，甄选过程及其客观性，录用与使用的考察方式，转正时的工作面谈和效果。

（3）企业内人事“异动”管理的掌握程度，原则规范与细致灵活的运用尺度，是否让员工看到自我发展前景等。

2. 人员配置诊断的主要内容

（1）企业是否已建立内部晋升“通道”，已营造员工良性竞争和人力资源供求状况的配置措施。

（2）是否以“没有无用之人，只有没用好之人”为出发点，创造更能发挥作用的条件和发掘适合的员工。

（3）是否除了实行定职、定员、定岗的政策外，还会运用公开竞争的人力资源政策选择合格的员工上岗。

（4）是否对有潜质和努力上进的员工给予机会，由该部门主管在其岗位工作上安排兼顾事项以拓宽其工作能力。

（5）是否结合各部门的工作业绩情况进行过程分析，以寻找出人员配置后的主动性态势和协调性。

（6）是否在企业人事调配中，对体现个人价值和贡献者在职位与能力匹配的基础上，还会以奖励方式弥补。

（7）是否对每个重要职位实行进入考察的梯队建设，以适应和支持企业经营的提升和人力储备需要。

（8）是否对不同管理与操作层面的岗位实行跟踪与评鉴，目的是考察是否配备具有相应能力等级的人来承担。

（9）是否从适应性方面，以组织的动态管理不断调整人与事的关系，以达到人适其位、位得其人、人事相宜。

（10）是否从人本差异角度找出人员能干什么，最适合干什么，形成能力与职位对应，即人尽其才，才尽其用。

7.2　岗位分类

引导案例 7-2

我对秘书工作岗位的认识

我在公司办公室当秘书已经快一年了。办公室文秘这一岗位是中介性的职位，整个公司的上传下达都是由办公室承接办理的。我深刻地体会到，秘书工作一定要做到以下几点：首先是服从，一切工作要听从领导的吩咐和安排。但是服从并不是被动的，很多工作可以提前预测，积极主动地开展。其次是领会，要完全理解并遵照领导的意图办事。及时准确地掌握各方面的工作动态，及时向领导反馈各方面的信息，注重调查分析，为领导提供决策参考。同时，办公室的工作还要讲策略、讲工作艺术，认真、科学地搞好领导与领导、同事与同事、部门与部门之间的沟通协调工作。不能扯皮或推诿，出现工作空档。最后是执行，要坚决地落实和贯彻领导意图，强化执行力。办公室文秘相当于公司的小管家，办公室日常的物品采购、发放及各子公司常用物品的登记、备案等都由办公室文秘完成。因此，办公室秘书一定要有足够的耐心并热爱本职工作。

我深知：一个人的能力是有限的，但是一个人的发展机会是无限的。现在是知识经济时代，讲究分工协作，岗位分类是整个公司现代化管理的前提。岗位分类是在岗位调查、岗位分析、岗位设计和岗位评价的基础上采用科学的方法，根据岗位自身的性质和特点，对企事业单位中的全部岗位从横向和纵向两个维度进行划分，从而区别出不同岗位的类别和等级，作为企事业单位人力资源管理的重要基础和依据。岗位分类是各项人力资源管理科学化的基础，岗位分类是实现对工作人员有效管理的保障，岗位分类为实现人力资源业务的简化和公平准确创造了条件。

（资料来源：http://www.doc88.com/　有改动）

思考题：结合该案例和本节的内容，谈谈你对岗位分类的认识。

7.2.1　岗位及其特点

岗位分类是一种以人的工作岗位为分类结构的基本单位的分类方法。了解什么是岗位，是了解岗位分类的前提。

岗位，即职位，它是根据组织目标需要设置的具有一个人工作量的单元，是职权和相应责任的统一体。

岗位作为职权和责任的统一体，它是组织“细胞”，是随着人类社会“组织”的产生而产生的。由于人类的劳动必然有分工和协作，就必然出现组织。组织为达成一定目标，也需要分工协作，从而必然形成具有不同职权和责任的各种岗位。

岗位具有如下主要特点：

（1）岗位是以事（工作）为中心而设置的，不因人而转移。也就是说，先有岗位，后有相应的工作人员。当找不着合适的人员时，会出现空缺现象。

（2）岗位不随人走。同一岗位在不同时间可以由不同的人担任。工作人员的去留不影响岗位的存在。如果岗位撤销，则此岗位人员也就随之离去。

（3）岗位数量是有限的。它体现为一个组织的编制，数量取决于组织的工作任务大小、复杂程度及经费状况等因素。

（4）由于岗位具有专业性和层次性，因此，一般地说，各组织的绝大多数岗位都可以按照一定的标准和方法进行分类分级。

相关链接

岗位和职位的区别：

首先，职位是按规定担任的工作或为实现某一目的而从事的明确的工作行为，由一组主要职责相似的岗位所组成。职位是随组织结构定的，而岗位是随事定的，也就是我们常说的因事设岗。

其次，岗位是组织要求个体完成的一项或多项责任，以及为此赋予个体的权力的总和。一份职位一般是将某些任务、职责和责任组为一体；而一个岗位则是指由一个人所从事的工作。

最后，岗位与人对应，通常只能由一个人担任，一个或若干个岗位的共性体现就是职位，即职位可以由一个或多个岗位组成。

7.2.2 岗位设置的原则

由于科学合理地设置岗位是有效进行岗位分类的前提，因此这里先简要介绍设置岗位时应遵循的原则。

因事设岗是岗位设置的基本原则，具体体现在以下几个方面：

（1）最低岗位数量原则。最低岗位数量是指一个企业为了实现其独立承担的任务而必须设置的岗位数。岗位设置超过了这个数量就会造成职位虚设，机构膨胀，人浮于事；岗位设置低于这个数量，则造成职位短缺，人手不足，影响企业目标的实现。

（2）系统原则。所谓系统，就是由若干既有区别又相互依存的要素所组成的，处于一定环境之中的有机整体。任何一个完善的组织机构都是一个相对独立的系统。因此，岗位设置和划分，不能孤立地、局部地去看，而应该从各职位的相互联系上，从总体上去把握。

（3）能级原则。这时所讲的“能级”，是指一个企业中各岗位功能的等级，也就是岗位在该企业这个“管理场”中所具有的能量等级。一个岗位的功能大小，是由它在企业中的工作性质、任务大小、工作的繁简难易及责任轻重等因素所决定的。功能大的岗位，它的能级就高，反之就低。

对一个系统而言，其岗位能级从高到低，一般可以分为 4 大层次，即决策层、管理层、执行层和操作层。各层次岗位呈梯状结构，如图 7-2 所示。在设置岗位时，要遵循能级原则，把不同功能的岗位设在相应的能级位置上。

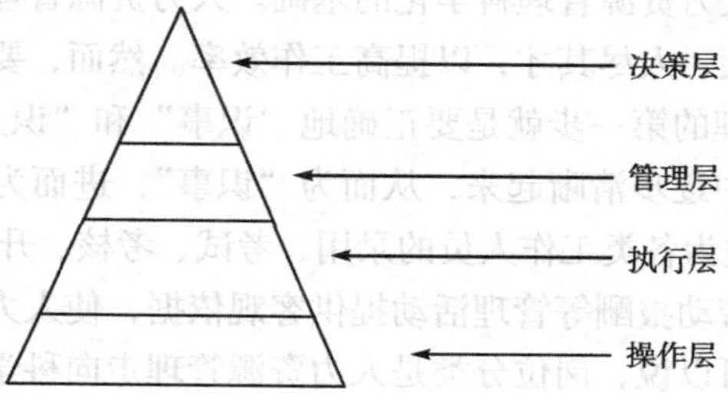

图 7-2　岗位能级梯状结构

（4）最低岗位层次原则。在岗位设置中要坚持能设低层次岗位的，绝不设高层次岗位，这样就能达到能聘低职务人员完成岗位职责任务，就不聘高职务人员，从而降低用人成本的效果。譬如，中小企业医务室设主治医生岗位就能完成任务的就不设主任医师岗位。

（5）整分合原则。整分合原则是指一个企业必须在整体规划下明确分工，在分工的基础上进行有效的合作，以增强整个企业的效应。在进行职位分类时，应以企业的总目标和总任务为核心，从上至下层层分解，分解为一个个具体的分目标、分任务和子目标、子任务，直至分解落实到每个职位上；然后，再对这些职位从下至上进行综合，层层保证，确定各职位上下间的隶属关系和左右间的协调合作关系，以确保企业系统的整体功能。

7.2.3　岗位分类的功能和意义

1．岗位分类的功能

岗位分类是指将所有的工作岗位即职位，按其业务性质分为若干职组、职系（从横向上讲），然后按责任大小、工作难易、所需教育程度及技术高低分为若干职级、职等（从纵向上讲），对每个职位给予准确的定义和描述，制成职位说明书，以此作为对聘用人员管理的依据。

岗位分类的功能主要有：

（1）岗位分类是对各类工作人员进行考核、升降、奖惩、培训管理的依据。

（2）岗位分类是实行岗位责任制的基础和依据。

（3）岗位分类是控制企业的编制，防止机构膨胀、人浮于事和官僚主义的重要手段。

（4）岗位分类有利于建立和推动退休、离休制度。

（5）岗位分类有利于加强人力资源管理的法律建设。

（6）岗位分类有助于提高人力资源统计的正确性和实用性。

2. 岗位分类的意义

（1）岗位分类是各项人力资源管理科学化的基础。人力资源管理的目的在于谋求人与事的科学结合，实现事得其人、人尽其才，以提高工作效率。然而，要实现这一目的必须以科学管理为基础。而科学管理的第一步就是要正确地“识事”和“识人”。岗位分类使岗位的特点及要求在人员的认识中逐步清晰起来，从而为“识事”，进而为实现人与事的科学结合奠定基础。同时，岗位分类为各类工作人员的录用、考试、考核、升降、奖惩、培训、调动、评聘专业技术职务及支付劳动报酬等管理活动提供客观依据，使人力资源管理工作更准确、更合理、更科学。因此，可以说，岗位分类是人力资源管理走向科学化的关键和基础工作。

（2）岗位分类是实现对工作人员有效管理的保障。经过岗位分类，岗位的工作性质、工作（轻重）程度及工作人员必备的资格条件都清楚了。首先，通过横向分类，所有岗位划分为一系列岗系，这样就便于根据不同职业特点进行分类管理，即根据不同岗位业务工作特点和要求，对工作人员采取相应的录用、考核、升降、奖惩、培训、调配等管理办法，建立各具特色的管理制度。其次，通过纵向分类，所有岗位划分为岗级和岗等。这样，在同一岗系内，就可以根据工作目标对不同岗级上的工作人员进行分级管理，对同岗级的工作人员实行统一管理、统一要求、统一工资待遇。岗位分类是分类、分级、统一管理三位一体的现代人力资源管理制度，是实现对工作人员有效管理的保障。

（3）岗位分类为实现人力资源管理业务的简化和公平准确创造了条件。通过岗位分类，理顺了岗位关系，统一了岗位名称，使各级各类工作人员按岗位规范“对号入座”，同级同类的工作人员采用统一的标准管理，从而简化了人力资源管理业务，提高了行政效率。同时，岗位分类中制定的岗位规范使人力资源工作有法可依、有章可循，这样就可以避免工作中的主观随意及其所带来的认识纠纷。可见，岗位分类为实现人力资源业务的简化、公平、准确创造了条件。

7.2.4 岗位分类的步骤与方法

1. 岗位调查

进行岗位分类首先应了解岗位的内容，调查收集有关岗位的各种资料，以作为分类的依据。岗位调查的主要内容包括：岗位工作内容及其特点；工作数量、处理各项工作所占有的时间、工作程序和工作报酬；从事该岗位所需资格，包括年龄、性别、学历、资历、所学专业、能力和技能等；该岗位与其他岗位的从属关系，以及工作环境和条件等。

岗位调查通常采用的方法是：

（1）书面调查方法。这种方法亦称填表法。就是把调查内容设计成表格，由现任工作人员或其直接领导人逐项仔细填写。这一方法省时省力，简便易行，调查面宽，但必须取得填表人的合作，而且填表人必须熟悉有关岗位情况，并能准确运用文字加以表达。

（2）直接面谈法。这种方法是通过现任人员直接面谈来获取所需的资料。应用这种方法能获得较准确的资料，但需占用大量的人力和时间，而且对调查人员的要求较高，为此这种方法适合于少数典型岗位的调查。

（3）实地观察法。这种方法是通过调查人员在工作现场对有关岗位的工作情况进行实际观察来获取所需的资料。一般来说，这一方法适用于业务工作比较单一、重复性较强的岗位。不过，观察时应注意对多数任职者在正常条件下的工作情形进行观察，以避免片面性。

（4）综合并用法。为了避免上述三种方法在单独使用时的局限性，可以把这些方法或其中两种方法结合起来使用，通过相互补充，以期获得更加准确的资料。例如，在采用书面调查法后，发现所得资料不够确切或完整，可加用面谈法，如仍感到不够明确，还可再加用观察法。

2. 岗位的横向分类

岗位调查完成后，就要进行岗位分析。岗位分析就是岗位工作的内容与该岗位任职者资格条件的分析和决定过程。进行岗位分析要在岗位调查的基础上，首先对调查阶段发现的机构重叠、层次过多的机构进行精简，使岗位设置科学合理。然后再对岗位调查的结果进行分析、总结，使每个岗位工作的内容和该岗位任职者资格条件明晰起来。

岗位的横向分类，就是在岗位分析的基础上，根据岗位工作性质的相似程度，将岗位区别为岗类、岗群、岗系等类别的过程。所谓岗系，就是工作性质完全相同的岗位系列。若干工作性质临近的岗系，可以划分为一个岗群。若干工作性质大致接近的岗群，又可以划归为一个岗类。当然，由于我国企业的岗位分类尚无统一的标准和规定，因此，在实行分类的企业中，其横向分类层次的控制数存在很大差别。一般地说，生产复杂、分工较细的大型企业多将岗位横向划分为大、中、小三类，而分工不够明确、规模小的企业则划分为大、小两类的较多。

岗位横向分类的方法有：

（1）归纳法。其步骤是先将岗位按工作性质的完全相同与否归为岗系，再将工作性质近似的岗系归为岗群，最后将工作性质相似的岗群归为岗类。

（2）演绎法。其步骤是从粗到细，按工作性质将岗位分成若干大、中、小类。例如，可以参考企业内部的专业分工，首先按工作种类划分为若干岗类，然后将岗群内的岗位按工作性质是否完全相同，划分为岗系。也可以首先按岗位任职者的性质和特点将岗位划分为员工岗位和管理人员岗位两大类，然后再按工作性质将岗位划分为若干中类和小类。下面以一家水泥厂为例，介绍这一从粗到细的分类过程（见图 7-3、图 7-4、图 7-5 和图 7-6）。

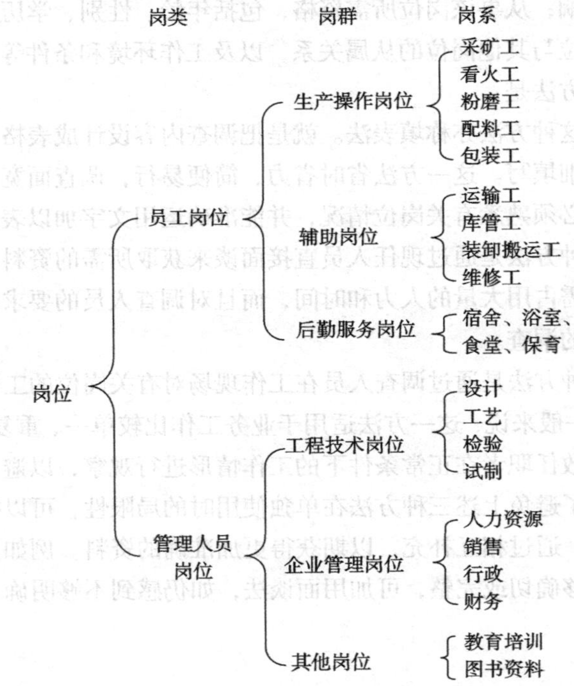

图 7-3　某水泥厂岗位分类（横向）

岗类

员工岗位	管理人员岗位
生产操作 辅助 后勤服务 ……	工程技术 企业管理 其他 ……

图 7-4　岗类划分

岗群

员工岗位			管理人员岗位		
生产操作	辅助	后勤服务	工程技术	企业管理	其他
采矿 看火 粉磨 配料 ……	运输 库管 搬运 维修 ……	食堂 浴室 ……	设计 工艺 检验 试制 ……	人力资源 销售 行政 财务 ……	培训 图书 ……

图 7-5　岗群划分

岗系

员工岗位												管理人员岗位									
生产操作					辅助					后勤		工程技术				企业管理				其他	
采矿	看火	粉磨	配料	包装	运输	库管	搬运	装卸搬运	维修	食堂	浴室	设计	工艺	检验	试制	行政	销售	财务	人力资源	培训	图书
⋮	⋮	⋮	⋮	⋮	⋮	⋮	⋮	⋮	⋮	⋮	⋮	⋮	⋮	⋮	⋮	⋮	⋮	⋮	⋮	⋮	⋮

图 7-6　岗系划分

3．岗位的纵向分类

岗位横向分类的依据是工作性质，纵向分类的依据是工作轻重程度。简言之，前者的依据是工作的质，后者的依据是工作的量。所谓纵向分类，就是指在岗位评价的基础上，根据工作量的相似程度，将岗位划分为岗级、岗等的过程。岗位评价是纵向分类的前提，其实质就是对完成该岗位工作所要支出的劳动量的衡量过程。岗位评价中最主要的两项工作是设计岗位评价指标体系和设计岗位评价标准。

（1）岗位评价。设计岗位评价指标体系就是确定评价要素。由于评价要素是影响岗位活动支出量的要素，直接与岗位的等级乃至工资报酬相关，因此评价要素的选定要力争准确。一般地说，管理人员岗位工作的量由工作难易程度、责任轻重程度、工作环境和所需任职者的资格条件高低等方面因素来衡量。与之相对应，员工岗位工作的量由劳动强度、劳动责任、劳动条件和劳动技能等方面因素来体现。岗位评价指标体系就由上述这些方面因素进一步分解成的若干要素组成（见图 7-7 和图 7-8）。

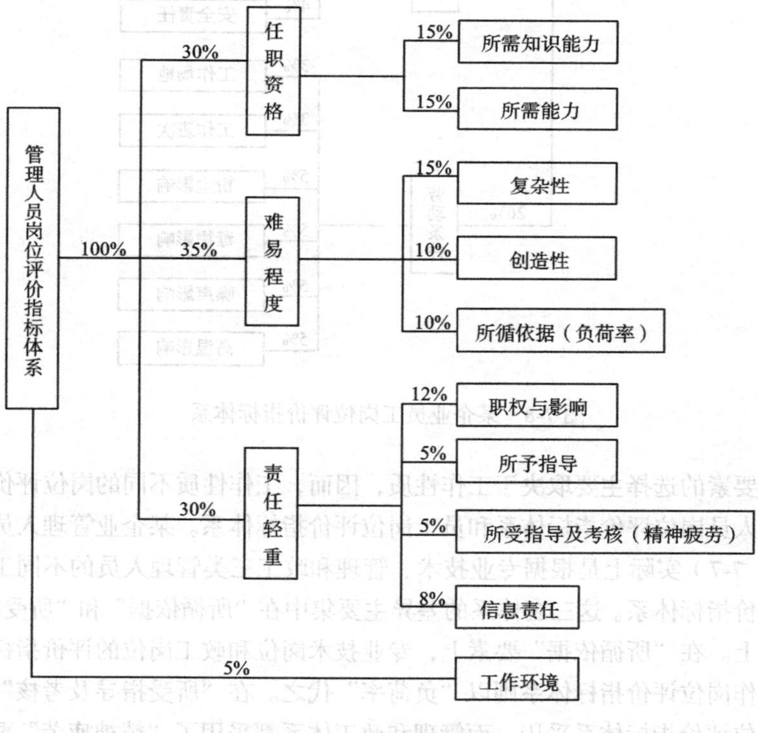

图 7-7　某企业管理人员岗位评价指标体系

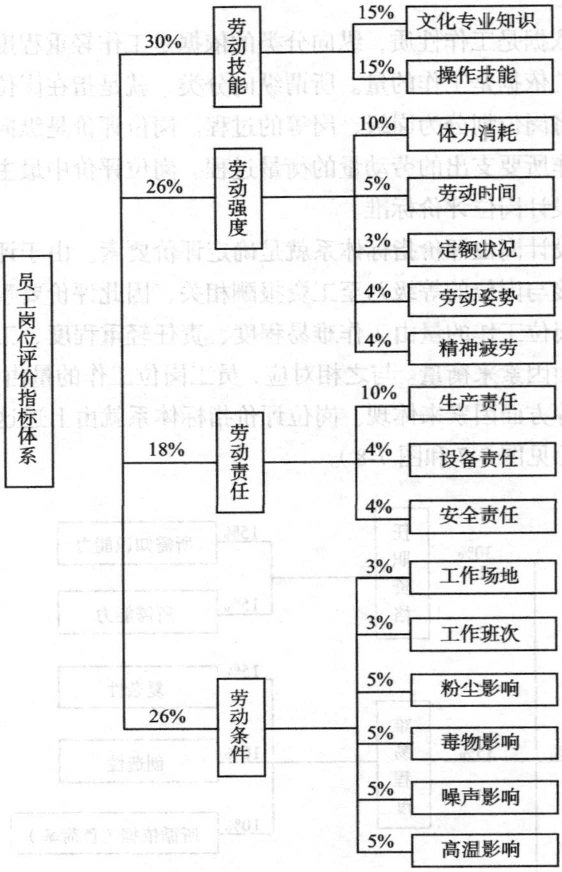

图 7-8　某企业员工岗位评价指标体系

由于评价要素的选择主要取决于工作性质，因而，工作性质不同的岗位评价指标体系也不同，如管理人员岗位评价指标体系和员工岗位评价指标体系。某企业管理人员岗位评价指标体系（见图 7-7）实际上是根据专业技术、管理和政工三类管理人员的不同工作性质设计的三套岗位评价指标体系。这三套体系的差异主要集中在“所循依据”和“所受指导及考核”两个评价要素上。在“所循依据”要素上，专业技术岗位和政工岗位的评价指标体系都采用了，而管理工作岗位评价指标体系则以“负荷率”代之。在“所受指导及考核”要素上，仅有专业技术岗位评价指标体系采用，而管理和政工体系都采用了“精神疲劳”要素。

设计岗位评价标准就是为每个评价要素规定统一的衡量标准。这种衡量标准如同一把尺子，可以量出岗位某一相应评价要素的量值，继而得出岗位的总量值。例如，某企业将管理人员各类岗位评价指标体系的每个评价要素划分为 4 ~ 7 个水平层次（等级），对每个水平层次做出标准性说明（见表 7-1），并根据每个评价要素在总体中的重要程度（权重）所对应的分值，赋予其各层次相应分数，在此基础上，制定岗位评分表，如表 7-2 所示。有了评价标准和评分表，评价人员就可以对岗位进行评价了。

表 7-1　某企业管理人员工作岗位要素评价标准

要　素	水平层次登记	评分（分）
（1）岗位所需知识和学历。知识指从事本岗位工作必须具备的专业知识和相关知识，包括接受学校教育、进修，以及在专业工作实践中积累所获得的知识。学历应是国家承认的高中、中技、中专、大专、本科、研究生等学历	1-1　要求具有高中、中技毕业，经过岗位培训或中专毕业的文化水平，了解基本的专业理论知识和操作知识	40
	1-2　要求具有大学专科毕业或相当程度（指中专毕业，有 5 年以上专业工作经历，并获得相应的知识，有员级专业职务任职资格）的文化水平，掌握专业基本理论知识和必要的操作知识	60
	1-3　要求具有大学本科毕业或相当程度（指大专毕业，有 5 年以上专业工作经历，并获得相应的知识或有助理级专业职务任职资格）的文化水平，掌握专业理论和全面的操作知识	80
	1-4　要求具有大学本科毕业的文化水平，有 8 年以上工作经历，并获得相应知识（或大专毕业，具有 10 年以上专业工作经历，并进修获得相应的知识或有中级专业职务任职资格）和全面的操作知识	100
	1-5　要求具有研究生毕业或相当程度（指具有相当于高级专业职务任职资格）的文化水平，掌握专业理论知识和全面的操作知识，了解国内外专业管理理论和实践的现状及发展方向	120
	1-6　要求精通本岗位专业知识，在专业理论和实践操作知识方面有深厚的造诣，并有创新和开拓能力，掌握国内外同行业的现状和发展方向	150
（2）岗位所需能力。指从事岗位工作必须具备的操作能力、智力能力和程度，如运算、撰写、公关、设计、组织、指挥等能力	2-1　要求具有简单操作和按企业规章制度、标准、程序从事辅助性工作的能力	20
	2-2　要求具有常规操作和按法规、制度、标准、程序从事辅助性工作的能力，一般需要从事员级专业职务工作 1 年以上	40
	2-3　要求能够进行比较复杂的操作和按照大量的法规、制度、标准，从事具体业务工作。有一般的分析、判断和撰写业务报告的能力，一般需要从事相当员级专业职务工作 4 年以上	60
	2-4　要求能进行复杂的操作，能够运用基本概念、原理、原则等知识解决实际问题，独立完成专业业务工作，有在各类专业人员之间协调和对外进行业务交涉、撰写业务报告的能力。一般需要从事相当助理级专业职务工作 2 年以上	80
	2-5　要求能够独立从事专业业务工作，谋求技巧上的完善，能够运用系统的专业知识解决比较复杂的实际问题，制定和实施工作程序、工作方案、工作计划，有较强的协调应变能力，对外有交涉、谈判及撰写工作报告、总结的能力	100
	2-6　要求具有审核工作方案、工作计划，设计并组织实施管理系统或重大业务项目的能力。能够运用坚实的知识体系和现代管理方法解决企业重大的实际问题（对企业经营活动提出重大建议），以及撰写同行业中有推广价值的专业论文	120

续表

要　素	水平层次登记	评分（分）
	2-7　要求具有能组织制定、审核企业全局性的体制改进、发展规划、管理方针，做出重大的经营决策的能力，凭借深厚的造诣推进现代管理方法的运用，解决企业或同行业中重大的实际问题，指挥若干个部门共同完成重大的工作任务，撰写有创见、有重要意义的专业论著	150
（3）岗位工作复杂性。指本岗位所要解决的专业业务问题本身的性质、管理幅度和难度决定的工作内容、工作过程和方法的负责程度	3-1　工作内容确定（很少有其他选择），基本属于个别、具体环节的操作，工作步骤和过程是例行的	20
	3-2　工作内容比较确定，但涉及若干方面的操作，可以有对工作步骤、过程、方法的选择，基本上相对独立地工作	40
	3-3　工作内容有一定的不确定性，涉及较复杂的专业业务问题，通常要从与其他问题的相关性中加以解决。拟定工作步骤和方法，实施过程可在他人指导下或参考有关资料和借鉴他人经验独立地完成	60
	3-4　工作内容有不确定性，较多涉及复杂的专业业务问题，需要将多个相互独立的问题联系起来或与若干个部门协调加以解决。拟定工作步骤、方案，实施过程中能独立地参考多种资料和掌握有关因素的动态，并吸收运用国内外新管理技术和方法	90
	3-5　工作内容和目标有较大的不确定性，工作任务包括承担企业重要业务项目、管理课题，拟定工作计划、工作标准，解决企业专业系统的疑难业务问题，要跨越部门之间、专业之间统筹考虑相关的管理目标，整体上掌握企业经营管理的现状和动态。系统地吸收、运用国内外先进的管理技术和方法	120
	3-6　各种内容和目标有很大不确定性，工作任务包括承担企业规划性的重大课题，需跨越多个部门、专业领域统筹考虑诸多中、长期管理目标，从全局考虑目标的实现途径。要解决企业、行业、国家重大专业难题，拟定工作规划要把握企业所属行业的现状及发展趋势，并能创造性地借鉴国内外先进技术和方法	150
（4）岗位所需创造性。指本岗位完成工作任务必须融合各种信息而做出的有关判断和创新的程度	4-1　无须或较少需要判断，发生意外务必请示	10
	4-2　要根据有关环境条件的要求和限制进行简单判断，确定工作步骤和过程	20
	4-3　要通过深入调研和思考，在涉及复杂概念的工作分析中，做出有效的判断和必要的创新	40
	4-4　要通过全盘分析和思考，在涉及大量复杂概念和相关因素的重新组合与协调工作中，做出正确的判断和较大的创新	50
	4-5　需要通过艰巨的研究和探索，在解决重大实际问题中，做出有价值的判断和重大的创新	100

续表

要　素	水平层次登记	评分(分)
(5)岗位工作负荷率。指本岗位在高效率前提下日常确定性工作和非确定性工作时间与制度工作时间的比率	5-1　工作负荷率 50%～60%	20
	5-2　工作负荷率 61%～70%	30
	5-3　工作负荷率 71%～80%	50
	5-4　工作负荷率 81%～90%	70
	5-5　工作负荷率＞90%	100
(6)岗位的职权与影响。指赋予本岗位职权的大小及其工作结果的影响程度	6-1　承担一项简单的专业辅助工作，对完成具体任务起到推进作用	20
	6-2　承担一项或几项专业工作，对完成具体任务起到基础作用	40
	6-3　分管一项或几项专业工作，对完成整体任务有较大影响	60
	6-4　主管一两项研究课题或工程项目，或者负责一两个方面业务工作，对完成任务起关键作用，同时对本专业业务领域的发展具有较大影响	90
	6-5　负责国家重大科研项目或业务项目，领导某专业管理的前沿工作，对完成整体任务起关键作用，同时对某些专业管理领域的发展做出贡献	120
(7)岗位指导。指本岗位必须指导培养人员从事专业工作与学习，并对其工作、学习情况进行考核的责任	7-1　没有指导、培养下级人员进行工作与学习的责任	10
	7-2　需要协助指导初级专业人员进行工作与学习	20
	7-3　需要指导初级专业人员进行工作与学习或培养在职职工进修等，对一般职能人员进行考核	30
	7-4　需要指导中、初级专业人员进行工作与学习或培养高等院校实习生等，对科级职能人员进行考核	40
	7-5　需要指导高、中、初级专业人员进行工作和学习或培养研究生等，对处级职能人员进行考核	50
(8)岗位的精神疲劳。指工作人员完成本岗位工作心理压力所造成的精神疲劳程度	8-1　日常工作无严格的时间制约，很少有心理压力	5
	8-2　根据原始记录和凭证进行简单信息处理，担任间断性工作，但有时间要求，有较小心理压力	10
	8-3　进行信息处理及一些思维性劳动，担任间断性工作，有周期性要求和一定的心理负担	20
	8-4　要承担一定的风险，需进行综合分析、提出对策等脑力劳动，有周期性、时间限制，听力或视力紧张、频率高，易产生较大心理压力	35
	8-5　要求承担较大风险，从事开拓创新性劳动，工作频率高，有周期性的突击性工作，精神要求高度集中，易产生很大的心理压力	50

续表

要　素	水平层次登记	评分（分）
（9）岗位的信息责任。指本岗位旅行职责进行信息沟通和工作联系的范围和目的以及收集、处理和反馈信息的质量和程度	9-1　与本部门的专业人员进行必要的工作联系，从正常传递的原始凭证、基础台账上收集常规的数据，经简单运算进行记录、登记待查或制作简单报表	10
	9-2　与本单位的专业人员进行工作联系和调查。除正确传递外，需要督促其他专业人员及时上报记录报表，经一般处理，多次运算，进行分类登记，制作较复杂的台账，并定时编报有分析的报表	20
	9-3　与外单位的专业人员、骨干或管理人员，对复杂专业业务问题进行调查，相互交流、磋商，需要主动地从各种途径收集大量信息，利用各种报表和历史记录进行比较、分析，定时或即时制作高水平的报告，信息共享程度较高	40
	9-4　与外单位的专业业务负责人或管理部门负责人，对重要专业业务及管理问题进行交流、磋商和辩议，开拓信息渠道，大部分信息是变动的，对大量信息进行综合分析、选择判断和处理，发布的信息在企业内部共享程度很高，有很大的指导作用	60
	9-5　与国内外学者、专家或国家机关高级管理部门负责人，对国家重大专业技术管理问题进行交流、磋商和辩议，通过复杂的途径从国内外获取高质量的信息，设计复杂的管理信息系统，发布的信息在行业范围内共享并有重大指导意义	80
（10）岗位的工作环境。指本岗位工作所处环境中对人员的有害影响和潜在危险的程度，以及工作接触有害环境的概率	10-1　工作环境只要求一般的安全措施，不需要特别的健康安全预防措施，如办公室、会议室、图书室和教室等	10
	10-2　工作环境潜在着一定程度的危险性，只要求一般的安全预防措施，如围绕移动部件、车辆或机器工作等（指在此类环境中工作时间超过总工作时间的一半以上者）	20
	10-3　工作环境存在着一定的危险性和不舒适，需要特别的安全措施，如承受有害有毒气体、高温、尘土、油垢、噪声、振动或接触传染病菌及刺激性化学物品和放射性物质等（指在此类环境工作时间超过总工作时间的一半以上者）	30
	10-4　工作环境有着较大危险性，必须采取严格的安全保护措施，如从事高空作业等（指在此类环境中工作时间超过总工作时间的一半以上者）	50

表 7-2　某企业管理人员岗位评分表

专业系列		岗位编号				岗位类型					
部门				岗位名称							
序号	评价要素	权重与分值		水平层次及对应分值							累计分数
		%	分	1	2	3	4	5	6	7	
1	所需知识和学历	15	150	40	60	80	100	120	150		
2	所需能力	15	150	20	40	60	80	100	120	150	
3	工作复杂性	15	150	20	40	60	90	120	150		
4	所需创造性	10	100	10	20	40	50	100			
5	所循依据（工作负荷率）	10	100	20	30	50	70	100			
6	职权与影响	12	120	20	40	60	90	120			
7	所予指导	5	50	10	20	30	40	50			
8	所受指导及考核（精神疲劳）	5	50	5	10	20	35	50			
9	信息责任	8	80	10	20	40	60	80			
10	工作环境	5	50	10	20	30	50				
合计		100	1 000								

岗位评价的常用方法是评分法。评价人员以评价标准为尺度分别给同一岗位的诸评价要素打分，并求出岗位总分数。然后根据该岗位的总分和评价人员人数求出岗位平均分数，从而得出岗位的最终分数。以此类推，各岗位都评出分数，这样就可以比较其价值了。

（2）区分岗级、岗等。岗位纵向分类包括区别岗级和岗等。区分岗级是将同一岗系中的所有岗位，按工作轻重程度，划分为若干级别。这一程序有两个步骤：

1）运用岗位评价的结果，把同一岗系的岗位按岗位相对价值（分数）的高低依次排列，高者在上，低者在下，如图 7-9 所示。这里的岗位已不是杂乱无章地堆积，而是按工作轻重程度从高到低有序地排列了。

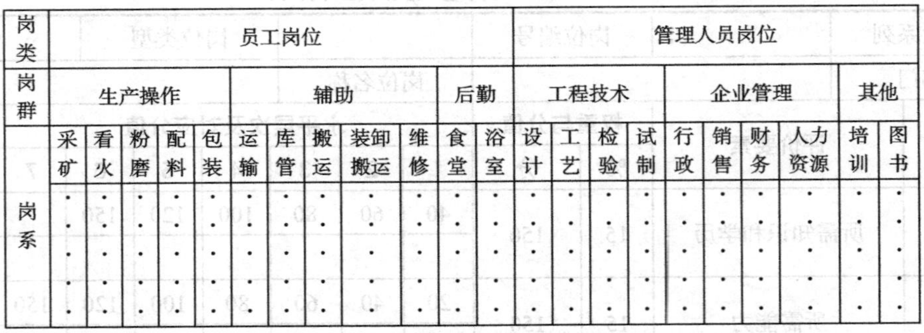

图 7-9　按工作轻重程度区分岗级

2）将按顺序排列的岗位划分为一些小组。凡工作轻重程度（相对价值）相近的岗位就归为一组，每组就是一个岗级（见图 7-10）。

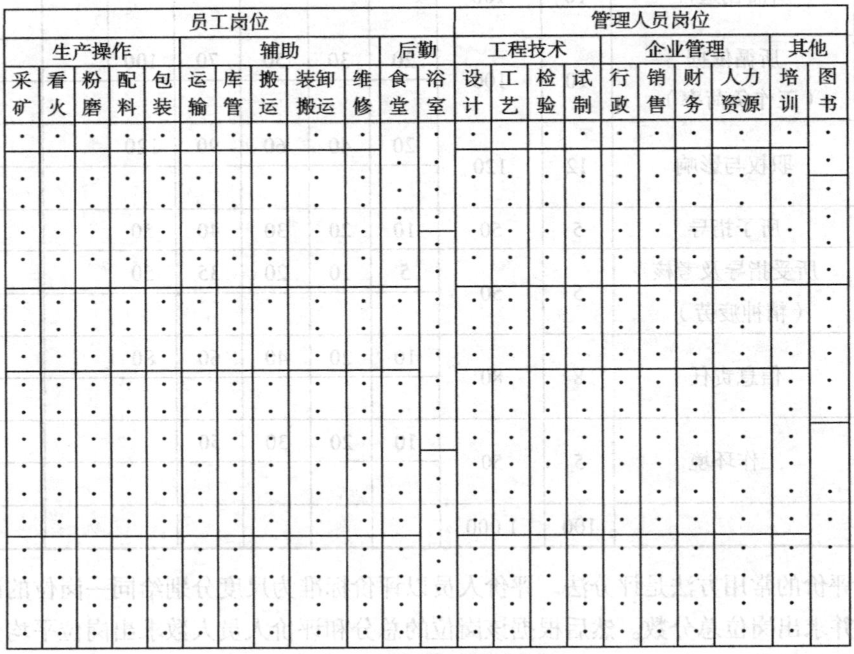

图 7-10　按相近岗位归组区分岗级

图 7-10 中，每个小格代表一个岗级，小格中的黑点代表同一岗级中的岗位。可见，岗级是指在用一岗系内，工作繁简难易程度、责任轻重程度，以及所需人员的资格条件高低都十分相近的岗位群。

从图 7-10 可见：第一，同一岗级可包含若干个工作性质相同、工作轻重程度相近的岗位。因此，同一岗级的所有岗位任职者应具备同样资格条件，可规定同样的择优考试和施行同样的工资等级。由于同一岗系的岗级间，岗位的工作轻重程度不同，因此同一岗系所有的岗位在纵向上也区分开了，各级别也可比较了。第二，各岗系的岗级数目不一，有的多些，有的少些。其原因是，一个岗系的岗位数目由该岗系所有的岗位在工作轻重程度方面的差别程度决定。凡差别大的岗系，其划分的岗级就多；反之，就少。

为了比较不同岗系间岗位的级别，还要区分岗等。区分岗等就是将各岗系的岗级按其岗位工作轻重程度（相对价值）做相互比较，凡程度相当的各岗系的岗级，则列入同一阶层，这种阶层就是共同的岗等，如图 7-11 所示。

	员工岗位												管理人员岗位									
	生产操作					辅助					后勤		工程技术				企业管理				其他	
	采矿	看火	粉磨	配料	包装	运输	库管	搬运	装卸搬运	维修	食堂	浴室	设计	工艺	检验	试制	行政	销售	财务	人力资源	培训	图书
第 8 等													·	·	·				·	·		
第 7 等													·	·	·	·	·	·	·	·	·	
第 6 等	·	·	·	·	·	·	·	·		·			·	·	·	·	·	·		·	·	·
第 5 等	·	·	·	·	·	·	·	·		·	·		·	·	·	·	·	·	·	·	·	·
第 4 等	·	·	·	·	·	·	·	·		·	·	·	·	·	·	·	·	·	·	·	·	·
第 3 等	·	·	·	·	·	·	·	·		·	·	·	·	·	·	·	·	·	·	·	·	·
第 2 等	·	·	·	·	·	·	·	·		·	·	·					·	·			·	·
第 1 等	·	·	·	·	·	·	·	·		·	·	·										

图 7-11　区分岗等

但是，在区分岗等的具体操作中，会遇到这样一个困难：由于评价要素的选定取决于工作性质，因此工作性质不同的岗位系列会有各自不同的评价指标体系。如上例中，员工岗位和管理人员岗位分别打分归级后，这两大类之间如何按工作轻重程度相比较？如何将二者有机地衔接起来，进行统一的区分岗等的工作？

其实，只要找出两个分属于两大岗类的，能使两大岗类有机衔接的关键岗位，问题就迎刃而解了。在实践中，办事员实际上是管理人员岗位的最低岗级，能否解决员工岗级对应的问题呢？有关专家认为，一般办事员的工作虽是脑力劳动，但该岗位主要任务是处理规范性的日常事务，日常工作本身不要求岗位任职者必须进行创造性的日常事务，日常工作条件一般不超过社会普及教育的水平。因此，从体力和脑力支出来看，办事员的劳动相当于普通熟练工人的劳动，这两类岗位的劳动在质和量两方面具有可比性。至于办事员的岗级与哪一级员工岗级对应，则要由企业的生产经营特点来决定，必须因企业而异。例如，技术密集型企业的办事员岗位和劳动密集型企业的办事员岗位所对应的员工岗级会很不同。总之，只要确定办事员某些岗位（如打字员），与某员工岗位的对应级，员工和管理人员两大岗类就能衔接起来。在此基础上，两大岗类的岗位都可以按自身相对价值依次归入适当的岗等。

从图 7-11 可见，所谓岗等，就是指岗位的工作性质虽然不同，但工作的繁简难易、责任轻重，以及所需人员资格条件高低相近的岗位群。由于岗等的划分，就可以比较不同岗系间岗位的级别了。例如，第三岗级的工人岗位，第一岗级的工程技术、财务和人力资源管理岗位，以及第二岗级的行政、销售、培训和图书管理岗位同属于第三岗等。由于同一岗等岗位的工作轻重程度大致相当，因此它们的劳动报酬也应大致相同。

4．编写岗位规范

分类分级工作完成后，即可制定岗位规范。所谓岗位规范，即岗位说明书，它是在岗位横向分类和纵向分类基础上对每个岗位标准化和尽可能定量化说明的书面文件。其主要内容包括：岗位名称和编码；工作概述，包括工作内容，职责与权利范围，以及与其他相关岗位之间的关系；工作标准；任职者应具备的资格，包括该岗位对学识、技能、经验、学历、年龄、性别、身体条件等方面的要求；工资待遇、转任和升迁方向等（见表7-3）。

表7-3 岗位规范

岗位编号：140020	中级文书	岗系：
岗位名称：	部门主管秘书	岗级：
相似岗位：		岗等：
低一级岗位：140010	初级文书	
高一级岗位：140030	高级文书	

（1）职责总述

在一般监督之下，完成文书工作。本岗位工作较为复杂，如汇总各种资料；准备各类数据资料，并编辑、汇总、分类；草拟各种报告、请示、文件、通知、公告、工作总结；速记会议发言，等等。完成这类工作负有很重要的责任

（2）工作时间

一般在制度时间内完成，无须加班加点

（3）岗位评价

基本训练：	工作环境：
熟练程度：	工作责任：
智力条件：	教育程度：
体力条件：	其　他：

本岗位评价结果：（略）

（4）资格条件

学历：至少应高中毕业，中专毕业更为理想

经历：至少担任低一级岗位3年以上

熟练：要有较好工作熟练程度，如打字每分钟至少130字，150～180字最为理想

（5）考核项目

1）校对稿件：每分钟至少40字（最佳为60字）

2）打字：每分钟至少45字，超过65字最为理想

3）速记：每分钟最少100字，120字为理想

4）专门知识：《秘书学》、《速记方法》、《公文写作》等

5）写作能力：格式正确，语言通顺简洁，内容充实，结构严谨

6）心理测验：考察情绪稳定性，接受外界信号灵敏、机警性

续表

（6）本岗位后备来源 1）初级文书（企业现任） 2）担任过此类工作而正在自学深造的人员 3）从专业学校招收 4）从社会上招聘符合条件的人员
（7）身体条件
（8）残疾人担任本岗位工作的可能性 如有跛足而具备各种资格条件的人也可聘用
（9）性别与年龄要求 男女均可，一般应在 30 岁以下
（10）工作条件 办公室内完成工作任务
（11）其他补充事项

5. 制定“法规”，并予以实施

岗位分类在企业人力资源管理中占有重要地位，所以在经过上述工作程序后，应把分类结果反馈给基层，征求意见，以修改不合理的部分，提高分类结果的科学性。然后，要把分类结果、岗位规范等以企业正式文件的形式公布和下发，以确保岗位分类制度的贯彻执行。

7.3 工作设计和定员管理

引导案例 7-3

搞好劳动定员定额工作，向管理要效益

劳动定员定额工作是企业管理的一项重要基础工作。

所谓定员是指企业根据已经确定的生产方向和生产规模，在一定的时期内和一定的技术组织条件下，规定企业的组织机构设置和各类人员的数量界线，它是企业从事经营活动的组织保证。

所谓定额是指劳动者在一定的生产技术组织条件下，生产一件合格产品或完成一定的工作量所预先规定的必要劳动消耗标准。

劳动定员定额工作随着科学技术的进步和生产的社会化、现代化有了长足的发展，劳动定额已逐步由对一线生产工人的定额考核，发展到对二三线人员的定额考核；劳动定员工作也逐步摆脱了完全按比例定员的传统模式，发展成为一整套全新的定员方法。

搞好劳动定员定额工作，必须坚持以下原则：

第一，既要保证需要，又要考虑可能。在人力、物力、财力可能的前提下，最大限度地满足需要，使定员定额的制定建立在较为可靠的物质基础上。

第二，既要参照历史数据，又要研究发展变化趋势。在总结历史规律的基础上，充分考虑现实情况及其发展变化趋势，合理加以制定。

第三，既要坚持区别对待，又要注意综合平衡。在制定定员定额时，不仅要考虑地区间、单位间及单位类别的差异，同时还必须在同一类型、同一性质、同一地区范围内，找出相同的因素，注意彼此之间的综合平衡，使定员定额指标切合实际。

第四，既要有不同的计算基础，又要有统一的计算口径。做到既能适应各种不同性质、不同类型单位的需要，又能在地区、部门及年度之间进行比较分析和检查考核。

第五，定额的范围要与预算科目的规定范围相一致，使其与预算管理紧密结合起来。

（资料来源：http://wiki.mbalib.com/　有改动）

思考题：结合该案例和本节的内容，谈谈你对工作设计和定员管理的认识。

7.3.1　工作设计

1. 工作设计的定义和内容

（1）工作设计的定义。工作设计是指为了有效地达到企业目标与满足个人需要而进行的工作内容、工作职能和工作关系的设计。

工作设计与工作分析是两个既有联系又有区别的概念。工作分析是对现有职务的客观描述，而工作设计则是对工作规范的认定、修改或重新调整，它需要利用工作分析所得到的信息。

（2）工作设计的内容。工作设计包含的主要内容有以下5个方面，如图7-12所示。

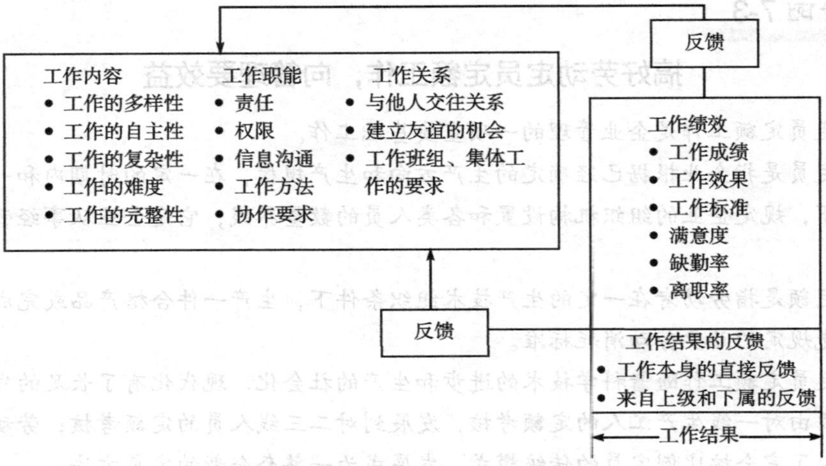

图7-12　工作设计的主要内容

1）工作内容。包括确定工作的一般性质的问题。有多样性、自主性、复杂性或常规性、难度、完整性，即做一件工作的全部过程。

2）工作职能。是做每种工作的基本要求和方法。有工作责任、工作权限、信息沟通的方式、工作方法、集体协作配合的要求等。

3）工作关系。是指个人在工作中所发生的人与人之间的关系。包括工作中与其他人相互联系和交往的范围，建立友谊的机会，工作班组、集体工作相互协作配合的要求等。

4）工作绩效。是指工作的成绩与效果的高低。它包括工作任务完成所达到的具体标准，如满意度、缺勤率、离职率等。

5）工作结果的反馈。一般包括两方面：一方面是工作本身的直接反馈；另一方面来自别人对所做工作的反馈，包括上级和下属等人员。

2．工作设计的理论与方法

（1）工作专业化（科学管理方法）。这是由泰罗和他的同事首先提出并发展而来的。此后一直是各类企业进行工作设计的基本方法。它通过对动作和时间的研究，把工作分解为许多很小的单一化、标准化和专业化的操作内容和操作程序，并对员工进行培训和激励，使工作保持高效率。

这种工作设计方法的优点是：

1）把专业化与单一化最紧密地结合在一起，从而可以最大限度地提高员工的操作效率。

2）由于把工作分解为许多简单的高度专业化的操作单元，因此对员工的技术要求低，可以节省大量的培训费用。

3）由于专业化对员工技术要求低，可以使用较为廉价的劳动力，大大降低了生产成本。

4）由于机械化程度高，有标准化的工序及操作规程和方法，提高了管理当局对工人生产的产品数量和质量的控制程度，保证了生产均衡、正常的进行。

其缺点在于：单纯考虑工作任务的完成，而忽视员工对工作内容的反应。日复一日地重复操作使员工产生了厌烦情绪，并引发缺勤和离职，抵消了高度专业化所带来的高效率。

（2）工作轮换和扩大化。为改变专业化的工作设计造成的员工厌烦情绪不断增长、工作效率不断下降的情况，管理者采取工作轮换和工作扩大化的措施。

1）工作轮换。工作轮换指在企业的不同部门或在某一部门内部调动员工的工作，其目的在于让员工积累更多的工作经验。实施工作轮换这种工作设计方法的前提是使员工从一种工作岗位换到另一种工作岗位，而工作流程不受重大损失。图 7-13 表明了工作轮换的基本流程。

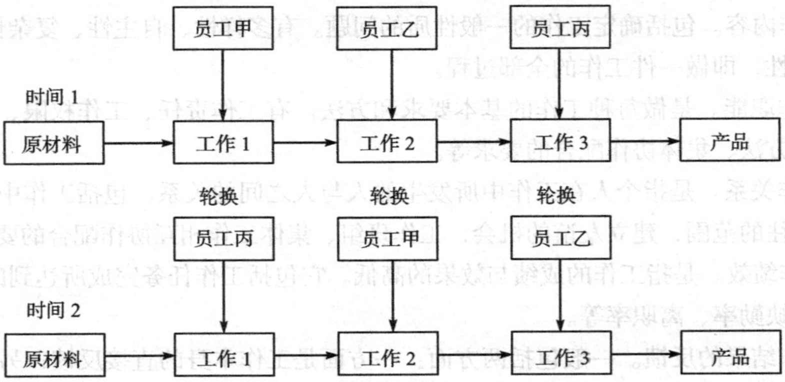

图 7-13　工作轮换的基本流程

假定这是一条汽车装配线，工作 1 是表示安装地毯，工作 2 表示安装座位，工作 3 是安装仪表。在第 1 段时间内员工甲做工作 1，员工乙做工作 2，员工丙做工作 3。在第 2 段时间内，员工甲做工作 2，员工乙做工作 3，员工丙做工作 1。用这种工作设计方法，员工工作实际上并没有真正重大的改变。但管理当局认为，使员工在不同的岗位上进行轮换操作，是给他们提供发展技术和一个较全面的观察、了解整个生产过程的机会，从而可使厌烦和常规性工作减少到最低程度。但是，工作轮换在很大程度上来说，只是一种为解决员工对过分专业化的单一的重复性所产生的厌烦感的权宜之计。因为这种办法只能在短期内解除员工的厌烦感，作为员工在同一时间内还是只干着一种常规的简单重复的工作，正如有些管理专家所指出的：这种工作轮换的方法只是使员工做不同种类的单调和厌烦的工作而已，并没有从根本上解决问题。

2）工作扩大化。工作扩大化是管理当局进行工作再设计的第一次尝试。这种方法的基本特征是横向地扩大工作范围，使一个员工工作的种类更为多样化。如图 7-14 所示，每个员工除了担负原来自己所做的工作外，还扩大担负它的上下工序原来由其他员工所做的工作。工作扩大以前，从工作 1 到工作 4，每个员工承担安装汽车上的地毯、座位、仪表和无线电收音机等工作之一；而工作扩大化以后，员工甲负责安装地毯和座位，员工乙负责安装座位和仪表，而员工丙负责安装仪表和无线电收音机。

工作扩大化是通过增加每个员工应掌握的技术种类和扩大操作工序的数量，以达到降低员工对原来工作的单调感和厌烦情绪，从而提高员工对工作满意程度。然而有人认为，此种方法只是管理当局用来提高劳动生产率、削减员工的一种手段；工作扩大后并没有改变员工的工作性质，且仍然是厌烦和令人不满的。如果要真正解决这个问题，必须调整好员工和工作之间的关系，而工作丰富化就是管理当局所采用的主要的工作设计方法之一。

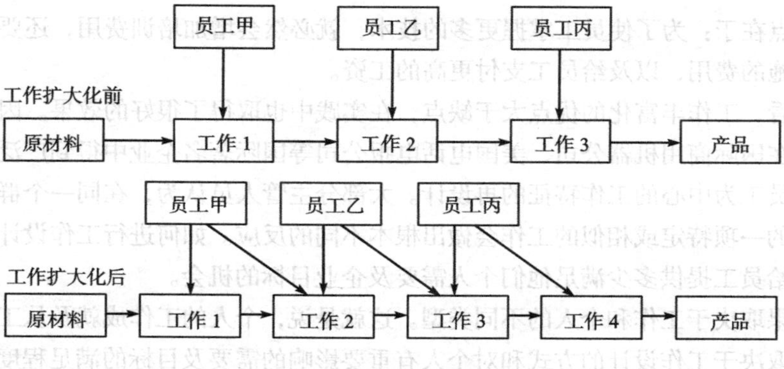

图 7-14　工作扩大化

（3）工作丰富化。所谓的工作丰富化是指在工作中赋予员工更多的责任、自主权和控制权。工作丰富化与工作扩大化、工作轮换都不同，它不是水平地增加员工工作的内容，而是垂直地增加工作内容。

1）理论基础。工作丰富化的理论基础是赫茨伯格的双因素论。赫茨伯格认为，当工作中没有保健因素时，人们就会感到不满，当保健因素增加时，人们的不满情绪就消除，但并不产生对工作的激励。而只有当工作内容本身所包含的激励因素（工作的挑战性、自主性、责任和成就等方面）增强时，才会提高人们对工作的激励水平（积极性），获取更高的工作成绩与效果。

2）实质。前面所提到的工作扩大化是一种横向扩大工作范围，向工作的广度进军的设计方法。而现在所说的工作丰富法，是一种纵向的扩大工作范围，向工作的深度进军的设计方法。把赫茨伯格有关的激励因素的理论应用于工作设计方面，主要集中在“纵向扩大”范围，改变工作本身的内容，在工作中强化激励因素，从而使之更具有挑战性、成就感，以提高员工的工作热情。

3）实现工作丰富化的条件。如何能使工作丰富化，从而对员工更有吸引力？根据赫茨伯格理论，只有在工作中加入或强化激励因素时，员工的积极性才能被调动起来。为此，应从以下几个方面入手：第一，责任。不仅要增加操作者生产的责任，还要使其有责任控制产品质量，并保持生产的计划性、连续性和节奏性，使每位员工都感到自己有责任完成一件完整的工作，生产出一种合格的产品。第二，决策。在确定产品标准、控制流水线（传送带）传送的件数和速度，以及改变某些领导的控制程度上，给工作者更多的自主权，以提高他们在工作中的权威性和自主权。第三，反馈。把工作者的成绩和效果数据及时直接地反馈给他们本人。在某种情况下，允许操作员工如实地收集和保存这些反馈的资料。第四，培训。为满足工作者的成长和发展的需要，给他们提供新的学习机会，如让他们熟悉质量控制和电子计算机程序控制等方法，并且还应鼓励他们为组织结构更好地适应新的发展与成长提出改进现行制度的建议。第五，成就。通过提高工作者的责任心和决策的自主权，来培养和提高他们对工作的成就感和价值观。

4）评价。工作丰富化的优点在于：与单一性工作设计方法相比，它提高了工作者的激励和满意程度，进而促使生产效率的提高和产品质量的改进，并大大降低工作者离职和缺勤现象。其缺点在于：为了使员工掌握更多的技术，就必然会增加培训费用，还要增加装修和扩充工作设施的费用，以及给员工支付更高的工资。

总的来看，工作丰富化的优点大于缺点，在实践中也取得了很好的效果。因此，这种工作设计方式在国际商用机器公司、美国电话电报公司等国际著名企业中得到广泛运用。

（4）以员工为中心的工作特征的再设计。大部分主管人员认为，在同一个群体内的工作者对企业中的一项特定或相似的工作会做出根本不同的反应。如何进行工作设计取决于所设计的职位能给员工提供多少满足他们个人需要及企业目标的机会。

工作成果取决于工作和个人的不同类型。这就是说，个人的工作成就及从工作本身所获得的满足，取决于工作设计的方式和对个人有重要影响的需要及目标的满足程度。因此，企业在进行工作设计时，必须考虑员工间存在的重要差别。如果所设计的工作能使员工相信，只要经过努力就可以满足个人需要并达到企业目标，这样工作积极性或成效势必提高。

要求管理者根据不同需要分别设计一项工作，这在实际中是不可能做到的。然而可以把需要分成高级（自尊和自我实现）和低级需要（安全、有保障及社交），由此进行两大类的工作设计。一类员工可按要求满足低级需要，他们积极地寻找常规性工作。而另一类员工却以挑战性且可以提供个人成长和进步机会的工作而满足。由于大多数企业提供的都是容易满足低级需要的工作，因此提出工作再设计的主要努力方向应指向高层次的员工。

实践表明，以员工为中心的工作特征的再设计可以大幅度地提高其对工作的满意程度，并有助于提高工作效率和改进工作质量。目前，这种工作设计方式正为越来越多的企业所采用。

7.3.2 定员管理

定员管理，简称定员，指企业在用人方面的数量界限，是企业根据工作目标、规模、实际需要，按精简、高效的原则确定一定人数的过程。定员是企业管理中极其重要的基础工作，在企业管理中发挥着重要的作用。首先，它是实行经济核算的基本依据。企业用人水平的高低，直接影响产品成本和价格，产品成本中的员工工资费用是按劳动定员计算的，离开定员，经济核算可能就无法直接进行。其次，定员是提高劳动生产率的必要条件。由于定员是按照先进合理的水平确定的，员工会向先进水平看齐，从而使企业劳动生产率提高。因此，在走向市场化的进程中，企业应注意进行合理的定员。

1. 定额

定额是指在一定的生产、技术、组织条件下，采用科学的方法和具体的计量形式，对生产（或工作）过程中劳动者的劳动消耗量所规定的限额。定额常见的形式包括时间定额、产量定额、看管定额、服务定额等。

（1）时间定额，亦称工时定额，是指为生产单位合格产品或完成一定工作任务的劳动时间消耗的限额。例如，某企业规定加工某一零件的工时消耗为2个工时，即2工时/件。

（2）产量定额，指在单位时间内生产合格产品的数量或规定完成一定的工作任务量的限额。例如，服装厂规定缝纫车间工人每天加工完成 30 件衬衫，即 30 件/工日。

（3）看管定额，指对操作者在同一时间内照管机器设备的台数或工作岗位数所规定的限额。它是在劳动定额不能直接用工时或产品产量表现时而采用的一种特殊的定额形式。

（4）服务定额，指按一定的质量要求，对服务人员在制度时间内提供某种服务所规定的限额。例如，一名客房服务员每天负责打扫 10 间客房。

2. 定员

定额与定员是紧密相关的。定员是定额的一种发展和表现形式，即人员定额。定额是合理编制定员的前提。先进合理的定员常常需要以先进合理的定额为基础。因为凡有劳动定额的部门和岗位，其劳动定员人数等于该部门的劳动任务总量除以劳动效率，而劳动任务总量是劳动定额的函数。只有劳动定额合理才能得出正确的劳动任务总量，从而计算出先进合理的劳动定员数。

由于企业人员复杂、工作各异，无法用统一的计量单位综合反映他们的工作量和劳动效率。因此，必须根据不同的工作性质，采用不用的计算方法，分别确定各类人员定员。常用方法如下：

（1）效率定员计算法。按劳动定额计算定员的一种方法，适用于一切能够用劳动定额表现生产工作量的工种或岗位。其计算公式为：

$$M_1 = \frac{\sum (T \cdot Q) + C + B}{t \cdot p \cdot a}$$

式中　M_1——效率定员人数；

T——单位产品工时定额；

Q——产品产量（要求产品方案可靠）；

C——计划期废品工时（依工种而异）；

B——零星任务工时（在机械工业中 B=5%～10%）；

t——制度工时，指一个人在一年内制度工时日数与法定工作日长度的乘积，即（365−52×2−11）天×8 小时/天=2 000（小时）；

p——工时利用率（制度规定的工时利用程度，小于或等于 100%）；

a——工时定额完成率（一般小于 100%）。

此法关键是合理确定 T（劳动定额）和 Q（产品产量）。

（2）设备定员计算法。根据完成一定的生产任务所必须开动的设备台数和班次，按照单机设备定员计算编制定员的方法。适用于操纵设备作业工种的定员。其计算公式为：

$$M_2 = \frac{\sum (n \cdot m \cdot s)}{K}$$

式中　M_2——设备定员人数；

n——同型设备开动台数（按生产需要）；

m——单机定员标准；

s——该型设备平均开动班次（按实际需要）；

K——出勤率（小于100%）。

此法关键是正确确定 n, s。至于出勤率是为了考虑替补率 J（一般 5%～8%），要求 $J+K \leqslant 100\%$。尽量培养一专多能的员工，减少替补率。

（3）岗位定员计算法。按岗位定员标准、工作班次和岗位数计算定员的方法。适用于大型装置生产、自动流水线生产的员工及某些看守性岗位（如门卫、仓库保管员）的定员。一般石油、化工、钢铁、汽车、家电企业常用此法。其计算公式为：

$$M_3 = \frac{\sum(m' \cdot s' \cdot n')}{K} \cdot E$$

式中 M_3——岗位定员人数；

m'——岗位定员标准；

s'——班次；

n'——同类岗位数；

K——出勤率；

E——轮休系数（一般为7/6）。

此法关键是合理确定操作岗位数 n' 和岗位定员标准 m'，应确保安全运行和不使操作者过度疲劳的前提下，尽量扩大监护范围，减少 n' 和 m'。

（4）比例定员计算法。以服务对象的人数为基础，按定员标准比例来计算编制定员的方法。适用于辅助性生产、服务性工作或教育、卫生等单位的定员，如工具车间、动力车间、职工医院、托儿所、食堂等。其计算公式为：

$$M_4 = \frac{F}{m_1}$$

式中 M_4——比例定员人数；

F——服务对象的人数；

m_1——定员标准比例（如食堂 m_1=20）。

（5）职责定员法。按既定的组织机构和它的职责范围，以及机构内部的业务分工和岗位职责来确定定员的方法。适用于企业管理人员和工程技术人员的定员。

由于管理工作和技术工作比较复杂，弹性较大，其工作定额也难以量化，故多数情况下无法用数学公式表示。一般而言，可根据其职责和工作量，参照效率定员和岗位定员方法进行估算。为了使定员合理，可以在定员前用工作抽样或工作日志写实方法，对现有工作人员实际担负的管理工作或技术工作及时间消耗情况进行调查研究，分析其工作量负荷情况，作为定员的依据。待条件具备后，可逐步采用技术测定法、要素分析法、典型比较法等更科学的方法。

影响职责定员的主要因素有：① 管理层次；② 机构设置与分工；③ 工作效率。

应提高员工素质，一专多能，一人多职，少设或不设副职，简化业务手续，使常规工作程序化、标准化、规范化。

以上5种定员方法，在一个企业里是同时使用、互为补充的。

7.4　劳务外派与引进

7.4.1　劳务外派与引进概述

劳务外派与引进是指作为生产要素的劳动力的国际流动，通过提供劳动和服务，收取报酬的一种商业行为。一般来说，经办单位会按照与国（境）外有关政府机构、团体、企业、私人雇主所签承包工程、劳务合作、设计咨询等合作规定，派出或引进从事经济、科技、社会服务等活动的各类专业劳务人员。

劳务外派与引进分为公派和民间两种类型。公派是由具有劳务外派权或引进权的劳务代理机构与劳务聘方签订劳务合同，派出或引进劳务人员到国外或中国从事合同所规定的服务。民间劳务是劳务人员自己通过亲友联系，寻找海外聘用单位或聘用者。这里重点强调的是公派劳务与引进的计划和管理等问题。

近些年来随着改革开放的不断深入发展，特别是我国加入 WTO 之后，我国劳务外派与引进业务不断拓展。可以说，这是一项有生命力、有前途、利国利民的事业，是国际经济技术合作的重要形式之一。

劳务外派与引进属于国际劳务合作的两种形式：一种是走出去，另一种是请进来。我国是世界上劳动力最多的国家，劳务资源丰富，特别是近年来产业结构调整，部分人员下岗、待业人员增加，农村剩余劳动力比例大，为我们劳务输出提供了较好的资源条件。我们应当组织有优势的各方面人员走出国门，为世界人民服务，也能为国创汇。更何况，我国外境企业经过多年的打拼，对外承包劳务业务的市场不断扩大，已经从初期的中东地区，扩展到亚、非、美、欧 180 多个国家和地区，而且经营水平不断提高，经营规模日益壮大，国际地位逐步上升，外商对我国的对外承包劳务合作的信心也比以前增强了。

当然，我们进行现代化建设，也需要引进人才，引进国外智力，聘请外国专家，帮助解决本国技术问题，这是国际上通行的做法。拒绝在专家问题上花钱是不明智的，也会因小失大。因此，搞好劳务外派与引进很有必要。

7.4.2　外派劳务工作的基本程序

为促使我国劳务合作事业进一步发展，国务院有关部门对简化外派劳务人员出国手续，加强对外派劳务人员的管理，颁布了许多具体规定，使外派劳务工作步入了规范和制度化轨道，其基本程序如下：

（1）个人填写《劳务人员申请表》进行预约登记。

（2）外派公司负责安排雇主面试劳务人员，或者将申请人留存的个人资料推荐给雇主进行挑选。

（3）外派公司与雇主签订《劳务合同》，并由雇主对录用人员发邀请函。

（4）录用人员递交办理手续所需的有关资料。

（5）劳务人员接受出境培训。

（6）劳务人员到检疫机关办理国际旅行《健康证明书》《预防接种证明》。

（7）外派公司负责办理审查、报批、护照、签证的手续。

（8）离境前交纳有关费用。

7.4.3 外派劳务的管理

1. 外派劳务项目的审查

为维护我国外派劳务人员的各方面权益，经过政府要求经办劳务外派的公司必须是具有劳务外派权的劳务代理机构，同时还必须能够提供下列材料进行审查。

（1）填写完整、准确的《外派劳务项目审查表》（见表7-4）。

（2）与外方、劳务人员签订的合同，以及外方与劳务人员签订的雇佣合同。

（3）项目所在国政府批准的工作许可证证明。

（4）外方（雇主或中介）的当地合法经营及居住身份证明。

（5）劳务人员的有效护照及培训合格证。

表7-4 外派劳务项目审查表

经营公司名称			
经营资格证号			
项目	中文		
	英文		
名称	中文		
	英文		
外方雇主和（或）中介名称			
合同名称及项目简要说明			
派往国家（地区）			外派　等　人（名单附后）
工作期限			
经营公司		负责人（签字）： （单位公章） 年　月　日	
外经贸主管部门意见		负责人（签字）： （单位公章） 年　月　日	
		批准号：	
		审批人：	经办人：

2. 外派劳务人员的挑选

根据《中华人民共和国出境入境管理法》第八条规定，有下列情形之一者，不批准出境：

（1）刑事案件的被告人和公安机关或者人民检察院或者人民法院认定的犯罪嫌疑人。

（2）人民法院通知有未了结民事案件不能离境的。

（3）被判处刑罚正在服刑的。

（4）正在被劳动教养的。

（5）国务院有关主管机关认为出境后将对国家安全造成危害或对国家利益造成重大损失的。

3. 外派劳务人员的培训

为了提高我国外派劳务人员的素质，适应国际劳务市场的需要，我国实行外派劳务培训制度。

（1）培训的内容。包括国家的有关法律、法规和方针政策、爱国主义和安全、外事纪律和涉外礼仪的教育；进行转变观念的教育，树立正确的劳务观念和职业道德，遵守驻在国的劳工制度，认真学习外国的先进生产技术和管理经验，服从管理，认真履行合同；根据派往国家（地区）的特点和要求，开设外语、适应性技能、国别概况等课程；派往国家（地区）的有关法律、法规、社会常识和当地的风俗民情；其他需要培训的内容。

（2）培训方式。根据不同的劳务层次和不同的国家对外籍劳务培训要求采取相应的培训方式；一般来说，具有初级职称以上（含初级职称）从事技术劳务的，如已经掌握了相应技术和派往国家（地区）官方语言的日常用语，凭技术职称证和外语考试证书（成绩表）可免试技术和外语课程，只进行规定时间内的公共课程培训；普通技术劳务应进行适应性技能培训和简单生活用语和工作用语的外语培训及公共课程培训；对于成建制派出（指15人以上）的劳务人员（含管理人员），专业技能方面的考核由执行合同的单位或派出单位进行把关，公共课程要由外经贸部批准的培训中心统一培训并考试。

为确保培训质量，培训结束时应进行考试，合格者应发给《外派劳务培训合格证》。

7.4.4　劳务引进的管理

任何一个企业，引进外国人来中国就业都不是一件小事。从成本上说，引进外国人的耗资巨大；从程序上讲，引进过程复杂。一旦决定引进外国人并已找好人选，人力资源部门就要及早准备，仔细计划好与此相关的所有环节。

1. 聘用外国人的审批过程

1996年1月，劳动部、公安部、外交部、对外经济贸易合作部联合发布了《外国人在中国就业管理规定》并于同年5月1日实施，外国人在华就业自此走上了法制管理的轨道。该规定要求用人单位聘用外国人，须填写《聘用外国人就业申请表》，向与劳动行政主管部门同级的行业主管部门提出申请，并提供下列有效文件：

（1）拟聘用的外国人履历证明。

（2）聘用意向书。

（3）拟聘用外国人原因的报告。

（4）拟聘用的外国人从事该项目工作的资格证明。

（5）拟聘用的外国人健康状况证明。

（6）法律、法规规定的其他文件。

经行业主管部门批准后，用人单位应持申请表到本单位所在地区的省、自治区、直辖市劳动行政部门或其授权的地市级劳动行政部门办理核准手续。省、自治区、直辖市劳动行政部门或授权的地市级劳动行政部门应指定专门机构（以下简称发证机关）具体负责签发许可证书工作。

中央级用人单位、无行业主管部门的用人单位聘用外国人，可直接将上述文件提交给当地劳动行政部门发证机关，提出申请和办理就业许可手续。

外商投资企业聘雇外国人，无须行业主管部门审批，提交上述所提到的6种文件后，可凭合同、章程、批准证书、营业执照及相关资料直接到劳动行政部门发证机关申领许可证书。

用人单位只有从劳动行政部门获得了《中华人民共和国就业许可证明》，方可聘用外国人。

2．聘用外国人就业的基本条件

用人单位聘用外国人从事的岗位应是有特殊需要的，国内暂缺适当人选，且不违反国家有关规定的岗位。除了要满足聘用单位的具体标准外，还必须满足下列条件：

（1）年满18周岁，身体健康；

（2）具有从事其工作所必需的专业技能和相应的工作经历；

（3）无犯罪记录；

（4）有确定的聘用单位；

（5）持有效护照或能代替护照的国际旅行证件。

3．入境后的工作

外国人获得就业许可证并办好职业签证以后，就可以到中国来工作，但还有下面工作要做。

（1）申请就业证。就业许可证是国家劳动行政部门批准用人单位聘用外国人的法律文件，其管理对象是用人单位。来华工作的外国人入境后，还应办理针对其个人的《就业证》，这一般由用人单位代为办理。用人单位应在被聘用的外国人入境后15日内，持许可证书、与被聘用的外国人签订的劳动合同（聘用期限不得超过5年）及其有效护照或能代替护照的证件到原发证机关为外国人办理就业证，并填写《外国人就业登记表》。批准的就业证只在发证机关规定的区域内有效。

（2）申请居留证。已办理就业证的外国人，应在入境后 30 日内，持就业证到公安机关申请办理居留证。居留证件的有效期限可根据就业证的有效期确定。

上述各种要求是根据《外国人在中国就业管理规定》总结的，各地方可能根据本地区、本部门的具体情况，在该规定的基础上有其他更具体的要求，在实际工作中要以当地政策规定为主。

本章习题

一、名词解释

1. 人事匹配
2. 岗位分类
3. 岗位规范
4. 工作设计
5. 劳务外派与引进

二、选择题

1. 目前，影响人才储备的主要原因有：思想落伍不愿储备；资金短缺无法储备；（　　）。

A. 企业改制难以储备

B. 技术落后无法储备

C. 市场疲软无法储备

D. 就业压力难以储备

2. 岗位具有如下主要特点：岗位是以事（工作）为中心而设置的，不因人而转移；岗位不随人走，同一岗位在不同时间可以由不同的人担任；岗位数量是有限的，数量取决于组织的工作任务大小、复杂程度及经费状况等因素；（　　）。

A. 岗位作为职权和责任的统一体，是随着人类社会“组织”的产生而产生的

B. 由于岗位具有专业性和层次性，因此，绝大多数岗位都可以按照一定的标准和方法进行分类分级

C. 组织需要分工协作，从而必然形成具有不同职权和责任的各种岗位

D. 岗位是组织要求个体完成的一项或多项责任，以及为此赋予个体的权力的总和

3. 岗位调查通常采用的方法是：书面调查方法、（　　）。

A. 直接面谈法　　　　B. 实地观察法

C. 综合并用法　　　　D. 竞争强化法

4. 工作设计包含的主要内容有以下几个方面：工作内容、（　　）。

A. 工作职能　　　　B. 工作关系

C. 工作绩效　　　　D. 工作结果的反馈

5. 外派劳务工作的基本程序，主要包括：个人填写《劳务人员申请表》进行预约登记；外派公司负责安排雇主面试劳务人员，或者将申请人留存的个人资料推荐给雇主进行挑选；外派公司与雇主签订《劳务合同》，并由雇主对录用人员发邀请函；劳务人员到检疫机关办理国际旅行《健康证明书》《预防接种证明》；（　　）。

A. 录用人员递交办理手续所需的有关资料

B. 劳务人员接受出境培训

C. 外派公司负责办理审查、报批、护照、签证的手续

D. 离境前交纳有关费用

三、判断题

1. 岗位横向分类的依据是工作性质，纵向分类的依据是工作轻重程度。（　　）

2. 所谓的工作丰富化是指在工作中赋予员工更多的责任、自主权和控制权。（　　）

3. 定员管理是企业根据工作目标、规模、实际需要，按精简、高效的原则确定一定人数的过程。（　　）

4. 劳务外派与引进分为公派和民间两种类型。（　　）

5. 已办理就业证的外国人，无须再办理居留证。（　　）

四、简答题

1. 简述人事匹配的内容与模型。

2. 简述岗位设置的原则。

3. 简述工作设计的定义和内容。

4. 简述定员管理及常用方法。

5. 简述外派劳务的管理。

五、案例题

【案情】

小张和小王同一天进入了心仪已久的J公司的质检部。正式工作后，他们总是干劲十足，为公司解决了不少质检技术和管理上的难题。尤其值得一提的是，一次，供应商在傍晚时送来了一车货物，眼看就要下班了，质检组长意欲将其“免检”，好早点下班。而小张和小王却坚持要抽样检查，结果抽样合格率很低，达到了公司退货的标准。

看到这样的结果，组长惊出了一身冷汗，并连忙感谢小张和小王。对此，质检部也受到了公司领导的表扬。一年后，由于公司业务扩大，公司决定从企业内部招聘一名采购经理助理。质检部将小张和小王同时推荐上去。凭借二人对公司采购物品十分了解的优势和质检部经理的大力推荐，二人很快成为该岗位的热门人选。最后，经过重重选拔，小张成功地成为该岗位的录用者，各方都对这次招聘表示满意。然而一个月后，小王却带着困惑离开了心仪的公司，小张也在新的岗位上情绪低落，原来高涨的工作热情荡然无存。

【问题】

1. 造成这样的结果是忽略了人力资源配置中的什么原则引起的？
2. 简要分析该原则在人力资源配置中的作用？
3. 如何防范这种“士气危机”？

扫二维码阅读更多案例

第 8 章

人员使用与人才管理

本章重点掌握

人员使用；合理使用人员；人才管理。

学习导航

第 8 章

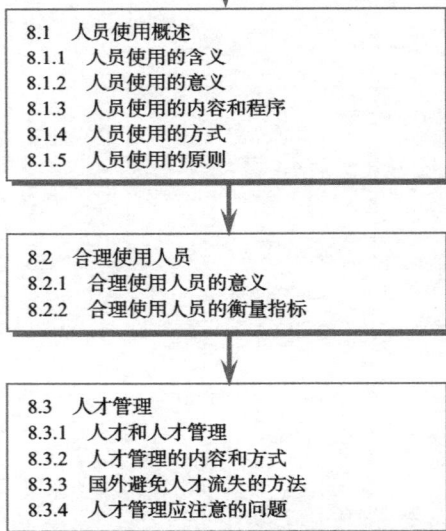

8.1 人员使用概述
8.1.1 人员使用的含义
8.1.2 人员使用的意义
8.1.3 人员使用的内容和程序
8.1.4 人员使用的方式
8.1.5 人员使用的原则

8.2 合理使用人员
8.2.1 合理使用人员的意义
8.2.2 合理使用人员的衡量指标

8.3 人才管理
8.3.1 人才和人才管理
8.3.2 人才管理的内容和方式
8.3.3 国外避免人才流失的方法
8.3.4 人才管理应注意的问题

8.1 人员使用概述

引导案例 8-1

国有企业建立市场化用人机制的关键环节

由于国有企业的特殊性，建立市场化用人机制的关键是解决好市场化用人与组织程序的衔接，使之既符合市场规律又不违背党管人才的基本原则。

（1）在用人原则的标准程序上实行组织把关。组织把关的基本内容是对国有企业的经营管理人员的选择要坚持“德才兼备”的原则，并在此基础上制定合理的选人用人标准，从实际出发针对职务和岗位性质具体化用人标准，解决市场化选择的资格标准。对于由出资者直接选用的人员，党的组织要直接承担标准制定的责任，针对具体职务、岗位、阶段性任务、目标等制定具体的用人标准。同时，对于实行市场化机制的人员选用，要严格规范和监督选人用人的程序，使标准设定、提名、聘免、考核、淘汰的程序规范化、制度化，保证市场化用人程序的公开透明。

（2）遵循分类分层次管理的原则。市场化用人机制的建立不是一朝一夕的事情，而是要在分层次管理原则的基础上逐步推开。目前阶段，所有企业副总经理一级的经营管理人员和建立了董事会的公司制企业的总经理，都可以实行市场化的选用机制。根据企业具体情况，可以采用企业内部竞聘、社会公开招聘、人才市场选聘、猎头公司推荐等不同方式实行市场化选择，有条件的企业还可以进行国际化的选聘。

国有独资企业的经营者和公司制企业的董事会成员，应逐步推行市场化配置的方式。可以由国有资产出资人提名和推荐，逐步从委任制过渡到竞聘制。国有独资公司建立和完善董事会试点中，扩大外部董事比例和外部董事的选择，实质上也是向市场化配置人力资源过渡的一种尝试。

有些企业的主要经营管理者目前尚难以实行市场化选聘，特别是那些处于关系国家安全和国民经济命脉的重要行业和关键领域的企业的经营管理者，暂不实行市场化机制，但条件允许的情况下，可以考虑在组织部门划定的范围内适当引入竞争机制。

（3）着力于用人环节的市场化建设。相对于选人而言，国有企业用人的非市场化现象更为突出，不能按照市场化的方式采取竞争择优，对于内部培养起来的人员不能按照市场化的方式使用，薪酬水平与市场严重脱节等非市场化问题普遍存在。鉴于此，在国有企业市场化用人机制的建设过程中，应特别关注人才的市场化使用，尤其是对于来自企业内部的经营管理人员，应与从外部聘用人员实行同样的市场化考核标准、薪酬标准、激励约束标准，从而使这些人员能够在平等的机制下参与企业的经营管理。

（资料来源：http://blog.sina.com.cn 有改动）

思考题：结合该案例和本节的内容，谈谈你对人员使用的认识。

8.1.1 人员使用的含义

人员使用有狭义和广义之分。狭义的人员使用是指人力资源管理部门按各岗位的任务要求，将其招聘的员工分配到企业的具体岗位上，给予员工不同的职位，赋予他们具体的职责、权力，使他们进入工作角色，开始为实现企业目标发挥作用。广义的人员使用，还包括管理人员的选拔任用、岗位配置、劳动组合、人事调整等内容。

在市场经济条件下，企业人员使用过程从现象上看，表现为对员工的安置、运用和管理的过程；从本质上看，人员使用过程与生产资料运用过程一样，是企业对员工所提供的人力资源的消费过程。

8.1.2 人员使用的意义

1. 人员使用是人力资源管理的中心环节

员工通过招聘与选择进入企业后，人力资源管理部门需要依据企业目标，并按岗位要求对员工进行岗前培训，使其具备上岗资格，然后方可委派工作。实施人员使用计划后，才能进行员工绩效考核工作。人员使用状况是绩效考核的对象，考核结果形成的信息反馈是调整人员使用的依据。

2. 人员使用状况决定了企业人力资源管理活动的成败

人力资源管理的目的在于科学管理员工，让企业员工充分发挥其效能，使企业的人力资本得到最大化的收益。显然，员工的工作绩效优劣，是判断人力资源管理成功与否的标志，而员工只有在各自的岗位上行使职权，履行义务，才能取得相应的绩效。于是，员工与岗位的结合状况成为其能够获得优良绩效的关键。员工与岗位相匹配，则工作得心应手，易于取得成绩；员工与岗位不相适应，则会降低员工工作效率，影响企业经营活动的顺利进行。而决定员工与岗位结合状态的正是人员使用状况。可见，人员使用工作开展得如何，直接关系到企业人力资源管理的成败。

3. 人员使用对实现企业目标起着举足轻重的作用

企业是人的组织，企业的所有目标都必须靠人去实现，合理用人，人尽其才，企业内风气正、凝聚力强，才会生机勃勃。对企业来说，让有才干的员工各得其所，各尽其能，是企业战略目标得以实现的保证。

4．合理使用人员有利于减少企业的“内耗”

人力资源不同于其他资源，人员使用不当，会产生碰撞和摩擦，产生“内耗”；人员使用不当还可能引起员工不满，带来一系列的副作用，如工作积极性下降、士气低落、工作效率降低、浪费加剧等。此外，人员使用不当还会影响员工队伍的稳定性，造成人才流失，影响企业人才队伍建设，降低员工的整体素质。

5．合理使用人员有利于推进人力资源开发工作

合理使用人员将有助于激发和调动员工学习的自觉性和热情，促使员工主动学习有关知识技能，不断提高自身素质，推进人力资源开发工作。

8.1.3　人员使用的内容和程序

1．人员使用的内容

人员使用是人力资源管理的核心，人力资源管理的其他各项工作都必须围绕人员使用来进行。人员使用包括以下内容：

（1）新员工的安置。企业将新招聘的员工安置到预先设定的岗位上，使新员工开始为企业工作。

（2）管理人员选拔、任用。从员工队伍中发现能力卓著、绩效突出者担任企业的各级管理人员，组织员工完成系统任务，实现企业目标。

（3）职务的升降。通过绩效评价，对工作绩效优异者晋升职务，以更好地发挥其潜能；对能力不足或无法胜任其岗位要求者降职使用，以免妨碍企业任务的完成。

（4）员工调配。根据实际需要，调剂各岗位员工的余缺，将职工从原来的职位上调离，赋予新的职位，以保证将人员使用在企业最需要的地方。同时，合理的员工调配还能减轻由于专业化程度过高而产生的工作枯燥感，防止员工工作效率降低。

（5）劳动组合。将员工组合成班组等小团体，使员工形成协作关系。好的劳动组合将减少内部能量损失，提高整体效率。

（6）员工的退休、辞退管理。这是人员使用的终止、员工退出企业的过程。

2．人员使用的程序

人员使用的程序如图 8-1 所示。

在人员使用前，首先应当分析员工的任职资格，对员工的能力进行评价、确认，了解培训工作是否达到了履行岗位职责的要求。如果员工已经具备了上岗条件，则由人力资源管理部门安排其上岗。如果尚未达到要求，则需重新培训，或者由企业辞退，解除劳动关系。这一工作的目的在于确保岗位任务的完成，避免因在岗员工不能胜任工作而影响企业目标的实现，引起人事调整，加大人力资源管理的难度，增加工作量。

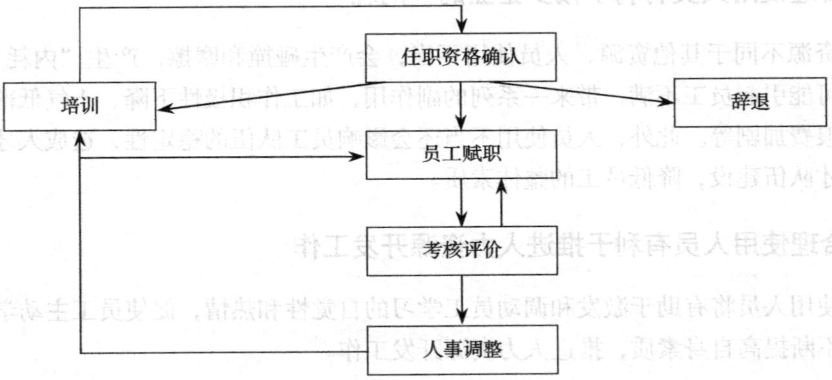

图 8-1　人员使用的程序

对于经过资格认证的员工，由人力资源管理部门按其具备的能力与招聘、培训的目的将其分配到企业的各个部门，向员工颁发正式的任用书（聘书），任用书应写明职务的名称、工作内容、职责、权力、任用时间、考核方式等。员工接受任用书后，按规定时间上岗，进入工作状态。

员工开始工作后，人力资源管理部门便开始对员工的工作状态进行监督、考核，从中获取信息，作为对员工评价的依据。根据考核评价的结果，人力资源管理部门做出决策，或者向企业的决策层提出建议，进行人事调整。

人事调整在人员使用过程中至关重要。人事调整是对人员使用不当进行的纠正，其目的在于改善、提高工作的质量和效率。人事调整可分为纵向调整和横向调整两种。纵向调整又分为晋升和降职，横向调整只涉及岗位的变动，而不涉及职务的升降。由于对员工能力的考察和认识是一个过程，因此，在实际工作中常常出现员工能力与所在岗位不相适应的情况。这时候，实施人事调整，将那些不足以应付当前职位要求的员工调任至较低的职位就不可避免了。此外，在同一岗位上长期工作的员工会产生厌烦情绪，适时地对这些员工进行职位调整，有利于恢复士气和激发其工作热情。

8.1.4　人员使用的方式

人员使用方式是指员工通过怎样的形式与岗位相结合，如何进入工作状态。概括起来，目前国内外企业中较为普遍的使用方式有委任制、选任制、聘任制、考任制等。

1. 委任制

委任制也称任命制，是指具有任免权的上级主管经过考察直接指定下属员工岗位，任命员工担任相应的职务。委任制的优点是程序简单、权力集中、统一指挥、效率高、节约时间。实行委任制的上级主管应当深入了解被委任者及其所委任的职务，否则可能会用人失当。委任制的缺点也很明显：上级主管可能会因为个人的好恶而“任人唯亲”“结党营私”。此外，上级主管的视野与精力有限，往往不能全面了解下属情况，对被委任者的判断可能会出现失误。这时，起用的人往往不是下属中最优秀的，既降低了工作效率，又可能引起员工不满，影响士气。

2. 选任制

选任制是指通过选举产生的方式来确定任用对象的任用方式。企业中的监事、工会领导往往是由员工选举产生。选举制的优点是能够较好地反映大多数人的意愿，可以增强员工的参与意识，调动员工积极性，培养员工的主人翁意识。被选举的员工也会增强对全体员工负责的使命感。但选举制也有一些不足之处：① 不适宜在大的范围内选拔干部。因为企业规模太大，员工彼此间不熟悉，对被选举人进行了解比较困难，选举的盲目性较大。② 如果选举制度不完善，不仅不能得到员工的支持，相反还会遭到抵制或消极参与，使选举流于形式。③ 一些富于开拓精神、敢于发言的员工往往由于过于出头或侵犯他人利益而不能得到多数人的拥护；另一些善于交往的人、不得罪人的老好人往往会赢得选举。④ 选举制由于参与人较多、程序复杂，因而需要花费更多的人力、物力和时间。

3. 聘任制

聘任制是企业运用招聘的形式确认任用对象，并与之订立劳动合同的人员使用方式。聘任制在合同期内比较稳定，便于管理，但其程序比较复杂。

4. 考任制

考任制是企业通过公开考试来评价员工的知识与才能，并依据考试成绩优劣录取和任用各种人员。考任制的优点是：① 具有明确统一的评价标准，体现公平原则，可以克服人员使用过程中的主观随意性。② 公开竞争、机会均等，体现成绩面前人人平等的公平性，可以在较大的范围内选拔人才，克服委任制选拔人才视野狭窄的缺陷。③ 适应范围广，并可以促进员工努力学习业务和知识，挖掘企业人力资源的潜能。

考任制需要解决的问题是：考试内容是否科学；是否能够反映岗位对员工的要求；考试成绩对于单个员工来说具有偶然性，人力资源管理部门能否正确把握员工考试成绩与实际能力的关系。另外，考试在测评员工专项技能时较为有效，但是却很难反映员工的整体素质。实践情况也表明，通过考试的方式选择员工并不都是成功的。

8.1.5 人员使用的原则

1. 人事相符原则

人事相符是员工与工作相适应，即按照工作的需要挑选最合适的员工，达到工作岗位和员工工作能力之间的最佳组合。要达到人事相符原则，首先应做到知事、识人。知事是指企业人力资源管理部门在安排员工之前，必须详述不同岗位、不同职务的工作内容在企业中的作用、地位，以及岗位对员工素质技能的要求。在知事的同时，还要识人，就是要对企业待安置的员工有较为深入的了解，知道员工的知识程度、教育水平、性格特征、气质类型、兴趣所在、能力如何、身体健康状况，甚至家庭背景关系等。在知事、识人的基础上，还要求人力资源管理部门要因事择人，即从职位的要求和实际工作的需要出发，以职务对人员的要求为标准选拔录用各类人员。此外，人事相符原则还要求企业要建立相应的人员调整机制，能够把那些工作不称职或已不能适应工作需要的人从原有工作岗位调整下来，腾出位置，以便让那些符合工作要求的人走上最适合发挥他们才能的岗位，在动态过程中不断实现人与事的最佳组合。

2. 权责利一致原则

人员使用离不开权力和责任。法约尔认为，责任是权力的孪生物，是权力的当然结果和必要补充。凡权力行使的地方，就有责任。只有权力没有责任，只会导致对权力的滥用；只有责任而不赋予相应的权力，工作也不能得到很好的开展。权力与责任之间必须达到一种平衡的关系，即赋予权力的同时，也要受到相应责任的约束，权力越大，其责任也要相应增加。同样，任何权责的实现也离不开利益的驱动。没有利益的驱动，很难激起员工完成职责的积极性，当遇到困难时，出现动力不足、裹足不前的状况。一般而言，责权越大，相应给予的利益报偿就越丰厚。

3. 德才兼备、任人唯贤原则

（1）德才兼备、任人唯贤原则强调了考察人的最基本标准，即德与才的统一。德才兼备原则古已有之。汉代王符在《潜夫论》中指出：“德不称其任，其祸必酷；能不称其位，其殃必大。”就是说，如果一个人的品德与职务不相称，或者其能力与职务不适应，都会带来严重后果。德才兼备原则要求在选用员工时不但要强调其业务能力、知识水平，还要注重他的思想品德、道德素质，两者必须结合起来，不可偏废。

（2）德才兼备、任人唯贤原则阐明了选用人的基本准则，即唯贤是举。这就要求企业在人员选择和任用时应坚持以事业为重、勇于突破人情关、关系网，平等公正地对待每位员工，以德才统一的标准选拔真正的优秀者。

4. 用人所长、容人所短原则

不同的人具备不同的素质，由于生理差异和后天训练程度的不同，每个人的能力也不一样。人在素质、能力上的差异，不仅表现为水平不一致，而且表现为单方面素质能力有高下之分。清代诗人顾嗣协有一首诗：“骏马能历险，犁田不如牛。坚车能载重，渡河不如舟。舍长就其短，智高难为谋。生才贵适用，慎勿多苛求。”这首诗形象地告诉我们，只有扬长避短、发挥优势，才能得到最大的效益。因此，企业在员工的使用上应当注意人的这一特点，即根据每个人的能力大小和作用方向的不同，把他们配置到最能发挥其特长的岗位上，使其优势得到充分利用，从而提高工作效率。

用人所长的另一层含义就是要求能容人所短。李白云：“人非尧舜，谁能尽善。”俗话也说：“甘瓜蒂苦，物不全美，金无足赤，人无完人。”每个人都有缺点和短处，不能因为其在某一方面有缺陷，就全盘否定一个人的价值。当然，容人所短并不等于一味迁就和放任，人力资源管理部门在工作需要的范围和程度内，引导员工朝着企业希望的方向转变，同时，也必须采取相应的措施，尽可能减小其缺点对工作所造成的消极影响。

5．兴趣引导原则

企业用人应当针对员工的兴趣与需要，尽量将员工配置在他所感兴趣的工作岗位上。心理学的研究表明，兴趣是个性心理倾向，与人的工作效率、事业成功有密切关系。从事一种自己喜欢的工作，工作本身就能给人带来一种满足感，增加工作的乐趣，提高工作效率。相反，从事一种令人讨厌的工作，则工作便成了人的负担，员工产生心理抵触并逃避工作，马马虎虎、敷衍了事，给企业造成损害。

兴趣爱好是因人而异的，不同的人其兴趣爱好也不一样。所以，管理者应依据员工的特点，适当安排。当然，企业中可能会有些比较枯燥的工作，这些工作很少有人感兴趣，如果光凭兴趣爱好可能根本没人愿意去做，但对企业来说，做好这些工作又很重要。这时就需要人力资源管理部门进行协调。对于某些大家不感兴趣的苦活、脏活、累活，给予较为优厚的待遇，或者提供相应的补偿，以使从事这些工作的员工能够安心于本职工作，保证企业整个生产经营活动能正常、顺畅地进行。

6．优化组合原则

企业是由众多员工组合而成的群体组织，是人的结合体。在企业内部，由于目标的多样性与层次性，员工们还会进一步组合成若干分支群体，形成企业的内部亚组织。这些亚组织分别去完成企业的不同任务，实现企业不同层次的目标，形成协作关系。这些亚组织能否顺利完成各自的任务，直接影响到企业总体目标的实现。大工业的生产过程不允许任何环节出现故障，局部的问题将直接影响整个生产经营的过程。值得注意的是，这些亚组织是由单个员工组合而成的，而人有思想感情，人的意志决定了人的组织不同于物的组合。一个员工组合适当的群体能够释放出比单个员工简单相加更大的能量，而员工组合不当的群体工作绩效还比不上个人成绩的简单相加。经常可以看到的一个现象是：某一组织进行人员调整和精简之后，工作的数量和质量有了明显提高。这便是人员优化组合产生的效果。

优化组合，就是要考虑员工在构成群体时，彼此的性格、年龄、能力等要素是否匹配，结构是否合理，是否有利于企业目标的实现。优化组合通过两方面来影响企业绩效：① 借助优化组合，形成良好的个群关系，从而促进企业内的团结、协作，提高协同能力、改善工作效率。② 通过优化组合使企业内员工的能力互相补充，形成科学的人才结构，相互配合，各展所长，完成企业的各项不同任务，实现企业目标。

8.2 合理使用人员

引导案例 8-2

用人之道

用人之道最重要的是，善于发现、发掘、发挥属下的一技之长。用人不当事倍功半；用人得当，事半功倍。

《淮南子·道应训》记载，楚将子发爱结交有一技之长的人，并把他们招揽到麾下。有个人其貌不扬，号称“神偷”的人，也被子发待为上宾。有一次，齐国进犯楚国，子发率军迎敌。交战三次，楚军三次败北。子发旗下不乏智谋之士、勇悍之将，但在强大的齐军面前，简直无计可施了。

这时“神偷”请战。在夜幕的掩护下，他将齐军主帅的睡帐偷了回来。第二天，子发派使者将睡帐送还给齐军主帅，并对他说：“我们出去打柴的士兵捡到您的睡帐，特地赶来奉还。”当天晚上，“神偷”又去将齐军主帅的枕头偷来，再由子发派人送还。第三天晚上，“神偷”连齐军主帅头上的发簪子都偷来了，子发照样派人送还。齐军上下听说此事，甚为恐惧，主帅惊骇地对幕僚们说：“如果再不撤退，恐怕子发要派人来取我的人头了。”于是，齐军不战而退。

这对于我们今天的企业怎样合理使用人员有很深刻的启示。

（1）一个团队需要各式各样的人才。人不可能每个方面都出色，但也不可能每个方面都差劲，再逊的人总有一方面较他人有一技之长。一个成功的领导人不在于他自己能做多少事情，而在于他能很清楚地了解每个下属的优缺点，在适当的时候派“逊色”的员工去做他们适合的事情，这样往往会取得出人意料的效果。

（2）作为领导者要有容人之量，说是容人之智更恰当，工作就是工作，千万不能夹杂自己的个人喜好。也许你今天看不起的某个人，他日正是你事业转机的得力之臣。

（资料来源：http://blog.sina.com.cn/ 有改动）

思考题：结合该案例和本节的内容，谈谈你对合理使用人员的认识。

8.2.1 合理使用人员的意义

企业合理使用人员是指根据员工的能力和岗位工作要求，把合适的员工安排到合适的岗位，实现人得其事，岗得其人，人尽其才，才尽其用，效率优化。

企业基本的生产条件是人、信息、资金、劳动工具和劳动对象，也就是通常所说的生产要素。只有这些要素有机地结合并得到不断的协调发展，才能使企业高效运行，生产出高质量的产品以满足与适应社会对商品不断发展的需求。人员是企业一切活动的主体，合理使用人员有利于提高企业的管理水平，有利于进一步提高员工的整体素质，从而可以不断增强新产品的研究开发能力，加大产品科技含量，提高劳动生产率，提高设备使用率，节约材料与能源消耗，降低成本，减少生产过程中环境的污染，等等。相反，人员使用不当，有的人没有事情做，该做的事情没有人去做；在人员使用上该用的不用，不该用的滥用；事情人人负责，但出了问题又人人不负责，相互推诿、扯皮。可以想象，这样的企业不可能有长久的生命力。所以，合理使用人员对企业生存与发展具有至关重要的意义，只有做到人尽其才，才能做到物尽其用、财尽其力，才能使企业得到长期的可持续发展。

8.2.2　合理使用人员的衡量指标

1. 劳动生产率的计算与指标

人员的合理使用可以用劳动生产率来衡量。劳动生产率是指劳动者在一定时期内创造的劳动成果与其相适应的劳动消耗量的比值。劳动生产率水平可以用同一劳动在单位时间内生产某种产品的数量来表示，单位时间内生产的产品数量越多，劳动生产率就越高，反之，则越低；也可以用生产单位产品所耗费的劳动时间来表示，生产单位产品所需要的劳动时间越少，劳动生产率就越高，反之，则越低。

（1）劳动生产率的计算。劳动生产率可以以单位时间内生产的产品数量或销售额为单位进行计算，即

$$\text{工业企业的劳动生产率}=\frac{\text{产品数量}}{\text{生产时间}}$$

$$\text{商业企业的劳动生产率}=\frac{\text{销售额}}{\text{销售人数}}$$

这一计算方法称劳动生产率的直（接）算法。

劳动生产率还可以以工人生产单位产品所消耗的工时为单位进行计算，即

$$\text{劳动生产率}=\frac{\text{生产时间}}{\text{产品数量}}$$

这一计算方法称劳动生产率的逆算法。

可以看出这两种算法所得到的结果互为倒数。直（接）算法的数值越大，即单位时间生产的产品越多，劳动生产率也就越高；逆算法结果越小，说明每生产一个产品所消耗的工时越少，当然，劳动生产率也就越高。

（2）劳动生产率的指标。

1）实物指标。以产品的件数、重量、容量等单位来进行的产品数量的计算，如运输的吨公里数、生产某种化肥的吨数、发电的千瓦小时数等。这种计算产品数量的指标中所使用

的单位比较单一，具有明显的行业特征，如电厂发电量的指标不能用于计算钢铁企业的钢铁产量，所以这种指标只能在生产同种产品的厂矿与企业中使用。

2）变换指标。为使产品数量指标具有较宽的使用范围，可以将相同属性的产品折合成同一指标计算。如拖拉机的产量由生产的台数变换为标准台数，即以15马力为一个标准台，则每生产一台45马力的拖拉机就可以按照3个拖拉机标准台计算。

3）价值指标。这是一种按照总产值计算生产产品数量的标准，它以不变的价格计算产品生产总值。这一价值指标可以基于在全国范围内编制的产品不变价格，也可以通过现行价格进行计算。它的优点是按照“优质优价”的规则确定的产品价格，概括地反映出产品的质量水平，以价格为尺度可以计算出企业生产过程中半成品所含有的劳动成果，较全面地反映出产品生产的经济效益，具有更广泛的行业通用性。

价值指标中包含了企业的净产值和物质消耗两个不同方面的价值概念。企业的净产值是由于企业或劳动消耗而创造的价值；物质消耗是指企业在生产过程中消耗所创造的价值，如其他企业提供的能源、原材料、成品与半成品、本企业的固定资产折旧等。

4）工时消耗指标。工时消耗指标是一种以产品生产所用工时来计算产品生产数量的指标。在生产组织工作做得较好的企业，在产品生产的工艺准备阶段就由技术部门确定好每种产品每道工序所需要的定额工时，同时又由生产管理部门确定不同技术工种、使用不同设备的工人每个工时的内部、外部价格。所以，这一方法比较准确地计算了由于活劳动消耗所产生的产品数量。

2. 提高劳动生产率的方法

（1）不断加大产品设计与生产的科学技术投入。实现从劳动密集型产品生产向技术密集型产品生产的转换，加大产品的科技含量，采用现代化的生产设备与先进工艺技术，提高产品质量，提高单位活劳动消耗所创造的价值。

（2）依靠科技进步，不断节约能源与材料，降低物化劳动消耗，提高劳动生产率。

（3）采用现代化的管理手段，不断改进生产组织和劳动组织，保障企业各生产环节的同步运行，保持生产的均衡与协调一致。合理进行设备的配置与人员的配备。

（4）合理配置人力资源，由于每个企业生产经营活动是由部门相互协作完成的，因此，企业各部门的生产力必须均衡。某一部门若人力不足，就会影响到其他部门的产出而导致整个企业生产率下降。因此，要对人力资源进行合理配置和组合，努力发挥他们的专长和才能，做到事得其人，人尽其才，才尽其用，提高劳动生产率。

（5）注重员工培训和激励，挖掘员工的内在潜能，激发员工的工作热情。

（6）加强企业文化建设，企业文化犹如企业的灵魂，是企业成员之间相互理解的产物，是企业制度、企业精神、企业道德规范和价值取向的总和。加强企业文化建设是调动员工积极性，提高企业效率和竞争力，变人力资源为人力资本的一个十分重要而且最为基本的手段。

8.3　人才管理

引导案例 8-3

大材小用和小材大用带来的人才浪费

中国自古以来就有“求贤若渴”的传统，而历史也证明，重视人才、善用人才对整个社会的发展与进步，具有极大的甚至不可替代的推动作用。

对人才的重视也必然会带来对人才浪费问题的关注与重视，目前，人才浪费主要体现在以下几个方面：大材小用、小材大用、非良性的人才流动、人才培训不足、团队内耗、绩效设置有误、未能发挥出人才潜能等，而其中大材小用与小材大用两项因素，也可归为一类问题，即人才本身的任用问题，占了人才浪费现象的 38%。

随着中国教育制度的发展与教育程度的普及，特别是高等教育普及化程度的提高，社会中具有高等教育程度的人员越来越多，与此同时，我们看到的却是人才的教育程度与其岗位匹配程度的不统一。

譬如近年出现的“硕士生当城管”“大学生竞聘掏粪工”“名校生竞聘殡仪馆”等引起社会广泛关注和讨论的事件。当然，笔者一向认为职位没有高低贵贱之分，但职位的职责范围与工作性质对人才素质的要求是不一样的，将高素质人才放在岗位职责单一化的工作岗位上，不仅仅是一句“杀鸡用牛刀”的俗话就能解读的。国家将大量人力、物力投入教育，如此的就职现象也证明了教育投入产出比的严重不平衡，是对教育资源甚至整个社会资源的一种浪费。只有当人才的综合素质与其岗位相匹配，人尽其才，才能最大限度地发挥个人能力，实现个人价值，才能回馈社会为社会做出最大的贡献，进而推动社会的发展与进步。

我们是一个讲究人情、注重情义的民族，一方面，在管理中往往存在一定程度的“关系”等人情因素；另一方面，很多企业的人力资源管理结构存在一定缺陷，从招聘到用人再到人才培养，整个体系不够专业化、职业化，不合理、不科学的招聘制度和用人规定造成了“小材大用”形象。

让能力不足的人去担任对人才素质要求较高的岗位，不但会耗费此人的时间精力，更会耗费企业其他人员很多的时间与精力，并且效果往往低下，特别是如果能力不足的人员担任公司重要岗位，往往事倍功半，造成公司发展缓慢，最终带来社会资源的严重浪费。

只有知人善用，将人才放在与其能力相匹配的岗位上，才能人尽其才，带来人才资源的优化，进而促进整个产业结构的优化。从制度和人两个层面共同促进任人唯才、任人唯贤的用人制度。

（资料来源：http://www.job1001.com/　有改动）

思考题：结合该案例和本节的内容，谈谈你对人才管理的认识。

8.3.1 人才和人才管理

1．人才

人才是指具备某种超常能力，在某些方面有突出才干的人。这部分人在知识、技能、意志等方面明显地超过常人，在社会实践中，能以自己创造性的劳动，做出比一般人更为突出的贡献。人才具备以下几个特点：

（1）创造性。创造性是人才最本质的特征，创造是一种能力，是为了实现一定的目标，重新加工、组合原有的经验，提出新设想，发现新方法，创造新结果的能力。

（2）社会性。人才是社会的人才，任何人才都是在特定时间与空间中发挥作用，离开了具体的历史环境，则难以判断员工是否是人才。比如，在某一时期曾有过技术革新、创造能力的员工，由于没能跟上科学技术更新的步伐，故步自封，思想僵化，失去了创新精神和创造能力，这时，他便不能再被当做人才看待了。

（3）实践性。人才的实践性有两层意思：① 一切人才都来自社会实践，服务于社会实践。② 人才贡献的大小只能由社会实践活动来检验。

对于企业的人力资源管理部门来说，识别人才，用好人才是头等大事。近年来在人才识别上出现了新看法，认为在某方面比一般人强的，并能发挥出比一般人更大的作用，给企业带来更大收益的人，都被视为人才。

2．人才管理

人才管理是企业人力资源管理中的特殊内容，具有特殊的价值。人才的能力超过常人，因而可为企业带来更多利益。企业如果人才济济则会增强应变能力，提高运行效率，增强决策的科学性，获得更大的经济效益。在当今全球化竞争日益加剧的条件下，谁拥有更多的人才，谁就会在竞争中赢得优势。但这里值得注意的问题在于：人才只是知识、技能的载体，企业拥有人才，只是一种静态意义上的财富，只是企业获取更大利润的前提。企业还要为人才创造良好的环境，调动人才的积极性、主动性和创造性，使其能够把自己的知识、技能充分发挥出来，从而使潜在的价值变为现实效益。如果企业不善于使用人才，那么这部分潜在价值便难以转化为现实效益。长此以往，必然要引起人才的流失，动摇企业发展的根基。

可见，人才管理是企业人力资源管理的一项主要内容，它关系到企业的长久利益，占有举足轻重的战略地位。

8.3.2 人才管理的内容和方式

1. 人才管理的内容

人才管理是指以企业的人才为对象的管理活动。它的内容包括：

（1）尽量准确地识别和选拔人才。

（2）按客观规律的要求合理地配置和使用人才。

（3）为人才充分发挥作用创造良好的内、外部条件，支持他们创造性的工作。

（4）对人才进行科学的组织，使他们产生强大的协同力，共同完成企业的各项任务。

（5）采取各种措施保护人才，并设法使他们保持旺盛的创新精神和创造能力。

2. 人才管理的方式

（1）人才识别。人才识别是一项重要而复杂的工作。俗话说："真人不露相，露相不真人。"这是说真正有才能的人，就像"和氏璧"那样不易被人发现。人才识别不当给企业造成损失，造成人力资源的浪费。一般来说，较常见的人才识别方法有观察法、标准参照法、情景模拟法等。

1）观察法。这是一种传统方法。企业人力资源管理部门通过观察员工在工作岗位上的表现，结合与员工谈话，判断员工是否具备某方面的特长。这种方法的优点是简单直接，可以和其他方法结合一起使用。

2）标准参照法。在进行人才管理时，可以按照时间的需要制定出关于人才使用的标准，拿标准对照员工情况，看他是否与标准符合，以此鉴别他是否具备人才的价值。标准参照法的优点是标准明确统一，便于对照衡量，问题在于制定的标准是否科学、合理，是否能够真正反映出被测试者的真实情况。

3）情景模拟法。情景模拟法是将被测试者放在一个模拟的环境中，利用各种评估技术，现场测评被测试者工作能力的一种方法。情景模拟法的优点在于企业无须为被测试者的失误承担风险，其缺点是由于情景模拟抽象掉了很多实际因素，因此被测试者在模拟场景中所获得的经验往往与实际情况不相符。

（2）人才开发。人才开发也是人力资源管理的重要内容之一。对企业而言，人才开发的主要手段是培训和教育。企业员工队伍中，可能蕴藏着潜在的人才，这些员工具备成为人才的潜质，如果能通过一定的培训和教育，他们就能很快地脱颖而出，并给企业增添新的发展动力。此外，由于科学技术的发展日趋加快，知识和技能的更新周期也在不断缩短。在这种背景下，人才培训和教育成为维持和保证人才质量的必要条件。只有不断加强对企业原有人才知识的更新和技能的培训，才能使他们跟上科学技术发展的步伐，才不至于落伍、贬值，被时代所淘汰。

人才开发的内容主要是新知识的引进，新方法、新技术的介绍，开阔眼界，启发思想。其形式可多种多样，从传统的课堂教育、参观学习、案例研究、行为模仿，到当前最先进的远程学习和多媒体技术的应用等。

（3）人才考评。人才考评，是指对一定系统中人才的品德、学识、智力、成绩及健康状况进行考察和评价。人才考评是人才管理科学化的重要依据，人才的任用、奖惩、调配、培训等都需要对人才进行客观而准确的评价。人才考评对于帮助员工肯定成绩、发现优势、找到问题、明确方向，激励员工进步起促进作用。此外，人才考评还能检查和判断人才的使用、培养、录用、聘任等工作的质量，对提高人力资源管理工作水平有着积极的意义。人才考评主要包括三方面的内容：① 对被考评者的客观评价与认识；② 对被考评者的基本能力的鉴定；③ 对被考评者的工作绩效进行评价。

人才考评的方法很多，大体可分为评议法和计量法两大类。第一，评议法是根据岗位责任制的规定和技术职称标准，对人才的思想品德、工作成就、业务能力、知识水平、工作态度等要素进行评议，通过观察、了解他人意见等形式，对人才做出主观评价。第二，计量法是通过建立考核指标体系，保存考核材料和数据，然后指定相应的考评方法，对考核材料与数据结果进行分析、评价的过程。前者属定性分析，后者主要运用定量分析的方法。总的来说，定量分析更准确、更客观。但如果影响事物的因素比较复杂，定量分析往往难以包容所有内容，甚至忽略其中最关键的因素，导致失真程度反而比定性分析大。定性分析的优点是能够较为全面地把握事物的大小方向，其缺点是不够深入细致。两种方法各有所长、各有所短。因而在实践中，企业往往把两者综合起来，各取所长，相互补充。

（4）人才流动管理。人才流动是社会的一种普遍现象，是社会发展的产物。它对实现人力资源的优化配置，充分发挥人才的效用具有重要而积极的作用。

人才流动也是目前企业人力资源管理面临的重要课题。企业人力资源管理部门应当抓好人才流动的管理工作，不断引进、调整人才配置，使企业的人才收益最大化。此外，在人才外流的问题上，企业应持开放的态度，不能靠“堵、卡、要”的方式阻挠和干扰正常的人才流动，对于那些迫切需要的人才，企业应以良好的待遇和有效的人才管理措施吸引和挽留他们，使他们不但能留得住，更要干得好。

（5）人才保护。人才是企业发展的根本，为了能够吸引人才、留住人才、使人才更好地发挥作用，企业就必须做好人才的保护工作。

人才保护首先是树立尊重知识、尊重人才的观念。尊重人才不是一句口号，它要求企业落实到每件具体的工作中；尊重人才要求企业给予人才相应的地位，使其获得成就感和被承认的感受，从而更加安心工作。其次，搞好人才保护工作还要求企业懂得爱护人才。关心他们的日常生活，帮助他们解决生活和工作中的实际困难。保护人才还特别突出表现在关心他们的身体健康方面。最后，逐步改善工作条件，为人才创造一个轻松、舒适的工作环境，使他们能更有效率地工作。

8.3.3 国外避免人才流失的方法

1. 强化立法管理，以法律、法规的形式规范人才流动

近年来，由于人才流失导致的商业损失，以及由此而引发的法律争端层出不穷。许多国家都在探讨通过立法的形式，解决人才流失和商业秘密损失的法律争端。1996 年秋季，美国国会通过并由克林顿总统签署的《经济间谍法》规定，窃取企业的商业秘密属于违法行为，要罚款、判刑或两者并处。如果企业的商业秘密受到侵害，美国检察机构可授权联邦调查局进行调查并起诉。1997 年初，美国法院对第一宗关于跳槽人员窃取商业秘密的案件进行了审理，对当事人量罪定刑。由于对窃密案件的判罚十分严厉，所以处理此类争端时，一般双方都愿采取“私了”的方式，寻求庭外解决。1993 年 4 月，美国通用汽车公司北美部主管罗佩兹带领手下“跳槽”到德国大众汽车公司。通用汽车公司起诉大众汽车公司为窃取商业秘密挖走了自己的 8 名员工。后来两家虽未对簿公堂，但大众汽车公司最终在 1997 年 1 月以赔偿通用汽车公司 11 亿美元了事。

2. 强调职业道德，以制度约束的形式规范人员流动

世界大多数知名公司都制定了严格的关于职业道德和商业行为规章制度，规定员工不许接受客户的任何礼物等。通用汽车公司为加强对其分布于世界各地的 65 万名员工的管理，要求员工不得接受客户赠送的旅行机票、足球票及任何不起眼的小礼物。有的公司制订了对员工进行职业道德教育的具体方案。美国的纸张生产商威尔豪赛尔公司甚至规定，对所有临时聘用的工作人员也必须进行职业道德教育。一些公司在执行保护商业秘密的措施上加大了力度。福特汽车公司规定，在企业的重要文件中，每页的上下端都要有公司总裁的名字，并要求尽可能减少复印本的扩散范围，甚至连高级管理人员也不得将重要文件带离总裁办公室。为了规范人才的流动和对公司员工进行有效的管理，防止发生商业秘密的泄露，西方发达国家的一些企业在雇用和辞退员工时，都有严格的管理约束措施。

（1）在招聘面试时，要求应聘者保证在其新的岗位上，不得利用原受聘公司的商业秘密。

（2）员工在受聘后，与公司签订保密协议，对于从事研究开发工作的人员尤为重视。在保密协议中还规定，员工在解聘后一段时间内不得受聘到公司竞争对手的公司工作。

（3）在员工提出辞职时，要求不得外泄公司的商业秘密。通用电器公司规定，辞职人员需签订保证书，表明自己未带走任何属于公司的秘密材料。威尔豪赛尔公司也要求辞职的员工做出保证，声明自己在工作期间所接触的一切商业秘密均属公司财产，而不属于自己。

3. 优化小环境，以员工自律的形式规范人员流动

法律的、制度的约束都是硬性的，而要从根本上解决人员流动引起的商业秘密泄露，重要的是优化企业的内部环境，笼络人心，提高员工忠于公司的自觉意识。在这方面，国外公

司的做法多种多样。

（1）尊重员工。它们认为，每个人都希望别人尊重他，只有这样，每个人的聪明才智才能得以发挥。

（2）权责一致。权责一致才能使人有所为、能所为、想所为。国外优秀公司十分注重用人时遵守权责一致的原则，赋予员工必要的权力，并承担相应的责任，使他们愉快工作，消除“跳槽”想法。

（3）以情动人。国外优秀公司十分注重对员工的感情投资，对员工给予无微不至的关怀。

（4）待遇优厚。给予人才优厚的报酬，提供优厚的条件，是国外优秀公司普遍采用的做法。

（5）溢美于人。任何人都有缺点或过错，每个人也都力图克服其缺点，无须过于苛刻，国外优秀公司深深理解这个道理。它们决不过多地苛求员工，而是给予员工正面的、积极的、赞美式的评价，为员工创造宽松、和谐、愉快的工作气氛。在这种情况下，员工很难产生离开公司到别处发展的想法。

8.3.4 人才管理应注意的问题

1. 人力资源管理制度公开化、程序化

首先，要有良好的人力资源管理制度，诸如注重年轻人的选拔、培养，较多的个人发展机会和公平竞争的制度等。其次，人力资源制度一定要公开化、程序化。公开化，使得所有员工都明确努力工作的好处和不努力工作的后果，从而有了前进的方向，激发工作的积极性。程序化，是为了保证人力资源决策民主、科学，防止出现任人唯亲、任人唯利的现象。如果人力资源管理制度不明确，决策程序任意化，就会影响企业员工的积极性，给企业的正常管理造成一些不良的后果。

2. 创造人才的合理流动，在报酬、职务上形成阶梯状分布，给员工创造更多的晋升机会

人才的合理流动除了能够给企业增加活力，还可以形成职位空缺，给员工以更多的晋升机会，激发他们的工作积极性。另外，在报酬、职务上有一定的层次感，形成合理的阶梯分布。差别太大，难度加大，可以晋升的人数减少，激励因素就会显得不够，这不利于调动员工的积极性。

3. 遵循行为科学理论和人才发展规律，合理使用激励因素

人的激励因素来自很多方面，有的看重短期的激励因素，有的注重长远的发展机会，有的看重工作待遇，有的看重工作成就和事业上的满足感。其中，薪金的激励是最为普遍的一种形式。薪金与企业现实效益结合起来的情况比较多，但是随着市场竞争的激烈，企业长远

发展的后劲显得尤为重要，为避免企业或部门的短期行为，把薪金和企业长远发展的后劲结合起来，显得非常必要，如股权激励等。

4. 动态实施人才战略的管理

人才战略是服从于企业战略的，并受到客观条件的影响，随着企业的发展，企业所需的人才类型、结构、专业、素质等均会有变化，而且战略也会处于不断地调整过程中，企业应该善于在客观条件的变化中掌握变化的脉搏，实现自身的变革。

本章习题

一、名词解释

1. 人员使用
2. 委任制
3. 劳动生产率
4. 人才
5. 人才考评

二、选择题

1. 目前国内外企业中较为普遍的人员使用方式有：委任制、选任制、聘任制、(　　)。

A. 代理制　　B. 考任制　　C. 推荐制　　D. 自荐制

2. 人才具备以下几个特点：创造性、社会性、(　　)。

A. 实践性　　B.包容性　　C. 专门性　　D. 谦虚性

3. 人员使用的意义，主要有：人员使用是人力资源管理的中心环节、(　　)。

A. 人员使用的情况决定了企业人力资源管理活动的成败

B. 人员使用对实现企业目标起着举足轻重的作用

C. 合理使用人员有利于减少企业的“内耗”

D. 合理使用人员有利于推进人力资源开发工作

4. 人才管理的内容，主要有：对人才进行科学的组织，使他们产生强大的协同力，共同完成企业的各项任务；(　　)。

A. 尽量准确地识别、选拔人才

B. 按客观规律的要求合理地配置、使用人才

C. 为人才充分发挥作用创造良好的内、外部条件，支持他们创造性的工作

D. 采取各种措施保护人才，并设法使他们保持旺盛的创新精神和创造能力

5. 优化小环境，以员工自律的形式规范人员流动。国外公司的做法多种多样，常见的有：尊重员工、(　　)。

A. 权责一致　　B. 以情动人　　C. 待遇优厚　　D. 溢美于人

三、判断题

1. 人员使用方式是指员工通过怎样的形式与岗位相结合，如何进入工作状态。(　　)

2. 变换指标是指为使产品数量指标具有较宽的使用范围，可以将相同属性的产品折合成同一指标计算。(　　)

3. 人才管理是企业人力资源管理中的特殊内容，具有特殊的价值。(　　)

4. 人才流动对实现人才资源的优化配置是不利的。(　　)

5. 爱护人才并不是指关心他们的日常生活，帮助他们解决生活和工作中的实际困难。(　　)

四、简答题

1. 简述人员使用的内容和程序。
2. 简述人员使用的原则。
3. 简述提高劳动生产率的方法。
4. 简述人才管理的方式。
5. 简述人才管理应注意的问题。

五、案例题

【案情】

理查德·萨耶靠小生意创办了美国著名的萨耶·卢贝克百货公司。他一生最大的长处，也是他成功的最主要因素，就是善于发现和使用人才。萨耶最初在明尼苏达州的一条铁路上当运送货物的代理商。为了扩大规模，他找到了一个名叫卢贝克的人做伙伴，就这样，以两人姓氏为名的世界性大企业"萨耶·卢贝克公司"诞生了。公司第一年的营业额就比萨耶独自一人时增加将近10倍，达40万美元。第二年的发展更快，两人始料未及，面对这一切，他俩感到力不从心了。经过商议，他俩决定为自己的生意找个老板。在一次偶然的机会中，萨耶发现了一个名叫路华德的小布贩子，该人的推销手段十分高明。见面后，萨耶开门见山地说："我们想请你加入我们的生意，坦白地说，想请你去当总经理。"路华德要求给他三天时间考虑。"可以是可以，但你要保证，不能再接受其他公司的邀请。"萨耶严肃地说。就这样，萨耶又一次表现其思维敏捷和办事周到的长处。果然，第二天就有两家化妆品公司请路华德去主持推销方面的业务，如果不是有言在先——萨耶抢先一步，公司的历史也许就要重写了。

当上总经理的路华德为报知遇之恩，天天废寝忘食地工作，终于做出了惊人的成绩。萨耶·卢贝克公司生意兴隆，10年中，营业额竟增加了600多倍。现在，该公司拥有30万名员工，每年销售额将近70亿美元。

【问题】

1. 你从理查德·萨耶的成功中得到哪些启示？
2. 你认为理查德·萨耶成功的关键是什么？

扫二维码阅读更多案例

参考文献

[1] 人力资源和社会保障部人事考试中心. 人力资源管理专业知识与实务[M]. 北京：中国人事出版社，2017.

[2] 全国经济专业技术资格考试辅导用书编委会. 人力资源管理专业知识与实务（中级）全真模拟测试[M]. 北京：中国人事出版社，2017.

[3] 人事政策法规专刊编辑部. 中国企业人力资源管理政策文件全书[M]. 北京：中国人事出版社，2017.

[4] 萧鸣政. 人力资源管理研究方法与案例分析[M]. 北京：北京大学出版社，2017.

[5] 齐涛. Excel 人力资源管理实操从入门到精通[M]. 北京：中国铁道出版社，2016.

[6] 张相林，吴新辉. 人力资源战略与规划[M]. 北京：科学出版社，2016.

[7] 李青，孙悦. 劳动关系管理(第三版)[M]. 北京：电子工业出版社，2016.

[8] 高秀娟，王朝霞. 人员招聘与配置[M]. 北京：中国人民大学出版社，2013.

[9] 刘建华. 人员招聘与配置管理[M]. 北京：中国国际广播音像出版社，2012.

[10] 陈丽琳. 员工招聘与配置[M]. 北京：东北师范大学出版社，2011.

[11] 孙悦，李浇. 人力资源管理基础（第三版）[M]. 北京：电子工业出版社，2015.

[12] 中国就业培训技术指导中心. 企业人力资源管理师·基础知识（第三版）[M]. 北京：中国劳动社会保障出版社，2016.

[13] 王东强，田书芹，王志华. 人力资源管理[M]. 北京：科学出版社，2015.

[14] 陈维政. 人力资源管理（第三版）[M]. 北京：高等教育出版社，2011.

[15] 王淑珍，王铜安. 现代人力资源培训与开发（第 2 版）[M]. 北京：清华大学出版社，2015.

[16] 吴强，阚雅玲，丁雯. 现代人力资源管理（第二版）[M]. 北京：中国人民大学出版社，2015.

[17] 王丽娟. 员工招聘与配置[M]. 上海：复旦大学出版社，2012.

[18] 全国人大常委会法制工作委员会经济法室. 《中华人民共和国就业促进法》释义及实用指南[M]. 北京：中国民主法制出版社，2012.